浙江文化名人传记精选修订丛书

原 主 编：万 斌

执行主编：卢敦基

一代儒宗

马一浮传

滕复 著

浙江人民出版社

图书在版编目（CIP）数据

一代儒宗 ：马一浮传 / 滕复著. -- 杭州 ：浙江人民出版社， 2024. 12. -- ISBN 978-7-213-11834-0

Ⅰ. B261.5

中国国家版本馆CIP数据核字第2024CQ3510号

一代儒宗：马一浮传

YIDAI RUZONG MA YIFU ZHUAN

滕　复　著

出版发行	浙江人民出版社（杭州市环城北路177号　邮编　310006） 市场部电话:(0571)85061682　85176516
责任编辑	毛江良
责任校对	陈　春
责任印务	程　琳
封面设计	王　芸
电脑制版	杭州天一图文制作有限公司
印　　刷	杭州钱江彩色印务有限公司
开　　本	710毫米×1000毫米　1/16
印　　张	16.25
字　　数	247千字
插　　页	6
版　　次	2024年12月第1版
印　　次	2024年12月第1次印刷
书　　号	ISBN 978-7-213-11834-0
定　　价	68.00元

“浙江文化研究工程成果文库”总序

有人将文化比作一条来自老祖宗而又流向未来的河，这是说文化的传统，通过纵向传承和横向传递，生生不息地影响和引领着人们的生存与发展；有人说文化是人类的思想、智慧、信仰、情感和生活的载体、方式和方法，这是将文化作为人们代代相传的生活方式的整体。我们说，文化为群体生活提供规范、方式与环境，文化通过传承为社会进步发挥基础作用，文化会促进或制约经济乃至整个社会的发展。文化的力量，已经深深熔铸在民族的生命力、创造力和凝聚力之中。

在人类文化演化的进程中，各种文化都在其内部生成众多的元素、层次与类型，由此决定了文化的多样性与复杂性。

中国文化的博大精深，来源于其内部生成的多姿多彩；中国文化的历久弥新，取决于其变迁过程中各种元素、层次、类型在内容和结构上通过碰撞、解构、融合而产生的革故鼎新的强大动力。

中国土地广袤、疆域辽阔，不同区域间因自然环境、经济环境、社会环境等诸多方面的差异，建构了不同的区域文化。区域文化如同百川归海，共同汇聚成中国文化的大传统，这种大传统如同春风化雨，渗透于各种区域文化之中。在这个过程中，区域文化如同清溪山泉潺潺不息，在中国文化的共同价值取向下，以自己的独特个性支撑着、引领着本地经济社会的发展。

从区域文化入手，对一地文化的历史与现状展开全面、系统、扎实、有序的研究，一方面可以借此梳理和弘扬当地的历史传统和文化资源，繁荣和丰富当代的先进文化建设活动，规划和指导未来的文化发展蓝图，增强文化软实力，为全面建设小康社会、加快推进社会主义现代化提供思想保证、精神动力、智力支持和舆论力量；另一方面，这也是深入了解中国文化、研究中国文化、发展中国文化、创新中国文化的重要途径之一。如今，区域文化研究日益受到各地重视，成为我国文化研究走向深入的一个重要标志。我们今天实施浙江文化研究工程，其目的和意义也在于此。

千百年来，浙江人民积淀和传承了一个底蕴深厚的文化传统。这种文化传统的独特性，正在于它令人惊叹的富于创造力的智慧和力量。

浙江文化中富于创造力的基因，早早地出现在其历史的源头。在浙江新石器时代最为著名的跨湖桥、河姆渡、马家浜和良渚的考古文化中，浙江先民们都以不同凡响的作为，在中华民族的文明之源留下了创造和进步的印记。

浙江人民在与时俱进的历史轨迹上一路走来，秉承富于创造力的文化传统，这深深地融汇在一代代浙江人民的血液中，体现在浙江人民的行为上，也在浙江历史上众多杰出人物身上得到充分展示。从大禹的因势利导、敬业治水，到勾践的卧薪尝胆、励精图治；从钱氏的保境安民、纳土归宋，到胡则的为官一任、造福一方；从岳飞、于谦的精忠报国、清白一生，到方孝孺、张苍水的刚正不阿、以身殉国；从沈括的博学多识、精研深究，到竺可桢的科学救国、求是一生；无论是陈亮、叶适的经世致用，还是黄宗羲的工商皆本；无论是王充、王阳明的批判、自觉，还是龚自珍、蔡元培的开明、开放，等等，都展示了浙江深厚的文化底蕴，凝聚了浙江人民求真务实的创造精神。

代代相传的文化创造的作为和精神，从观念、态度、行为方式和价值取向上，孕育、形成和发展了渊源有自的浙江地域文化传统和与时俱进的浙江文化精神，她滋育着浙江的生命力、催生着浙江的凝聚力、激发着浙江的创造力、培植着浙江的竞争力，激励着浙江人民永不自满、永不停息，在各个不同的历史时期不断地超越自我、创业奋进。

悠久深厚、意韵丰富的浙江文化传统，是历史赐予我们的宝贵财富，也是我们开拓未来的丰富资源和不竭动力。党的十六大以来推进浙江新发展的实践，使我们越来越深刻地认识到，与国家实施改革开放大政方针相伴随的浙江经济社会持续快速健康发展的深层原因，就在于浙江深厚的文化底蕴和文化传统与当今时代精神的有机结合，就在于发展先进生产力与发展先进文化的有机结合。今后一个时期浙江能否在全面建设小康社会、加快社会主义现代化建设进程中继续走在前列，很大程度上取决于我们对文化力量的深刻认识、对发展先进文化的高度自觉和对加快建设文化大省的工作力度。我们应该看到，文化的力量最终可以转化为物质的力量，文化的软实力最终可以转化为经济的硬实力。文化要素是综合竞争力的核心要素，文化资源是经济社会发展的重要资源，文化素质是领导者和劳动者的首要素质。因此，研究浙江文化的历史与现状，增强文化软实力，为浙江的现代化建设服务，是浙江人民的共同事业，也是浙江各级党委、政府的重要使命和责任。

2005年7月召开的中共浙江省委十一届八次全会，作出《关于加快建设文化大省的决定》，提出要从增强先进文化凝聚力、解放和发展生产力、增强社会公共服务能力入手，大力实施文明素质工程、文化精品工程、文化研究工程、文化保护工程、文化产业促进工程、文化阵地工程、文化传播工程、文化人才工程等“八项工程”，实施科教兴国和人才强国战略，加快建设教育、科技、卫生、体育等“四个强省”。作为文化建设“八项工程”之一的文化研究工程，其任务就是系统研究浙江文化的历史成就和当代发展，深入挖掘浙江文化底蕴、研究浙江现象、总结浙江经验、指导浙江未来的发展。

浙江文化研究工程将重点研究“今、古、人、文”四个方面，即围绕浙江当代发展问题研究、浙江历史文化专题研究、浙江名人研究、浙江历史文献整理四大板块，开展系统研究，出版系列丛书。在研究内容上，深入挖掘浙江文化底蕴，系统梳理和分析浙江历史文化的内部结构、变化规律和地域特色，坚持和发展浙江精神；研究浙江文化与其他地域文化的异同，厘清浙江文化在中国文化中的地位和相互影响的关系；围绕浙江生动的当代实践，深入解读浙江现象，总结浙江经验，指导浙江发展。在研究力量上，通过课题组织、出版资助、重点研究基地建设、加强省内外大院名校合作、整合各地各部门力量等途径，形成上下联动、学界互动的整体合力。在成果运用上，注重研究成果的学术价值和应用价值，充分发挥其认识世界、传承文明、创新理论、咨政育人、服务社会的重要作用。

我们希望通过实施浙江文化研究工程，努力用浙江历史教育浙江人民、用浙江文化熏陶浙江人民、用浙江精神鼓舞浙江人民、用浙江经验引领浙江人民，进一步激发浙江人民的无穷智慧和伟大创造能力，推动浙江实现又快又好发展。

今天，我们踏着来自历史的河流，受着一方百姓的期许，理应负起使命，至诚奉献，让我们的文化绵延不绝，让我们的创造生生不息。

2006年5月30日于杭州

目录

第一章　导　言

马一浮（1883—1967）是中国现代思想文化史上杰出的学者、国学大师，他一生最大的成就就是弘扬儒学；不仅主张复兴传统的儒家思想，而且在推行儒家文化教育方面做了许多努力和尝试，更重要的是，他为儒学的现代转化作出了重要贡献，是这方面的一个重要的先行者，因此许多学者将他看作是现代新儒学学派（一个在港台及海外至今仍然十分活跃的思想文化学派）的创始者之一。在中国现代史上，马一浮也是一位十分特别的人物。他独意孤行、卓尔不群，在其一生里，甚至有相当多的时间身居陋巷、隐匿不出，不与世俗中人交往。当然，马一浮也不完全是遗世独立、与世隔绝的，只不过是“谈笑有鸿儒，往来无白丁”，所交往的基本是文人雅士、著名学者，而且一直相当低调，基本是坐镇湖上，只闻他人来此求教，罕有移驾去教人的。就算是同样高傲并且与他在国学领域齐名的熊十力先生，当年也是携其大作《新唯识论》两度来此，向马一浮请教。马一浮晚年，尤其如此。1957年，苏联军委主席伏罗希洛夫来我国访问，想见马一浮，也是由周恩来总理陪同，到西湖边去拜见马一浮的（这是马一浮后人的说法，笔者以为，也许伏罗希洛夫首先是想游一游西湖，顺带见一见马一浮。不过好歹也算是拜见了马一浮，故采此说）。

马一浮虽然长期受到学术界的普遍推崇，不过，许多人尤其是后来人大多只是耳闻他的学问和他的书法艺术，却不知道他最为人们所推崇和称许的，是他对传统儒学的信仰、根底、传承和个人体验。他对儒学传统的信仰和道统的秉持与接续，当世少有人能够与之相提并论；而他的纯正的儒学思想及他在实验和推行现代儒学教育方面的努力，当世也少有人能够比及。马一浮的弟子、港台著名教授戴君仁曾经说过：“中国历史上大学者，阳明先生之后，当推马先生。”现代新儒学的倡导者之一、港台著名教授徐复观先生也说：“马先生义理精纯，代表着中国活的精神。”与马一浮齐名的已故著名国学大师、同样也是现代新儒学的开创者和领袖人物之一的梁漱溟，对马一浮则更是推崇备至，称赞他为“千年国粹，一代儒宗”——这是梁漱溟为马一浮所写的挽联，可以说是对马一浮一生学问和人品、思想和实践的盖棺定论。

也正因为大家对他仰之弥高，推崇备至，因而许多人反而不知道他都做了些什么。一方面，自然与他长期隐匿不出、不与人接触有关系；另一方面，与过去他的著作流传不广也有关系。马一浮犹如供桌上的圣人，虽然受学术界一些人的顶礼膜拜，但长期以来人们只知道他的学问醇厚，其书法艺术也是当世奇珍，却很少有人了解他的一生，更遑论他的思想面貌及学术成就。即使在学术界，大多数人也是通过传闻来了解马一浮的，笔者本人过去也是如此，而那只不过是浮光掠影、零星印象而已。老百姓对他的了解更少，甚至不知有马一浮其人。正所谓曲高和寡，马一浮虽然是一位极受推崇的人物，可真正了解他的人确实不是很多，即便在他的家乡浙江，也有相当多的人不知道他的名字。

因此，要让大家了解马一浮，就需要做一些事情，不仅要编撰马一浮的传记和年谱，而且还要做马一浮的思想研究，以及儒学和现代新儒学的研究——儒学和现代新儒学，前者是马一浮毕生追求的东西，后者是马一浮开辟的东西，在马一浮的生平、思想及成就里面，占有至关重要的地位。不了解儒学，根本就不能了解马一浮；不了解现代新儒学，也不能全面地了解马一浮，尤其是不能准确地把握马一浮在中国现代思想文化史上的地位和贡献。马一浮、儒学、现代新儒学，是我们这部书的三个相互关联的主题词，缺一不可。

马一浮的一生都在弘扬儒学，除了马一浮，中国现代史上还有梁启超、梁漱溟、熊十力以及冯友兰、张君劢、牟宗三、唐君毅、徐复观、钱穆、方东美等都做了同样的工作。当然，他们的思想观点并不一致，不过目标和方向是一致的，因此，学术界将这些人划为同一个学派，称他们为“现代新儒家”，称他们的思想学说为“现代新儒学”。国际汉学界则称他们为“新新儒家”和“新新儒学”（neo-neo Confucianism）——这是为了区别对宋明儒学的称呼，因为宋明儒学在国际汉学界被称为“新儒学”（neo-Confucianism）。

因此，我们要想真正了解马一浮，自然还需要了解现代新儒学。

现代新儒学实际上只是现代儒学运动中的一个旗帜比较鲜明的派别。现代儒学运动肇始于20世纪20年代，当时传统儒学随着最后一个封建王朝——清朝的灭亡而趋没落，且受到新文化运动的冲击和批判，因此，在重整和振兴中国文化的进程中，就势必有一个反思和回归，这就是梁漱溟等人提出来的儒学文化的复兴以及后来张君劢、牟宗三等人提出来的儒学价值的重建。当然这还不是现代儒学运动的全部，梁启超、李大钊等提出来的东西文明互补，毛泽东提出来的批判继承孔子以来的两千年中国优秀文化遗产，以及许许多多学者提出来的关于儒学与中国的现代化的思想，都应看作是现代儒学运动的组成部分。20世纪初，东西方文化的碰撞与交往十分有趣也十分微妙，一方面是中国近代革命的浪潮汹涌澎湃，人们对西学和新思想怀有空前的热情，严复翻译的《天演论》家喻户晓，妇孺皆知，人人都了解了“物竞天择，适者生存”的道理，主张西化成为当时中国思想界的主流；另一方面则是西方思想界自身发生混乱。西方思想界过去一贯对西方文明近代两百年的骄人成就感到无比自豪，并产生了根深蒂固的文明与种族优越感。但是由于欧洲爆发了空前残酷的第一次世界大战，让这些天之骄子们不知所措，世界末日的恐惧和悲观一时笼罩了整个西方思想界，使得一些人开始对西方文明的根本发生怀疑。其中一些学者陆续将眼光转向东方的孔子和释迦牟尼，他们突然发现西方的培根、斯宾塞之流过去并非完全正确，实在论与进化论统统有问题，相反东方古老的学问倒也并非毫无是处。于是，他们中的有识之士开始提出东西文明互补说，即主张以东方文明补充西方文明，这从一个侧面反映了第一次世界大战前后西方因自己的文明失控所带来的恐惧和不安的心理。站在今天的高度看，这些西方思想家的思考是颇富前瞻性的。当时的欧洲思想家柏格森、倭铿等都开始步尼采、叔本华的后尘，将目光转向东方，提出东西互补的学说或看法。这些思想如同其他西方思想一样，很快也影响到对外来思想如饥似渴的中国人，再一次引起了部分在拯救和改造中国的革命进程中因屡遭挫折而陷入苦闷彷徨的人的积极思索，他们中的不少人曾不遗余力地主张西化。在这场回归传统的思想探索中，举凡梁启超、张君劢、梁漱溟等都是先驱人物。张君劢的科学与人生观论说和梁漱溟的东西方文化哲学论著曾在当时的思想界掀起巨大的波澜，形成广泛而激烈的论战。这也可以说是现代儒学运动的肇始，也是现代新儒学的开端。现代新儒学最初的思想便是如梁启超、梁漱溟所主张的那样，希望传统返本开新，并复兴儒学于现代。这是中国20世纪20年代的思想潮流之一，它以鸦片战争以来中西文明碰撞为深刻的思想历史背景。不过，这股思想潮流与当时孙中山代表的民主革命和稍后陈独秀、李大钊领导的共产主义革命的思想潮流相比，只能算是微波涟漪，昙花一现，犹如蛙噪于野、蝉鸣于树，喧闹一时，便告消歇。20世纪20年代是一个继续革命的年代，诚如孙中山所言，"革命尚未成功，同志仍需努力"，举国上下充满了革命的热情以及对于新思想的渴求。这也是时代的情势使然，当一个民族长期处于危亡关头时，焦虑和痛苦的人们是很难有平静的心情来理性地回顾历史的，人们急迫地要摆脱历史的困扰和梦魇，将过去的一切都抛诸脑后——无论是历史传统中丑陋过时的东西，还是仍然美好和有价值的东西。也许对一个处于这种情势下的民族来说，探索新思想和寻求新出路是唯一能够摆脱困境的解决办法。总之，现代新儒学的先期呐喊在20世纪20年代只是闹腾一时，很快便失去人们的共鸣。当时许多人对这一背离时代的思想运动不以为然，更有人对此大加挞伐，说它是历史的沉渣泛起，却很少有人认真地去思索他们到底在说些什么，并且也很快把这些微弱的声音抛诸脑后了。这之后，新儒学的方向渐由文化运动转到著书立说、锤炼思想的轨道上去，由此开始了艰难的传道历程。

以上是现代新儒学肇始的一个大概，后面我们在叙述马一浮各个时期的学术和思想时，还要做深入的论述。在现代新儒学发轫的初期，马一浮并未参与这场运动，他当时隐居在西湖过着刻苦读书的日子。与其他现代新儒学的先驱人物一样，他的思想也经历过一个从激进到保守、由西学到传统的转变。马一浮自幼受传统文化的熏陶，青年时亦曾壮怀激烈，去西洋追求西学，曾发表过一些充满新思想的文章和译作；后来回归传统，也曾有过一些训诂、考据方面和零星的研究老庄及佛学的作品，并且在西方学术和中国学术两个方面都有一个庞大的研究计划，但基本上都未曾完成和发表过。20年代及以后，马一浮虽以其学问的醇厚在学术界享有盛誉，但是由于他闭隐不出，脱离社会，因此远不及张君劢、梁漱溟以及冯友兰等那样有广泛的影响。马一浮作为一代儒学宗师，其思想曾受佛学影响甚深，且颇近陆、王，当然，他的学术态度和文化思想观点是超越陆、王的。马一浮一生不重著述，主张圣人语默，学问之道在躬身力行，不在言语文字边纠缠。从其思想形成的过程来看，大约在20年代中期以后才完成对儒学思想的最终认定——这略晚于梁漱溟等人。当然，其思想及学问的纯正则为他人所未及，但在创新方面则不及他人。尤其值得一提的是后来的熊十力，他写于20世纪30年代的《新唯识论》成为当代第一部真正哲学意义上的现代新儒学著作。至于马一浮的思想，直到1938年他在浙大和复性书院讲学时，才陆续以完整的形式公开发表出来。尽管如此，我们仍把马一浮看作是现代儒学的一位重要开创者，这不仅因为马一浮对梁漱溟、熊十力等人都有过影响，而且更重要的是他的思想较为正统。当下，在新儒家们努力重建儒学道德形上学的进程中，保持、承继传统与改造传统（为现代可以接受的样式）是同样重要的，前者甚至构成后者的基础；同时，传播和弘扬儒学及其代表的中华传统文化，也是新儒家们自诩的一项神圣使命及重要任务。马一浮和他的思想对于当代新儒家的重要性正在于此，他在现代新儒学这个思想流派中的重要地位也在于此，而他在中国现代思想文化史上能够占有一席之地，值得我们去了解他、认识他，更是在于此。

第二章　马一浮早年生平

第一节　大师之死

1966年，“文化大革命”席卷全国。知识分子在这场浩劫里首当其冲，成为最倒霉的一群人，作为“臭老九”被打入社会的另册，受到冲击最早、受冲击面最广、受冲击的时间最久。而马一浮，这位中国现代最传统的知识分子，或者说最传统的知识分子的代表，被周恩来称为“我国当代理学大师”的一代国学巨匠，也在劫难逃。

1966年底，马一浮与当时的许多学者一样，被戴上“反动学术权威”的帽子，受到了批判。不久，他被红卫兵赶出已居留十余年的西湖蒋庄，迁至安吉路的一幢简陋的寓所。位于西子湖畔的蒋庄曾是他的学生蒋国榜的私人别墅，他于1952年受蒋之邀入住。马一浮曾在这里每日对着西子湖的碧波烟柳、十里长堤悠闲度日，可惜他最后却不能终老于此，这也是劫数使然，而此时的马一浮已经是八十四岁的老人了。

1967年6月，杭州的酷暑似乎亦因社会的动乱而早早降临，马一浮终因年老体衰、郁积成疾，在那潮湿闷热的简陋寓所内一病不起。据经常探视和照顾他的楼达人先生说，他是因为胃出血被送去医院抢救。不过，由于他对中国动乱的局面十分忧虑，故去意已决，无法挽留。[①]早在1967年花朝日，他就已作了下面这首诀别诗。

拟告别诸亲友

乘化吾安适？虚空任所之。
形神随聚散，视听总希夷。
沤灭全归海，花开正满枝。
临崖挥手罢，落日下崦嵫。[②]

大凡历史上的著名诗人都爱在临终时作诗文话别，如陶渊明、陆放翁等。一方面表达自己超脱生死的人生态度，另一方面也隐含着要向世人说明，吾等非普通人，可以从容就死、自决生死，不必完全假手于死神。当然，临终说许多寓意深刻的话，并非诗人的专利，早些年一些革命电影中的英烈往往也要说上半天，才从容死去。周星驰《大话西游》虽不是革命电影，但是里面的唐僧临终废话威力无比，可以看作是临终遗言的另类。马一浮不仅是中国现代史上著名的国学大师，而且也是颇有成就的书法家、诗人，因此也不能免俗。虽然，马一浮一生不以诗作彰名，而且他的诗作流传不广（实话说几乎没有流传，这是题外话），但马一浮肯定认为自己是一名诗人，他一生的许多时间都用在了作诗上。由他的弟子整理出版的《蠲戏斋诗集》以及《避寇集》等收藏了马一浮的诗词近千首，足见其在诗词写作上的成果。所以马一浮同样有诗人的毛病（或者应该说是优点），是可以理解的。

平心而论，马一浮的这首诗写得相当不错，虽是生死话别，从诗中却丝毫感觉不到死神降临时所带来的恐惧和绝望，而是充满了安详、从容、笃定和希望。诗的前半段是说自己将要离开这个尘世，后半段则是对亲友的慰勉。整首诗除了使用一些佛家和道家的语言如乘化、形神聚散、希夷、沤灭等之外，并

---

① 楼达人：《“文革”中的马一浮先生》，载《中国当代理学大师马一浮》，上海人民出版社1992年版，第134页。

② 《马一浮集》第三册，浙江古籍出版社、浙江教育出版社1996年版，第758页。

不复杂，不过，寓意却很深刻。不仅表达了马一浮对待即将到来的死亡的态度，也隐含了他对中国当时的局势以及未来前途的看法。于儒、佛、道思想中浸淫了一生的马一浮先生，其精神的确已经达到了超脱生死的境界。儒家的正命、道家的达观，以及佛家的看破一切，都在生命的最后时刻在其脑海中圆融贯通，实现了超越和升华。不过，马一浮终究是儒者，因此他的这首诗也包含了较多的现实关切。道家和佛家是不需要告别亲友的，因为他们在生命的尽头处已无杂念，没有什么需要告别的。儒家则截然不同，他们认为，死亡只是“自然生命”的结束，而“价值生命”要在死后由后人来认定，因而对后人做个交代是必须的。马一浮尽管对于外面的疯狂和喧嚣早已做到希夷视听、不闻不问，但是内心仍然必须有一个明确的看法和态度。所谓视听希夷，只不过是不忍视听而已。将自己对于生命的态度和对于现实的看法告诉后人，这正是马一浮作为一个儒者的责任。个人的生命虽将结束，而人类的生命仍将延续。马一浮在生命的最后时刻，虽对现实仍怀有一种忧虑，但对中国乃至人类之不久的将来，仍持有无比坚定的乐观信念。诗中的“沤灭全归海，花开正满枝”一句，可以看作是这种乐观信念的最真实写照。

一个睿智的老人去了，留下了对亲友的慰勉；一代国学大师走了，留下了对中国的预言。十年后，“文化大革命”结束，中国迎来了改革的春天；二十年、三十年、四十年后，中国的改革已经是花开满枝、硕果累累，中国人昂首挺胸，迎来全面建成小康社会的伟大荣光。而马一浮本人不仅重新成为学术界瞩目的历史人物，他以毕生精力追求的儒家文化、思想、道德和精神，以及创造和拥有这一无上文明遗产的中国，亦同时成为世界瞩目的焦点。

第二节　马一浮家世及其早年的生活

马一浮幼名福田，后改名浮，字一浮，青年时代曾经用过“被褐”“太渊”等许多笔名，自号湛翁，晚年别署蠲戏老人或蠲叟，浙江绍兴上虞籍人氏，生于四川成都，卒于浙江杭州。

关于马一浮的家世，前几年出版的《马一浮集》中有《先考马公行状》一文，对此作了详细的叙述。该文作于1901年，也就是马一浮的父亲去世后不久。按照马一浮的叙述，马一浮的父亲马廷培系浙江绍兴府会稽县东墅里（今绍兴市上虞区长塘镇）人。其先祖最早可以追溯到汉代会稽太守马稜。不过这只是猜测，实际上，马一浮也承认，马家家世明以上世系已不可考。说得清楚的始自马一浮的高祖，据说曾经累赠至通奉大夫、江南徽州知府。不过，马家自此以后，很快就家道中落。马廷培的亲生父亲马尚坤“奇贫绩学，隐居而终”，他死的时候，马廷培才八岁。正是马廷培“孤露发愤”，马家才保留了些许元气。马廷培的伯父马楚材任四川仁寿县尉，清咸丰十一年（1861），在与滇贼的战斗中被俘不屈而死，朝廷追赠他为盐运使知事。四川总督骆文忠得旨优恤，但马楚材有女无子，继子（马廷培的亲哥哥马丙鑫）也被滇贼所杀，所以骆文忠驰书浙江求嗣子。马廷培按族序成为嗣子，弱冠入川。后来得保举，以从九品留省补用。从九品是当时公务员序列的最低一级，而且还不是正式的，仅仅具有一个资格而已。就如同今日某某家中有一个人在外因公殉职，政府为了照顾农村的家属，给一个农转非的名额。而所谓的补用也就是档案已经在人事部门，但是还不知何时分配工作。不管怎样，马廷培总算有了个出身，开始踏上仕途。也许由于衙门里等候补用的人太多，又或许因为品秩太低，即便补用了也不过是端茶倒水的活，更重要的是，马廷培的亲生家庭的家境十分贫困，在家乡时，经常食不果腹，吃糠咽菜，入川前仅从亲戚那里借了五百钱留家，家中的亲生母亲亟待寄钱回去赡养。因此，马廷培聪明地选择了离开，去做大员幕僚。正好当时有一个同乡人叫朱潮，做了御史，被派驻到叙州（今四川宜宾），对幕僚很严苛，所以他调往成都后幕僚都没跟去，便将马廷培招致门下。马廷培做了几年幕僚后，于光绪七年（1881）又以通判资格留省补用，后来因为在清查山西、四川等库款的事务中功劳显著，逐渐受到一些人的赏识，于是被正式起用为潼川府通判，驻太和镇。马廷培最后的职位是“调署仁寿县”，出任仁寿县知县。以清代官制，府通判与知县级别一样，所以马廷培从太和到仁寿是平调。

马氏家族人丁稀少，马一浮本人无儿女，只有一个从侄马镜泉先生还健在，他所能提供的马一浮的族系传承大概也只是马一浮的这篇《行状》所提到的这点东西，更未见有家谱一类的东西传世。另外，马一浮的老家在上虞区长塘镇长塘村，当地也并未见有马氏一族的祖宅遗留下来。当地保留的一幢马一浮曾经住过的老房子至今完好，但这房子不是马家的房子，而是当地一赵姓人家的房子。房子有个名称，叫作赵家元宝台门，笔者十几年前去参观过一次，印象中是个典型的江南台门式的宅院，台门不大，宅院不深，前厢是一窄道连着的小院，后面是一天井，再后是厅堂。在乡间，这样的台门极其普通，与三进大宅院相比，也勉强只能算是中等。如今这个元宝台门还在，新中国成立到“文化大革命”时期，里面的厅堂曾经被用作村里的小学校舍。如今乡间的经济发展，农民都住上了新盖的房子，老房子已经拆得七七八八，只有这幢房子还保留着，大概是因为马一浮曾经住过的原因吧。据马镜泉回忆，马一浮的父亲解职回乡后，租赁了赵家台门的中院西面三间座楼，以后就一直住在这里。可见在上虞，马一浮的祖上，至少在马一浮的亲祖父的时候，的确已经一贫如洗。而马廷培虽然在外为吏多年，到头来也只是两袖清风而已。浙江自古有文物之邦之称，耕读传家是乡间普遍的传统，不仅是那些殷实的富户，即便是贫寒之家，也大半会勒紧裤带、咬紧牙关，努力供子弟读书，希望有咸鱼翻身的一日。因此，马家虽然已经贫困、没落，但是读书的传统并没有忘却。最后到了马一浮，总算又挣得个金榜题名，这是后话。不过此时的中国封建王朝已日薄西山、奄奄一息了。

这三间座楼虽是租赁来的，但毕竟是马一浮居住过的，马一浮在此度过了他难忘的童年岁月。这个赵家元宝台门，现如今已被当地辟为文物古迹，接受游客的参观和瞻仰。不过，马一浮的童年虽然是在这里度过的，但这里却不是他的出生地，他的出生地是四川成都。当年马一浮的父亲马廷培宦游四川时，与马一浮的母亲、出身陕西勉县望族的何氏一见钟情，结为连理（自然是经过了三媒六证），并且在寓居成都时生下了马一浮，不过成都却未留存马一浮出生的遗迹。马一浮之后兴办复性书院，居留了数年，主要是在乐山的乌尤寺，其间也去过重庆，单单他的出生地成都似乎从未回去过，不知这是不是马一浮心中的一个缺憾。四川乐山乌尤寺的尔雅台复性书院遗址至今仍然完好地保留着，成为人们旅游观光和纪念马一浮的又一个好去处。按照现代以出生地入籍的规范统计法，马一浮应该算是四川成都人，但是按照中国传统的籍贯统计法，马一浮则又应该算是浙江绍兴人。根据马镜泉的回忆，马一浮的童年是在绍兴上虞故里度过的。不过，还有另外一种说法，据马一浮的外甥女丁敬涵女士回忆，马一浮六岁时随父母亲回到浙江后，一直寓居杭州。如果情况是这样，那么马一浮的童年应该是在杭州度过的，而不是绍兴上虞的赵家元宝台门。关于马一浮的童年时代的生活轶事现如今并没有确切的文字记载，只有两位老人不同的回忆，因此，笔者无法判断哪一种说法正确一些，只好将两种说法都写在这里，立此存照，以待来者了。不管怎样，马一浮即便从未返回过上虞，而是从小就寓居杭州，总该算是一个浙江人吧。不过，笔者认为马一浮返回故里的可能性大一些，因为马一浮彻头彻尾一副绍兴人的特质：年轻时腼腆，中年以后少言、平和；性格也是典型的绍兴人脾性：坚忍、谦让，凡事都烂在肚子里，不愿做出头的椽子，但又十分高傲（鲁迅笔下的阿Q、孔乙己也是这样的脾性）。当然，马一浮身上还有儒者的方正、佛家的禅意和道家的仙气。马一浮不仅有绍兴人的气质，而且有绍兴人的生活习惯和语言。如著名画家丰子恺有一篇专门回忆马一浮的文章《陋巷》，回忆了李叔同第一次带他去见马一浮时的情景：

> 第一次我到这陋巷里，是将近二十年前的事。那时我只十七八岁，正在杭州的师范学校里读书。我的艺术科教师L（指李叔同）先生似乎嫌艺术的力道薄弱，过不来他的精神生活的瘾，把图画、音乐的书籍用具送给我们，自己到山里去断了十七天食，回来又研究佛法，预备出家了。在出家前的某日，他带了我到这陋巷里去访问M先生（指马一浮）。我跟着L先生走进这陋巷中的一间老屋，就看见一位身材矮胖而满面须髯的中年男子从里面走出来应接我们。我被介绍，向这位先生一鞠躬，就坐在一只椅子上听他们的谈话。我其实全然听不懂他们的话，只是断片地听到什么“楞严”“圆觉”等名词，又有一个英语“philosophy（哲学）”出现在他们的谈话中。这英语是我当时新近记诵的，听到时怪有兴味。可是话的全体的意义我都不解。这一半是因为L先生打着天津白，M先生则叫工人倒茶的时候说纯粹的绍兴土白，面对我们谈话时也作北腔的方言，在我都不能完

全通用。当时我想，你若肯把我当作倒茶的工人，我也许还能听得懂些。但这话不好对他说，我只得假装静听的样子坐着。[①]

笔者无缘见到马一浮，没有感性的认识，所以借助丰子恺先生对于马先生的感性的回忆。丰子恺先生不愧是大师级的画家，说李叔同先生是“天津白”，也就是天津白话，马一浮则是绍兴土白话，而且是“纯粹的”，只用简单的几个文字，就将两位人物的形象乃至性格、气质活灵活现地勾画出来，犹如粗线条的素描，极其传神。马一浮对工人说“纯粹的绍兴土白”，说明他请的工人也是绍兴人；与客人说“北腔的方言”，但说得不溜，让人听不懂，说明他不常用，已习惯隐居的生活，我们由此深切地感受到了马一浮身上地道的绍兴人的气息。

笔者这里东拉西扯地写下上面这些文字，不是为了证明马一浮童年确实回过绍兴故里，因而受到乡土的熏陶，成为地道的绍兴人而不是杭州人，因为这样的证明毫无意义；也不是为了与四川仁寿（马一浮的幼年就是在这个地方度过的）和成都争抢马一浮这个名人，马一浮是属于全世界的，用不着争抢，何况四川仁寿和成都也没来争抢。过去一些地方为了搭文化台、唱经济戏，四处争抢文化名人的事并不少见。文化名人也是地方的著名品牌，自然不能放过，但打造新的品牌，才是经济发展的硬道理……闲话打住。笔者上面的叙述，目的只有一个，让读者对马一浮有一个初步的感性印象，有了感知，才能进一步深入他的精神和思想。

早年的马一浮是在一个有良好的家庭教育的环境中成长的。据马一浮的从侄马镜泉先生回忆，马一浮的父亲精于义理之学，母亲长于文学，因此马一浮从小受到来自父母的良好的教育。尤其是母亲的教育，对他影响很大。马一浮自幼聪明过人，敏而好学。他四岁时入私塾，私塾老师问他喜欢什么诗，他回答道：“茅屋访高僧。”私塾老师十分惊讶，四岁的孩子竟然知道李商隐的诗。他自己后来曾在《会稽马氏皋亭山先茔记》里说：“浮虽不肖，笃志经术，实秉

① 《丰子恺全集·文学卷四》，海豚出版社2016年版，第77—78页。

庭训。其稍解诗旨，则孩提受之于母氏。”[①]马一浮由于受到良好的家庭教育，加上天资聪颖，记忆力过人，因此，五岁能诗，九岁就能熟读《文选》《楚辞》，乡里有神童之誉。关于马一浮童年时所受的教育，马镜泉先生说：

> 他母亲亲自教他读书，九岁就能读《楚辞》《文选》。到十一岁那年，他母亲病重，自知不治。为了考考心爱的儿子将来能否有出息，有一天，就有意地指着庭前的菊花，要他作五律一首，并限用麻字韵。马浮应声而就，诗云：“我爱陶元亮，东篱采菊花。枝枝傲霜雪，瓣瓣生云霞。本是仙人种，移来高士家。晨餐秋更洁，不必羡胡麻。”他母亲听了既高兴又不高兴地说：“儿长大当能诗。此诗虽有稚气，颇似不识烟火语。汝将来或不患无文，但少福泽耳。”夜半，他母亲痼疾遽作，不久去世。自此，少年马浮就失去了母爱，依靠父亲的教育和姑母的照管而长大。
>
> 马浮自从母亲去世后，一段时间主要靠自学。他从小就喜欢读书。他家是书香门第，家里自有不少藏书，他任意涉猎，早暮攻读。当时他父亲看到孩子能用功读书，感到很欣慰，但总觉得，长此以往，如果没有名师的指导，是会耽误孩子的学业的。于是请了乡间一位很有名望的举人郑墨田先生来家里教读，但不久，这位举人老爷突然提出辞馆。这时，马浮的父亲大惑不解，只当是自己的孩子不听教诲，惹老师生气。经再三盘问，才知道孩子的才智在某些方面已经超过老师，老师自感不能胜任，又不愿耽误人家子弟学习，所以请辞。他父亲听了这番肺腑之言很是感动，于是只好自己教读。在教读中，孩子提出的问题或见解，父亲也感到诧异，自叹不如。自此，就只好让其自学。从此，年轻的马浮就充分发挥自己的聪明才智，夜以继日，遍阅群书，学乃大进。[②]

---

① 关于马一浮的生平，笔者在写作时参考了乌以风的《马一浮先生学赞》（未正式出版），马镜泉先生的《马一浮先生年表》（载《马一浮先生纪念册》），汤彦森、丁敬涵的《学融百家 一代宗师》（载《古今谈》1989年第三期），龚慈受的《追忆马一浮先生》（载《浙江文史资料选辑》第161辑）和楼达人的《记爱国学人马一浮》（载《群言》1987年第十期）等文章。

② 马镜泉：《马一浮传略》，载《中国当代理学大师马一浮》，上海人民出版社1992年版，第150—151页。选文略有改动。文中的“郑墨田”原文作“郑目莲”，应为音误。

关于马一浮童年的学习生活，还有一个动人的故事：马一浮有一个乡间私塾的同窗，叫杜亚泉，也是上虞长塘人。此人后来在民国时期也是大大地有名，在20世纪20年代前后的东西文化论战里，他同梁启超一样，是主张东西互补以及回归传统的，这一点也与马一浮相似，不过马一浮没有参加各种论战。杜亚泉在20世纪20年代前后风头一直颇健，曾经主持过当时影响很大的《东方杂志》，是思想界的重要人物，但是后来逐渐边缘化，他的事迹也渐渐被人淡忘，以至湮没不闻。20世纪80年代中期，中山大学的袁伟石教授出版了《中国现代哲学史史稿》，书中对杜亚泉的思想有深入的研究和阐述，并且将他与梁启超一同归入掀起东方文化思潮的重要人物，由此奠定杜亚泉在东西文化论战中以及在中国现代思想文化史上的重要地位。据说20世纪90年代初，《杜亚泉文选》即将出版时，该书的编者曾去找权威人物王元化写序，王在读了杜亚泉的著作及有关研究材料之后，惊呼："杜亚泉此人了不得！"显然王此前没有读过袁伟石的书，也并不清楚杜亚泉的学术成就。可见杜亚泉这位早年曾经风靡一时的人物被历史边缘化的程度，就连学界的大佬也已将他遗忘了。这是题外话。杜亚泉才思敏捷，马一浮聪明过人，两个人在私塾里颇受老师的器重，称他们为长塘乡的两条龙。一次老师要考考两个弟子，要求他们就山乡的风景对上下联，两人出口成章，联句成诗，诗云：

青藏柳谷莺先觉（杜），露滴松枝鹤有声（马）。
山荫绿处人醉竹（杜），百花红时客迎新（马）。

两位天才少年诗人，才华横溢，一时瑜亮，传为一段佳话。

马一浮早年的启蒙老师除了马镜泉所介绍的郑墨田之外，还有一位叫何虚舟。何虚舟是马一浮的第一位蒙师，马一浮在1900年的一首名为《哭二姐》的诗里面，简略地叙述了同这位老师的关系，其云："前年闻何虚舟师已归道山。

在任寿时，姐（即二姐）及三姐、福田受读于师，最蒙恩契。”[①]关于马一浮早年的生活以及所受的教育，我们能够叙述的材料不多，基本上就是上面这些，但已可以大致地了解马一浮的童年时代及其所受家庭教育的情景。看得出马一浮早年所受的教育是十分传统的。由于马一浮的母亲体弱多病，乡下又找不到更好的老师，马一浮后来基本上依靠自学。马镜泉说，马一浮在年龄稍长之后，整个少年时期读了许多书，尽管讲述者并未具体指出马一浮所读何书、所习何业，但这不难猜到。马一浮出身于封建社会小官僚家庭，在这样的家庭里，子女从小所受到的教育，自然离不开四书五经、道德文章这一类。因此，他们对马一浮这个独子的教育，绝不会离开传统教育的窠臼。学而优则仕是中国封建社会数千年的传统，普通家庭的子女，通过科举来获得功名，是他们唯一的前途和出路。马一浮十一岁丧母，以后的教育主要由他的父亲来督促，同时许多时间里他是靠自习。这必定使他有机会广为阅览，而不只是修习儒家的文章经术、诗词歌赋之类，这为他未来的学问打下了一个良好的基础。不过，这个学问的基础仍然是正统旧学的。19世纪末的中国，虽然由于列强的侵凌已国门大开，“西学东渐”之风愈演愈烈，然而在戊戌变法之前，不仅西学之风远未吹入普通人的家庭，而且新学也还只是一个腹中的胎儿。马一浮少年时期受到的是典型的儒家教育，他后来返归传统、契心儒学从某种意义上来说，是回归其生命本来的体现。

需要指出的是，马一浮早年所受到的家庭教育不仅仅是知识方面的，更包括了传统的家庭伦理、社会纲常及道德生命等方面的。马一浮的家庭应是一个十分典型和十分传统（从当代的眼光看，或许不能简单地说成是守旧）的家庭，有一个故事可以充分地说明这一点：

> ……直到1900年底，好事多磨，马浮父亲的病越来越重，从四肢瘫痪发展到不能说话，但意识还清楚。家里写信告诉马浮，他就急忙回家看望老父。他父亲对马浮远离家乡读书这件事，本来就有意见。“父母有疾，冠

① 《马一浮集》第三册，浙江古籍出版社、浙江教育出版社1996年版，第760页。

> 者不栉”。认为儿子既不顾有病的老父，也不顾新婚的妻子，这是不尽本分。所以当知道这个“逆子”已回家的消息，十分激动；直至儿子靠近床边向他问安时，老人更加激动，就狠狠提着儿子的耳朵要他跪下。在一气之下，老人的病加剧，求医无方。乡亲挚友们共同商量，都感到束手无策。此时其中有一位长者沉思片刻道：“要救他老父的命，办法倒还有一个，除非子女割股和药，或有希望。”于是，亲友们的眼光自然而然地落到马浮的身上。医者也谓：“血肉最补形气，不妨一试。”这时，马浮的二姐听了很伤心，转身向后房拿了一物，又跑到长辈面前恳求说：“弟弟是马氏门中的独苗，如果割了他的肉有个三长两短，这就对不起列祖列宗，也对不起已死去的母亲，还是让我来承担这个责任吧！”言毕，卷起左袖，用早已准备好的利刃割下一块臂肉，和进药内。说也奇怪，他父亲开始吃了这种药，病体似有好转；但一次复一次，最终也无济于事了。到了翌年三月，老人与世长辞了。①

真是一个惨烈的故事。孝悌亲情中弥漫着残酷与愚昧，使人寒噤，实在令读者感受不到亲情所应包含的关爱与温暖。马镜泉先生在叙述这段故事时的确注入了感情，但不知“好事多磨”是什么意思。

忠孝节义乃儒家倡导的学说，而成为中国数千年家庭伦理与社会政治教化的传统。其中“孝”是全部的核心，其本意是要以家庭亲情的关系扩展至社会，从而确立既尊卑有则，又不乏温情亲切的某种理想社会制度。不过，人类的文明历史多次证明，过于理想化的东西，也往往会陷入极端化。“孝”这一中国人的传统美德，本是中国人数千年家庭生活理念的结晶，然而经儒家理想化的演绎及社会规范化的创制与文饰，又经历代封建统治者的政治化的推广和别有用心的提倡，“孝”一度在相当大的程度上已经成为套在中国人头上的枷锁、悬在中国人头上的利剑。这个“一度”的时间并不短，包括了整个封建社会两千年。于是，真情逐渐让位于矫情与虚伪，亲切则为冰冷和严厉所取代。“孝”这一家

---

① 马镜泉：《马一浮传略》，载《中国当代理学大师马一浮》，上海人民出版社1992年版，第153页。

庭理念政治化与社会化的结果，一方面它作为中国封建专制制度的核心理念，构成了整个统治的基础（如封建社会的君权、族权、父权和夫权），并且成为统治者手中的工具（如汉代时曾经设有“孝弟力田”的官名，唐代以后尤其是宋代一些统治者更往往自我标榜以“孝”治天下）；另一方面，“孝”也成为封建社会中许多人弄虚作假、谋取进阶的张本，如《宋史・选举志一》记载：“上以孝取人，则勇者割股，怯者庐墓。”所谓“割股”，是指孝子割下自己的股肉做药，用来疗治亲人的疾病，如马一浮的二姐所做的那样。《鄞县志》云：“唐陈藏器著《本草拾遗》谓：人肉可治羸疾。自是民间以父母疾多割股肉而进。”这其实是野蛮时代吃人肉的陋习。不过野蛮人吃人肉只是为了果腹，丝毫没有什么“忠”“孝”的猫腻在里面，只是进入文明社会以后，这种野蛮的行为才被加上了“文明”的含义。春秋时期的易牙烹子媚桓公，介子推割股食重耳，都是愚忠的表现，而愚忠的基础是愚孝。鲁迅在《呐喊》里曾经对中国这种野蛮的、有着悠久传统的愚忠愚孝进行过猛烈的抨击，揭露了其残酷的一面。所谓“庐墓”，则是指父母去世，孝子在墓旁搭建棚屋居住，目的是要守墓以尽孝思。庐墓之风久远，上可溯及商代乃至更早。如顾炎武的《日知录》云：“太甲之书曰，王徂桐宫居忧，此古人庐墓之始。”

割股与庐墓是中国古人最能够表现对父母长辈尽孝的两大法门。前者尽孝于长者生前，后者尽孝于长者死后。整个中国封建社会时期不仅割股之事多有发生，庐墓之人亦层出不穷，且花样翻新。从两种尽孝的方法看，割股之事实在残忍，且毫无科学道理。恐怕正是由于其残忍，有违人性，与孔子的仁爱思想不符合，所以孔子和孟子的儒学里都未曾宣扬过割股这样荒诞的事。二者相较，庐墓稍微理性一些，运用得当，亦不失为表达孝心、寄托哀思的方法。不过，人类的理性极难抵挡情感与生存的冲突，庐墓在孔子后学那里就开始走火入魔。如《史记・孔子世家》记载：“（孔子丧，弟子服）三年心丧毕，相诀而去……惟子贡庐于墓上，凡六年，然后去。”到了唐代，又有一位名叫张彻的人，在他的母亲去世后，竟然庐墓整整三十年！[①]这种盲目的“孝”，已完全是

① 参见《新唐书・卷一一二・列传第三七・韩思彦传》，其云：“张僧彻者，庐墓三十年。”

非理性的愚孝。此外，在封建社会里，“孝”之社会化和政治化的结果，不仅致人愚，而且最终流于滥。如北宋初开宝年间，朝廷诏诸州举荐“孝弟力田、奇才异行或文武才干，年二十至五十可任使者”，后来闹出笑话：

> （开宝）九年（976），诸道举孝弟力田及有才武者凡七百四十人，诏翰林学士李昉等于礼部试其业，一无可采。而濮州以孝悌荐名者三百七十人，帝骇其多，诏对讲武殿，率不如诏。犹自陈素习武事，复试以骑射，辄颠陨失次。帝绐曰：“是宜隶兵籍。”皆号呼乞免，乃悉罢去，诏劾本部滥举之罪。①

看来这些以孝悌受到举荐的人皆是滥竽充数、欺世盗名之辈，皇帝略施伎俩，即令其立现原形。不过话说回来，归根究底，皇帝自己应对这种“孝”之滥负起主要的责任。

孝而致愚以及孝而致滥，构成了中国数千年文化传统的两极。一方面，由愚孝而愚忠，人的个性、权利以及社会创造力最终受到抑制；另一方面，由孝之滥到忠之滥，其结果就是人情代替事理，欲望压倒理性，人性扭曲，腐败滋生。它们的土壤，便是以家庭血缘关系为基础的、等级森严的社会礼法秩序和以皇权至上为基础的、保守落后的封建专制体系。一般说来，社会礼法秩序与专制体系的理论基础是不一的，甚至是矛盾的。封建专制制度在人类历史上曾经普遍存在了数千年，东方、西方，外国、中国，均不能免。所不同的是，西方封建专制体系伸张的是神权和王权。西方恰恰是由于礼法秩序的进化，包括宗教神权理论基础的动摇、人身依附的等级差序的消解和社会法律观念的加强，一步步地导致了西方封建神权和王权的崩溃与瓦解。当然，隐藏在背后的根本力量自然是生产力，这也是毫无疑问的。纵观整个欧洲，造成封建专制体系解体的理论任务，最先是由一批法学思想家来完成的。他们以法学（法权）世界

---

① 〔元〕脱脱等：《宋史·卷一五六·选举二》，载《宋史（卷一〇九～卷一六九）》，吉林人民出版社1995年版，第2284页。

观对抗神学（神权）世界观，粉碎了“君权神授”“法自神意”“王法至上”等曾被视为毋庸置疑的观念，促成了人人平等理念的法律化。人人平等理念，具有爆炸性的民主革命威力，它并不仅仅反映人们基于经济生活的自然诉求，同时也反映人们渴望活得更有尊严的人性诉求。一般而言，基于世俗意愿的（不是宗教的）法律一旦出现，必然会进一步张扬人性的力量。反过来，人性的力量又会进一步助推法律向前发展。不过，中国的情况有所不同。中国早在两千多年前的春秋战国时期就已经有了普遍意义上的法典①，并且出现了许多法家流派，与当时的显学如儒家、道家鼎足而立，对秦朝的制度产生了决定性的影响，应该说是法家理论推动了中华民族的统一。但是法家理论稍兴即衰，一方面，自夏、商、周以来的大多数统治者并不能完全认同法家理论；另一方面，秦朝的残暴无道也说明法家的理论并不成熟。西汉以后武帝重用董仲舒“罢黜百家，独尊儒术”，采取礼、法并重的主张，将法家理论完全纳入儒学的治国理论之中。然而其结果却是法律与专制的矛盾被掩盖了，法在礼的侵蚀下，已失去其本有的普遍意义。周朝的礼因为法而加强，秦朝的法又因为礼而转化，法从此有了儒家“孝悌为本”的礼作为根据，但也从此完全成为皇帝的统治工具。平心而论，汉代以后由于树立了儒学作为国家的指导思想，确实在很大程度上避免了秦朝专制制度的严苛与暴虐，以后除了朝代的末世或异族入侵外（当然也不能一概而论），在多数的朝代里，社会政治也的确带有相当程度上的人情味，这都归功于儒家的君臣父子、家国天下的思想。这也正是自尧舜以降的中华民族政治文化的老传统，在这种传统里，君主是一国之长，却又如父亲是一家之长那样，具有家长之意义，所谓国家概念，国即是家，家也即是国。因此百姓在家要孝敬父母，在社会要忠于朝廷，反之，君主也要如父母那样，善待百姓如善待自己的子女。总之，上慈下孝、兄弟和睦，四海一家，其乐融融，是这种社会的理想写照。从历史看，这种传统具有强大的凝聚力，但是并不能阻止社会的无道和腐败。相反，它是专制与腐败的温床。其原因正在于法律所要求

① 史载周景王九年（公元前536年）郑国执政子产将法律条文铸刻在鼎上，公布于众。又周敬王七年（公元前513年）晋国大夫赵鞅和荀寅把前执政范宣子所制定的刑法铸在鼎上公布。这就是《刑鼎》，又称《刑书》。刑法的公布，使之开始具有民意的基础，并成为真正意义上的法典。

的公正、平等已让位给礼教的等级和服从，理性退位而人情泛滥，以致少数人的个人特权及社会的专制极权从此再也没有约束。

一方面是愚忠愚孝，大多数中国人长期生活在森严的礼教制度下，礼教已经沦肌浃髓，深入人们的头脑，主宰人们的生活，束缚了人们的思想；另一方面则是少数人的特权、腐败和堕落。这正是过去中国历史的全部写照。而这样一种生活方式（它的确反映了中国人固有的生活方式）虽然创造了中国五千年的灿烂文明，却不能避免近代的衰落。马一浮生活在一个谨守礼教的家庭中，又要面对一个已彻底腐朽的社会和没落的时代，他的二姐又不幸做了这个时代精神的牺牲品，所有这些都对马一浮的思想造成强烈的冲击，不仅构成了他思想上的矛盾，同时也在他的心灵上留下了永久的创伤。据近年出版的《马一浮集》第三册诗集的部分，有一组诗叫做《哭二姐八律》，其中第五律云：

庭闱痼疾困经年，疴痛相依信惨然。
语塞可怜通象译[①]，医难无计祷神仙。
金刀刿臂痕犹在，脯奠陈筵殡已迁。
老泪何堪拚一恸，昨宵曾自问床前。[②]

诗作于1900年，其时二姐先于“病不能言”的父亲而去，且“金刀刿臂痕犹在”，全诗透着一种深深的无奈、一种极端的痛苦、一种难言的矛盾和一种永久抹不去的悲伤。这种无奈、矛盾、痛苦和悲伤在马一浮童年时就已种下，他十一岁所作的“我爱陶元亮，东篱采菊花”一诗充分说明了这一点。童年的马一浮虽然天资横越，才学过人，却也有着超越常人的忧郁和伤感，背负着家庭与社会的重负，他只希望能像陶渊明那样，摆脱尘世的烦恼与喧嚣，超越人生的束缚，过上仙人般遗世而居的日子。当然，这不仅是他个人的梦想，人人入住桃花源，正是儒家一贯的理想。

---

① 马一浮自注：先君病不能言。

② 《马一浮集》第三册，浙江古籍出版社、浙江教育出版社1996年版，第760页。

第三节　求学西方　寻求真理

1898年，马一浮十六岁，参加了绍兴的科举考试，高中榜首。同时应试的还有周树人（鲁迅）、周作人昆仲等，亦皆榜上有名。这是一次县试，是清朝科举考试的第一阶梯，通过了才能取得府试资格；府试通过后就能考秀才，进入士大夫阶层。鲁迅后来从事文学创作，有一不朽的小说《孔乙己》，就是取材于苦读经年中了秀才、却因社会的变迁无法跟上形势因而穷困潦倒的人的生活。马一浮因为县试夺魁，名声顿噪，遂为当时的浙江巨绅汤寿潜所看中，选为东床。此时的马一浮可谓是少年得意：金榜题名和洞房花烛，大登科后小登科，成就了人生两大快事。大概由于岳父汤寿潜的接济，婚后的马一浮搬到了绍兴府城，在府城觅得了房子，同他的新婚妻子住在一起，并于1899年秋季入读府学，继续他的学业。关于马一浮这段时间的生活经历，唯一可以验证的资料是马一浮于1901年写给他的表兄鲁同的一封信，信中有"信寄浙江绍兴府城大路一大叁号"以及"弟于己亥秋（1899年秋）入学，先君已为婚娶，妇汤姓，山阴人"云云。此时的马一浮可以说是春风拂面，顺风顺水。然而好景不长，马一浮刚刚展现美好前景的生活接连遭到灭顶的打击，而这一连串的打击几乎令马一浮万劫不复，因为这些打击实在是太沉重了。关于这些打击，马一浮在一封给他的表兄鲁同的信里面讲述了其中的大部分：

> 南归十四年，音书梗阻。……弟遭多故，自癸巳九月先慈见背，频年家运备极颠连。先君数撄危疾，日就衰老，旋于庚子三月忽患中风，夏秋小愈，而家二姐竟以八月病故。九月，家大姐于归丁氏。先君病遂日笃，延至今年三月，百医罔效，竟于十四日卯初弃养。弟藐然一身，惨遭此变，俯仰擗踊，不如无生。[①]

① 《马一浮集》第二册，浙江古籍出版社、浙江教育出版社1996年版，第345页。

马一浮的母亲已经早几年去世，而在马一浮的母亲去世之前，还有一个三姐，她是在他们一家刚刚回乡不久就去世的，马一浮心中一直为之伤痛不已。这种伤痛刚刚被大小登科的喜事冲淡，打击却又接踵而来，先是他的二姐不幸去世，就是我们前面提到过的那个割股的二姐，然后就是他的父亲，因中风瘫痪终至不治。亲人一个个离他而去，令马一浮有生不如死的感觉。然而噩梦还不算完，马一浮的父亲去世后不久，更大的打击又紧接而来，马一浮新婚的妻子也因痨病不治，离他而去了。唯一的至亲只剩下大姐，也已嫁作冯妇，不能相伴在他的身边。温馨的家庭，转瞬化为乌有，只留下他一个人，犹如失群的雏雁，形单影只，孤零零地活在世上，这对于年纪尚未及弱冠的少年马一浮来说，打击实在是太沉重了。或许世界上绝顶聪明的人物，都注定了要过孤独的一生。

马一浮金榜题名的这一年，也是中国近代史上极其重要的一年，以海南康有为、广东梁启超为首的一群知识分子联袂而起，公车上书，要求光绪皇帝变法。这也就是历史上著名的戊戌变法，又称百日维新。尽管变法很快流产，谭嗣同等六君子被杀，康、梁逃亡日本，但是变法掀起了巨大的波澜，影响了整整一代甚至以后几代人的思想。自此以后，科举渐废而新学迅速兴起。变法也激发了马一浮少年救国的热情，受此影响，马一浮对西学产生了极大的兴趣。大约在妻子去世后不久，马一浮离开了家乡，孑然一身去了上海。在上海这个中国近代新思想的发源地，了无生趣的马一浮似乎又重新找回了生命存在的价值，他刻苦学习英文、法文和日文，并且同他的好友谢无量、马君武等共同创办了《二十世纪翻译世界》月刊，翻译介绍斯宾塞等西方思想和文学。①

戊戌变法后的中国不仅西学大盛，而且兴起留学热潮。当时不断有人去东瀛或西洋留学，其中既有清政府的公派留学生，也有很多自费留学生。特别是严复的《天演论》等著作发表后，留学西方，学习和研究西方的思想学说，成为有志青年的普遍目标。马一浮不久也成为其中的一员。1902年，马一浮想去

---

① 参见马镜泉《马一浮年表》，载《中国当代理学大师马一浮》，上海人民出版社1992年版，第200页。而汤彦森、丁敬涵的《学融百家　一代宗师：略述马一浮先生的治学精神与学术思想》则云："和谢无量、邵廉存等共同创立翻译会社，出《翻译世界》月刊。"

日本留学，但是苦无门路。他在给沈瓞民的一封信里说：

> 东行之愿，苦不能遂，郁郁居此（上海），绝少进步。培荪代购《哲学史》等书，讫未寄到，便中尚望代为询及。拙存尚无信来。杭地日文学堂颇切实否？家乡有友人欲往肄业，公暇希代往考察，一一示知，为祷。他容续详，敬问近好，不宣。小弟制马浮顿首。十八日。[①]

沈瓞民，杭州人，1902年入日本弘文书院，同期去日本入弘文书院就读的还有鲁迅、陈寅恪与陈衡恪兄弟等人。马一浮因为无法去日本，只有另寻其他的门路和机会。是年6月，刚好清政府驻美使馆留学生监督公署招聘秘书，这也是一个出国的机会，马一浮于是应聘，并被录取。虽然不是真正的留学，但至少也是出国并且可以亲身体验和见识真正的西洋文化，因此多少总算遂了他渴望留学的心愿。[②]当然，马一浮出国游学除了想排遣因家庭不幸所带来的痛苦心境外，也还有一个重要的原因，即希望通过求学，寻求救国的真理——这可以从他出洋后寄给上海的朋友的诗中看出，诗名为《过太平洋示沪中诸子（四首）》：

> 扁舟飞渡太平洋，暗数人间旧劫场。
> 异类已看成蛤蚌，群儿何苦逐蜣螂。
> 闲编悲剧三千谱，渴饮冰浆十万觥。
> 兀自消磨休更问，天园孽海总茫茫。
>
> 千金散尽辞国去，万里行行独自悲。
> 醉后不知殷甲子，醒时犹作鲁春秋。
> 帝冠雄辩空年少，铁血功成已白头。

---

① 《马一浮集》第二册，浙江古籍出版社、浙江教育出版社1996年版，第346—347页。

② 参见马镜泉《马一浮传略》，载《中国当代理学大师马一浮》，上海人民出版社1992年12月版，第154—155页。

遥望中原无限意，海天飞过一沙鸥。

万里来寻独立碑，丈夫到此自堪悲。
入关不见咸阳籍，击剑谁携博浪椎。
国命真如秋后草，党人犹是裤中虮。
千秋意气英雄骨，都化烟云逐雁飞。

沧海飘零国恨多，悠悠汉土竟如何。
世尊说法诸天泣，一凤孤鸣万鸟歌。
法会旧同冈路德，国人争欲杀卢梭。
投杯看剑伤心哭，谁为招魂悼汨罗。

我们前面说过，马一浮虽然有诗人的气质和毛病，但是他的诗流传不广，许多人并不知道他的诗。马一浮的弟子中有人称许马一浮为“现代中国第一诗人”，这话说得颇有些过头，“现代中国第一诗人”的头衔窃以为应该归属毛泽东才对。但是不得不承认，马一浮有些诗确实写得不错，这一首诗是他青年时期所作，可以看出国恨家难在他的心灵中留下深深的创伤，沉重得让他难以承受，一方面，出于对中国当时每况愈下的时局的感慨，忧愤难遣；另一方面，受着当时如火如荼的政治风潮的影响，他亦立志要“万里来寻独立碑”，与当时的许多热血青年一样，希冀从西方文化中寻找到一条中国自强之路。除了茫然和失落，他的心底仍不失奋进和挣扎，存有某种渴望。向西方去寻求真理，虽然看上去似乎也是那样的虚无缥缈，但毕竟是个目标，而且这也与他在上海学习新学和外文的目标是一致的。

马一浮留美不足一年，其间主要是在美国的北部圣路易斯，清政府驻美使馆留学生监督公署即设在这里。在异国他乡，马一浮对中国积弱惨遭列强欺凌的现状有了更痛切的认识。马镜泉先生在《马一浮传略》中写道：

……青年马浮，身在异域，听到或看到外人对祖国蔑视的言论，非常生气，但他在美举目无亲，无处可说，只能在日记中发泄。他在《北米居留记》中记道：“1903年10月25日。闻此间圣路易大学与东圣路易大学，皆以分割中国之当否为问题，令诸生演说。东圣路易大学学生主张分割，而圣路易大学颇反对之。嗟呼！人之欲分之者，皆熟计深论，攘臂而呼。我国人之全部之大半者，懵然不觉也。哀哉。”……马浮又在1903年10月26日之日记中，非常愤慨地写道：“颇思为书致中国学生会，稍稍鼓动之。彼辈将于今月之末基督诞日开演说会于金山。昨见其广告，尚有‘我学生当造成辅佐朝廷之资格’之语，嗟呼！至于今日，苟尚有一点人血者，尚忍作此语耶？因又念此种崇拜暴主政体、天赋之贱种，直不足与语也。”

是否瓜分中国竟然成为美国两所大学学生争论的话题！可见在当时的一些西方人眼里，中国俨然已经成了餐桌上的一道菜，只是如何下箸尚需斟酌，真是人为刀俎、我为鱼肉。而清政府御用的中国学生会竟然对此置若罔闻，只要求学生好好读书，去造成所谓“辅佐朝廷之资格”，这让马一浮既痛恨，又沮丧。他看到这些人只是一味地崇拜清廷专制政体，已毫无国格和人格，本想鼓动一些人来做反抗，也只好作罢。

马一浮在美国的身份主要是驻美使馆留学生监督公署的秘书，由于他除了英文外，还学过西班牙文和法文，所以常常为驻美使馆和万国博览会代表团做翻译和文牍工作。他在美没有进入什么大学，但是他利用业余时间靠自学阅读了不少西学著作。汤彦森、丁敬涵二人在回忆文章中说：

从（马一浮）当时的日记看，每隔三四天就要去书店购一次书，购回以后常不顾酷暑严寒，夜以继日地口读手译。所读的书包括政治学、社会学、文学、美学、伦理学、心理学及语法修辞、历史等方面的著作……在广泛阅读中，对卢梭、马克思的著作尤为喜爱。得到卢梭《民约论》说“胜获十万金”，病中得马克思的《资本论》是“胜服仙药十剂，予病若失矣”。[①]

马一浮在圣路易斯常常去的是一家“约翰书店”，据他的日记记载，他读的书范围十分广泛，约有《亚里士多德政治学》《拜伦诗》《日耳曼社会主义史》《斯宾塞伦理学原理》《社会平权论》《赫胥黎文集》《道德法律之原理》《达尔文物种由来》《孔德传》《狄摩斯谛尼演说集》《但丁诗》《莎士比亚集》，等。[②]据云马一浮当时还尝试用英文翻译过《法国革命史》《露西亚之虚无主义史》《日耳曼之社会主义史》等著作。[③]至于马一浮日记中所提到的《资本论》，他后来回国时又买了部德文版，交给上海“国学扶轮社”收藏，以后又辗转回到他的手中。据云这是第一部进入中国的《资本论》。马一浮在浙大讲学时，又将此书送给浙江大学。目前，这部德文版的《资本论》保存在浙江大学图书馆。

马一浮在圣路易斯虽然有很多的时间读书，但是他却感到十分苦闷。这大约有几方面的原因：其一或许是个人的遭际令其忧郁，自从他的父亲和妻子去世以后，他在世上差不多已经没有什么亲人了，孤独飘零的生活令他始终难以释怀。其二清使馆留学生监督公署的工作很不适合马一浮，年轻气傲的他无法忍受外国人的骄横与清政府官员的谦卑和低三下四，对无聊的政府文牍工作更是毫无兴趣。其三或许是更重要的，马一浮在这里没有志同道合的朋友。如上所述，这里的留学生似乎受着中国学生会的控制，较为循规蹈矩，马一浮感受不到激情，其满腔的爱国热情无处述说，也无处发泄。为此，他常常写信给已经留学日本的谢无量、马君武等人，表达要转去日本留学的愿望。谢无量因为同1903年7月的上海《苏报》案有牵连，在章太炎、邹容被捕入狱后逃往日本。1904年5月，马一浮于归国途中转道日本，自费留学。时间虽然很短，而且也没有正式注册什么学校，但是日本的这段经历无疑对其一生有重要的影响。日本是中国流亡学生及政治力量的大本营，康有为、梁启超的君主立宪派与孙中

---

① 汤彦森、丁敬涵：《学融百家　一代宗师：略述马一浮先生的治学精神与学术思想》，载《古今谈》1989年第三期。

② 参见马镜泉《马一浮传略》第六章。

③ 参见马镜泉《马一浮传略》第六章。这些应该是马一浮阅读外文时的习作。

山的革命派的流亡组织机关都设在这里。马一浮虽然应过科举，但是对“暴主政体”已深恶痛绝，因此，他拥护孙中山的“驱逐鞑虏，恢复中华，创立民国，平均地权”的民主革命。他虽然没有参加光复会，但是他是革命的积极参与者，他在日本期间，一直积极地为革命派的机关刊物《民报》投稿。日本流亡者及留学生中的革命气氛令他欢欣鼓舞，尽管他性格内向，不善交往，在日本主要以读书为业，并不参与具体的革命活动，但是，这种气氛令其感奋，时而激起他胸中热血与万丈豪情。如他在一次酒后曾作《临江仙》一首，词云：

风雪孤城万景凋，
高楼独上无憀。
仰天不语黯魂销，
金樽酒满，
胸里血如潮。

旧日黄垆天下士，
而今都隔云霄。
一年去国已迢迢，
但拼醉死，
对镜自磨刀。①

“黄垆”即是酒台。昔日的知心好友、热血男儿如今已都远隔万里，不在身边，马一浮甚感孤独、寂寞，然而胸中依旧热血沸腾、激情如潮；虽然是何以解忧，唯有杜康，却也不坠凌云壮志，慷慨激昂。这是马一浮最有气魄也是最富有激情的一首诗词，词中虽见忧郁与孤独，然其少年壮志和救国热忱也同样

① 马镜泉：《马一浮传略》，载《中国当代理学大师马一浮》，上海人民出版社1992年版，第156页。

跃然纸上。[①]

马一浮在日本主要跟一位叫乌龙谦三的日本人学习日文和德文，同时阅读了马克思的《资本论》和歌德的《浮士德》等著作。另外，他除了给《民报》撰稿之外，还从日文翻译了意大利人所著的《政治罪恶论》，刊登于《独立周报》。[②]

马一浮在国外留学总共将近两年的时间，可以看出，他对西方学术的学习是下了一番功夫的。由于他在出国前已经在上海修习过一段时间的英文和拉丁文（据马镜泉《传略》说约三个年头，其实大概不到两年的时间），因此，在研读西方学术时，先已具有了相当的文字语言基础，加上他的天赋悟性和敏而好学，以及有口皆碑的惊人的过目不忘之才能，相信他在短短几年间确实读了大量的西方学术著作，同时对西方学术有了相当程度的了解。不过，从他以后的发展看，西方文化与学术中并没有哪一个学派的思想对他造成深刻的影响。同时，从日本回国后，虽然马一浮对于国内正流行不衰的种种新学和西学仍有持续的热情，并且有过一个庞大的计划，但是他的热情亦很快冷却，成为20世纪初中国涌现的众多的向西方求索真理的青年学人中早早回归传统的一位。这是后话。因此，马一浮对西学的研究只能说是泛观博览，不仅不能与其前辈、以《天演论》等译著名噪一时的严复相比，对西学的了解亦不如其同时代人胡适、冯友兰等。当然，由于他具有超常的悟性，他能由这种泛观中直触西学之大义，或许在这一点上，胡适、冯友兰等系统地学习过西学的学者均有所不及，但毕竟只是触及而已，也许应说是朦胧地感受，远不是通透。这为他以后弘扬儒学时，不能平等对待西学埋下伏笔。

对于西学的了解不够通透，严格说来也不是马一浮一个人的缺憾，而是那个时代普遍的特点。中国人在列强侵略自己时，急于从西方的文化中学得强国

---

① 《世说新语·伤逝》云："（尚书令）乘轺车经黄公酒垆下过，顾谓后车客：'吾昔与嵇叔夜、阮嗣宗共酣饮于此垆……自嵇生夭、阮公亡以来，便为时所羁绁。今日视此虽近，邈若山河。'"马一浮"黄垆"一句是说昔日的酒友都是心在天下的仁人志士，如今都离开了自己。可能马一浮作这首词时，谢无量等人已离开日本。

② 参见滕复《默然不说声如雷——马一浮新儒学论著辑要》，中国广播电视出版社1995年版，《编序》第2页。

振兴的道理，殊不知西方的文化亦有其数千年的历史为基础，故浮于表面乃至于不能对中、西学术之关系作出正确的审视，也是在所难免的。这需要几代人的努力，只有经过长期的开放、了解并且不断与自身的文化相互观照才能累积实现。总之，马一浮涉足西学数年后，又回到传统，这虽然未能使他在西学领域里做出成绩，却使他终于成为一位无可争议的国学大师。

第三章　躲进书斋　潜心治学

第一节　隐居佛寺　读书文澜阁

1905年，马一浮从日本回国后，曾与谢无量在镇海焦山海西庵寄住一年，之后回到杭州，先在宝积观巷等住了一段时间，后通过湖墅香积寺住持肇安法师的介绍，寄居西湖广化寺，三年后又移居杭州永福寺。[①]马一浮从回国一直到辛亥革命爆发的这段日子里，一直在杭州的西子湖畔隐居，远离尘世的动荡与喧嚣，埋头读书和潜心治学。从1905年一直到1938年，其间只有在民初时应蔡元培的邀请，出来做过几周的民国教育部的秘书长，不久后便辞官归去。这段隐居的时间相当长久，达33年，这也是马一浮最年富力强的时期，跨越了他的青年时代和中年时代。从这个方面来讲，如某些人所说，马一浮是一个隐士，并不为过。在这段时期的大部分时间里，马一浮除了去文澜阁读书，极少走动，基本上是闭门不出。与杭城的佛学界，他偶有往来走动，而与国内的学术界，虽然也有交往，但是书信交往的较多，而见面的较少，并且基本上是只有来访，没有往还。平日里来访最多的是他的几个学生或私淑弟子，偶尔也有一些国内的知名学者，或因为是他的至交好友而来访见的，或因为仰慕他的名声而来登门求教的，但是马一浮从不去访问别的学者。马一浮的这种作风，不仅使得他

① 参见马镜泉：《马一浮传略》第九章。

在国内的知名学者里面显得十分与众不同，而且似乎更加增添了他的大师的神秘感，加上那个时代国学一路，门庭冷落，学者凋零，不仅从业者已经不多，而且真正能在学识和国学素养方面够资格去西子湖畔造访马一浮并与之攀谈的学者，更是少得可怜，举国也不过是十数人而已。因此，随着时间的推移，马一浮与外界的交往越来越少。最后的结果是，唯有那些真正有学问的大学者，如弘一法师、梁漱溟、熊十力等，或者有资格和有诚意向他求学的人如丰子恺以及他的几个学生，才能够与他保持较长久的友谊和往来。马一浮隐居愈久，名声却与日俱增，越发响亮。在20世纪的20至40年代里，马一浮犹如国学的象征，以一代宗师的身份，坐镇西湖，博得四方的景仰。

马一浮回国后为何没有投身革命而转向书斋？或者说为何选择了隐居作为他今后的生活方式？我想根本的原因在于他对时局的悲观。家庭的遭际及自身境况的凄凉孤独对于他的悲观心理自然也造成了相当大的影响。这种悲观的心理，其实早在他刚刚踏上去西洋的客轮时，就已经表露出来，这一点可以从我们前面介绍过的他的那首《过太平洋示沪中诸子（四首）》的诗里面充分感受到。个人的凄惨遭际、复杂残酷的政治，这双重的精神乃至物质环境上的压迫，不是马一浮这样的人所能够承受的。毕竟马一浮只是以聪明和好学见长，其他方面也只不过是一个普通人而已。他在重重的逼迫和命运的打击之下仍然能够挺熬过来，而没有崩溃，这也只是一个普通的中国人具有的优秀品质和传统，不足为奇。中国过去的老百姓面对命运和世道的不公，其坚韧不拔的品格是举世无双的，而逆来顺受的忍耐力，也让世界上的其他民族瞠乎其后、自叹不如。马一浮年纪轻轻，能够在沉重的打击下生存下来，并且找到自己的道路和目标，已经十分不易。若要说提三尺剑、谈笑沙场，或者置生死于度外，抛头颅、洒热血，拯民水火、光复神州，这些都不是马一浮能够做到的，那需要大魄力和大勇气。当然不是说马一浮不具备人生的勇气和魄力，金刚怒目和普渡慈航、雷霆霹雳和春风化雨从来都是事物的两个方面，马一浮一生未能成为英雄或斗士而成为一名学者，虽然可以看作是命运的选择，但不能不说是与个人的生活、心理、性格、能力、思想等许多因素有关。

虽然如此，我们从马一浮的青年时代的生活经历中还是可以看到，他也曾经有过热血沸腾之时，有过投身革命的渴望和想法。马一浮当时作为一位有志青年，受戊戌维新运动的影响，为了振兴国家，寻求救国的真理，曾经与许多有为青年一样，远涉重洋，去西方和东洋求学。在孜孜求学的过程中，他对国内的政治无时无刻不在关注，尤其对孙中山领导的反清革命，他亦充满关切和同情，对清政府丧权辱国、镇压革命的倒行逆施的黑暗统治，表达过内心的愤慨。如他在《苏报》案章太炎、邹容被捕入狱，其友人谢无量逃亡日本后，曾作诗云：

一夜西风起，萧条万象收。
残山皆筑垒，衰草已惊秋。
贾哭因时悯，阮狂抱国忧。
家乡三月史，遥寄海西头。

自比贾谊、阮籍，对清政府的暴行表示了愤怒和抗议，但也显露了他作为一介书生对此黑暗万般无奈的心情。虽然马一浮也时常醉中磨刀，青春的热血中充满着为国捐躯、战死疆场的渴望，然而醒时却只剩下满腔愤懑、百转愁肠。他虽然欢呼革命，也曾经以笔作为武器，但在血腥的政治与革命的失败面前，常有回天乏力之感。辛亥革命前对他震撼与影响最大的事件当数秋瑾、徐锡麟举事失败被害。秋瑾号鉴湖女侠，乃马一浮的同乡，起义失败后被害于绍兴轩亭口。马一浮闻知，满腔幽愤，难以排遣，故赋排律一首，题为《悲秋四十韵》①，以抒发其痛惜和哀悼之情。此诗在他的众多的诗作中颇具代表性，充分反映了他在辛亥革命前的思想状况，故不妨全文录之：

含涕辞欢侣，甘心赴国仇。
湛身原妾志，为虏是郎羞。

① 参见《马一浮集》第三册，浙江古籍出版社、浙江教育出版社1996年版，第766—767页。《马一浮集》中另有“鉴湖女侠行”一诗，但只有诗引，下注“诗佚”。不过笔者以为此诗即是“悲秋四十韵”，恐是编者未能详察也。

松柏西陵怨，燕支朔地愁。
怀人犹望岁，羁旅早惊秋。
绝岛穷年思，清江万里舟。
樱花迷上野，芳草遍瀛洲。
暮雨迟归梦，春风独倚楼。
凝颦翻梵叶，带笑佩吴钩。
步拥青绫幛，门停白玉骢。
褰裙追海月，舞剑对灵湫。
锦字云中讯，胡笳塞上讴。
鞮芬馀绣屦，铅泪在香韝。
永夜何时旦？佳兵日未休。
倾城悲女娲，恤纬切肤忧。
郁郁求龙种，申申詈犬酋。
经过多侠少，戚愤起同仇。
在野思尝胆，中朝苦赘疣。
檄书时裂帛，侍从或兜鍪。
宝肆捐珠匣，兰房掩翠帱。
钗钿闲不御，粉黛黯谁收？
揲草双蛾敛，鸣弦十指柔。
凌波无可语，转袖待回眸。
谣诼盈当路，艰难恃半筹。
履霜宁报戚，多露敢逢尤！
世事浮云变，年华似水流。
南山罗正设，东海石仍投。
痛绝黄门狱，冤沉北市囚。
岂知谗士口，竟断美人头。
绝古轩亭恨，崇朝皖郡谋。
可怜殉虎穴，犹得首孤丘。

太息三仁远，谁为二子俦？
鲁衰贤漆女，秦帝愧留侯。
遗憾逃文字，余生戴骷髅。
漫天飞毒蛊，白日叫鸺鹠。
雨血天应泣，流沙转地遒。
起愤明大道，顿辔望长楸。
隐雾来玄豹，神飙动赤虬。
素车谁恸哭？青冢独行游。
斯事成千载，何人问九幽。
招魂惭后死，无复恫宗周。

诗如长篇诔文，悼念了秋瑾这位巾帼奇女子辉煌而壮烈的一生，也叙说了马一浮胸中无限的感伤。这首诗是我读到的悼念秋瑾烈士的诗中最好的一首，真切动人。仅仅四十行五言诗，竟然将秋瑾这位巾帼英雄的飒爽英姿易笄从戎、东渡日本追随中山、密谋起事金戈铁马、一骑绝尘仗剑杀敌、轰轰烈烈献身革命的事迹，描述得栩栩如生。只要解释了其中的用典，并将其通俗化，相信任何一位普通的读者读了之后，都会产生心灵的震撼。他在诗中表达了对烈士的崇仰和对革命的讴歌；同时，这首诗不仅是对烈士的痛悼，也是作者自己心灵的泣血。烈士的死以及清政府对革命的血腥镇压，对他的心理造成了无比强烈的冲击。革命毕竟不是请客吃饭，他一方面对英烈的悲壮命运长歌当哭，对反革命的暴行和出卖革命的叛徒表达了深深的愤恨与鄙视；但另一方面在这种残酷的现实面前，他又深感自己的软弱、渺小和无能为力。“遗憾逃文字，余生戴骷髅”二句，正是马一浮有心报国、无力回天的矛盾、苦闷、悲愤乃至悲观的心理的真实写照。马一浮虽然欢呼和支持革命，但是终究未能直接参加革命。他又自比忍辱负重的刘宗周，为自己不能踏着烈士的鲜血前进而感到惭愧，这也可以看作是他对躲进书斋的自嘲。

当然，对于书生马一浮，我们不能要求他必须是一个革命者，而且，我们还要为他没有成为革命祭坛上的烈士而是成为一个杰出的学者感到庆幸。不过，从这些方面，我们的确可以看到马一浮当时在思想和生活态度上的某种转变。“漫天飞毒蛊，白日叫鸺鹠”，现实是如此黑暗和残酷，而革命又是如此缥缈和血腥，那么回到书斋自然是明智的选择，当然也是无奈的选择。其实当时马一浮对于这等形势下的自己，到底该扮演一个什么角色，自己在这个社会里又有多大的能量，俗一点儿说，自己能吃几碗干饭，还是十分清楚的。他在后来一封写给他的舅父何稚逸的信中对自己的能力和今后生涯作过如下的一个定位，他说：

甥生禀义方，夙嗜文史。弱岁孤露，沦泊江湖，性慕幽遁，肆志玄览，不名一艺。暗于当代之故，未娴人间之节。内自量省，唯当缮命严谷，韬影丘园，橡柖自充，猿鹤为群。非有鲁连存赵之术，徒怀鲍焦抱木之操。材否异受，飞潜殊限。虽欲远谒，未由自致。窃惟王迹中迈，九州云扰，群鹿竞逐，黔首愁苦，将欲雍容决策，咄嗟树义，却虎狼于西土，驱狐鼠于中原，使功高泰山，国重九鼎，斯非常之烈、魁桀之事，非介夫素士所能预。若乃贯缀前典，整齐百家，搜访文物，思弘道艺，次献哲之旧闻，俟来者之足征，则中材菲学，可勉而至也。①

鲁连即鲁仲连，战国时齐人，曾为赵国平原君的门客，在一次秦国攻打赵国的战争中，挺身而出，说服魏国的使臣联合抗秦，最后终于由魏国的信陵君率三晋联军，击败了秦国。鲍焦是春秋末年周人，因为忠于周朝，抱木而死。“严谷”似乎出至杨炫之的《洛阳伽蓝记》，其云：“嘉树夹牖，芒草匝阶，虽云朝市，想同严谷。静行之僧，绳坐其内，餐风服道，结跏数息。”“丘园”则出至王维的诗《寄荆州张丞相》，其有云：“方将与农圃，艺植老丘园。”马一浮自认才能不及鲁仲连，只有气节不输古人而已。可以看出，这封信里马一浮的心态与当年出洋时相比较消沉了许多，但也更实际和更成熟。留洋的生涯在当时他的心目中是“万里来寻独立碑”，如今则成了“沦泊江湖”。而且数年江湖闯

① 《马一浮集》第二册，浙江古籍出版社、浙江教育出版社1996年版，第348页。

荡的结果，终于使他明白，自己一介素士，中材之质，既没有草莽英雄的气概，也没有出将入相的才能，在这样一个世局动荡、群雄逐鹿的年代，是很难做人的，自己的能力最多只能是努力做一个学者。因此，效那个"静行之僧"，躲进严谷作息，或者学王维隐身某个丘园韬光养晦，也许是自己在这个乱世之中唯一的存身之道，庶几可以保得性命安全。当然，马一浮对于自己的长处还是瞎子吃馄饨，自己肚里有数的，若说是"贯缀前典""整齐百家"，自己可是当仁不让，再怎么说也是自己的看家本领。无论如何，我们可以看到，马一浮的这个自我定位，虽然受着自己悲观情绪的影响，却是正确的，或许一个人在逆境中才会得到某种正确的启示，又或许只有在经历了实际的生活体验之后，才能认清自己的能力，选定适合自己的生活道路，所谓冥冥中自有天意，大概就是这个道理吧。

马一浮对现实的悲观，后来亦曾影响到他对辛亥革命以后时局的看法，尤其是影响到他对学术的态度。也可以说正是这种悲观的心理，使他逐渐对过去所热情追求的西学以及种种新学的真理性产生怀疑，从而回归传统，痴心儒学。

第二节　总西方学林　著《儒林典要》

马一浮自从移居广化寺后，由于时间充裕，读书日进，其学术兴趣也日益广泛。广化寺比邻著名的藏书楼文澜阁，这为他的国学研究提供了得天独厚的条件。以后的数年间，他广阅文澜阁所藏四库全书，甚有创获。在那如火如荼、群情翻涌、思想主义层出不穷，中国之危亡如垒卵悬丝，而时代之风云人物又如过江之鲫的年代，他远离尘嚣隐居佛门清净之地，晨钟暮鼓，粗茶素饭，潜心治学，虽未使他成为救国之前驱，却使他成为渊博的学者。

如前所说马一浮先是寄居广化寺，后来又转到永福寺。似乎他在永福寺居住了很长的一段时间，直到1918年，他仍然居住在永福寺，当时他在给谢无量的一封信中曾有"曩者相期集于永福，垂至而不果"这样的话。关于永福寺的居住状况，马一浮在1917年给谢无量的信里曾有这样的描写：

永福寺禅房，粗为涂葺，凿通户牖，安置几榻，聊可憩止。户外有老梅数株，方华。窗对岖嵚，松竹交映。虽颇简陋，差有幽邈之致。时往登览，辄复兴怀。[1]

这样看来，马一浮在回国以后，至少有十五年至二十几年是在佛寺的简陋禅房里面居住的，而永福寺似乎也常常成为马一浮接待学者友朋乃至学术聚会的场所。这样的经历，在中国近代学术史上也是绝无仅有的，正所谓奇人奇事，特立独行，虽然这也说明马一浮生活的困苦，但是对于马一浮这样的人物来说，是不能以常人的眼光和标准来看待的。

从1905年到1911年，也就是辛亥革命前的这段时间，应该是马一浮人生旅途上的一个重要时期。在这段时间里，马一浮以从未有过的热情拼命读书和著述。他在学术上，无论是对西学还是对中学，都有深入的研究，而且也都有很大的设想和计划，且颇有创获。首先，虽然在这段时间里，马一浮的学术旨趣渐渐转向传统中学，但是并未完全放弃西学。不过与他刚出道时不同，他的兴趣不再局限在西方的政治和思想，而是更多地放在西方文艺方面。关于这个时期的一些工作，马一浮曾经在与其舅何稚逸的两封信里作过详细的交代。比如关于西方学术，马一浮批评了世人以功利的态度对待的错误做法，并且提出了自己在研究和传播西方学术方面的设想和计划，他说：

甥往岁留北美，稍习德意志文字，慕其学术之盛。尝欲西游柏林，因历欧土诸邦，览其异书，归遗国人。落落絙载，斯愿竟虚。退而行遁江介，守龙蛇之训，毕志文艺，思有所比傅，以适于道，未有获也。见当世为西学者，猎其粗粕，矜尺寸之艺，大抵工师之事，商贩所习，而谓之学。稍贤者，记律令数条，遂自比萧何；诵章句不敌孺子，已抗颜讲道，哆口议时政。心异其矜炫，而盈国方驰骛以干要路、营世利，甥实未知其可。故

① 《马一浮集》第二册，浙江古籍出版社、浙江教育出版社1996年版，第356页。

宁暗然远引，不欲以言自显。[①]

马一浮感叹：自己辛辛苦苦总算是留洋数年，回来以后又是拼命用功，老老实实坐冷板凳，钻研学问，如此的努力，在西学方面也不敢说已经入道，更不要说已经有了收获；可是当世的那些所谓西学学者，只是略读了一点西方的商业和经济，或者习得一点工科的学问，甚至只是背了几条西方的法律，就自认为多么了不起了。这些人个个都自比萧何，认为自己有匡扶汉室之能，已经是国家栋梁，而且还到处讲学，真让马一浮搞不懂。更可气的是，许多人只是将浅薄的西学知识用作参与政治和经济、谋取功利的张本。马一浮认为，西学的潮流已经流于粗俗，有相当大的弊端，这也正是他不愿意发表言论，将自己隐匿起来的一个原因。

马一浮当时的这个看法，今日看来虽然有些道理，但也不无问题。近代中国自鸦片战争以后，门户大开，被卷入以西方文化为主导的世界潮流，且处于弱势地位。因此如何尽快地学习和借鉴西方的先进文化和成功的思想及经验，是中国近现代思想界一直在不断思考、争论的问题。而且如何学习和借鉴西方文化，十分的复杂，并不是一个简单的在思想和理论的层面上就能加以解决的问题，需要引入实践。从早年魏源的“师夷之长技”到张之洞的“中体西用”；从康有为、梁启超的“戊戌维新”到孙中山的“辛亥革命”；从19世纪末20世纪初的留学西洋和东洋的热潮，到五四文化运动；从毛泽东的新民主主义革命和社会主义革命到邓小平的改革开放，都可以看作是这一实践的历史延伸。从这一角度讲，中国整个近代化和现代化的进程，其实就是一个不断学习和借鉴西方文化的过程。此外，从大的方面而言，这涉及中国文化现代化道路的问题；从小的方面来说，涉及的是对待西方文化的态度问题——当然，这个问题也不小，这里只是相对而言。关于中国文化现代化道路问题，我们在后面谈马一浮与新儒家学派的关系时还会谈到。就对待西方文化的态度问题，马一浮主张全面了解后才能致用，而在当时形势下，全面了解西方文化固然需要，边学边用、

---

① 《马一浮集》第二册，浙江古籍出版社、浙江教育出版社1996年版，第349—350页。

学以致用也是必不可少的。鲁迅后来所提倡的“拿来主义”，的确是中国现代化进程中迄今为止所采用的有效办法。对西方文化做出全面深入的认识和了解，这是思想家和学者的任务，因此要反对工具理性和狭隘的实用主义，但是对于实践而言确是等不及的，实用的原则始终应该摆在一个重要的地位上。

马一浮其实想要做的就是学者的工作。据马一浮自己说，他在西方文化的研究上，不是从时政、工艺或经济入手，也不是翻翻时兴的书籍和文章，而是要从全部的文艺方面下功夫。他这里所说的“毕志文艺”的“文艺”，也不是我们今天的文学和艺术的概念，而是中国古代的“艺文”这个概念，这个概念比今日“文艺”的概念大许多，基本涵盖了所有的文化和学术，是文化学术的总称。马一浮当时从一点一滴做起，从最基本的资料入手，包括西方文艺及研究资料的收集、整理以及历史发展的概况的研究等。马一浮充分运用了中国传统学问的那一套研究方法，来对西方学术做研究，他当时在这方面的计划几乎可以用庞大来形容，如他曾说：“欲综会诸家国别、代次，导源竟委，为《西方学林》，辅吾儒宗，以俟来者。又欲草《西方艺文志》，著其类略，贫不能多得书，病撢绎未广，汔未可就。”[①]又说：“尝欲纂《欧洲文学小史》《诗人传》，皆未竟。”[②]《西方学林》《西方艺文志》《诗人传》《欧洲文学史》等著作，从名称看，放在资讯十分便捷和图书资料非常丰富、收辑非常容易的今日，也必是规模很大的工作，称得上是鸿篇巨制。一个学者一生如果完成其中的一项，都已可以说不虚此生，更何况是数项如此大的工程。可见马一浮当时在西方学术的研究上为自己订立了多么大的目标。不过，从实际的结果看，显得马一浮似乎有些眼高手低，其在西学方面的庞大计划最终都没能完成，只停留在设想中，这也说明这样的工作其进行之困难。马一浮上述的话也是在1907年写给他的舅父何稚逸的信里说的，就算他在西学方面的目标和计划是从他留洋时期就已经开始实施的，到1907年也不过数年的时间，要完成这样大的工程，自然不行。

马一浮这个时期不仅对于西方学术特别是西方文艺有很大兴趣，对于中国传统的学术的兴趣同样广泛。与西学的研究一样，他在中学方面也有庞大的治

---

①② 《马一浮集》第二册，浙江古籍出版社、浙江教育出版社1996年版，第350页。

学计划。而且与他在西学的兴趣一样，此时他对于中国传统学术的兴趣，也主要集中在文艺方面。关于自己在这方面的想法，马一浮说：

> 夫仲尼周流，晚综六艺；伯阳将隐，遂草五千。子长发愤于《史记》，扬雄默守于《太玄》；董生精思于天人，平子推象于灵宪；仲淹崛起于河汾，尧夫高步于河源；司马萃力于涑水，濂洛绍统于尼山。此皆名世之业，甥何敢望焉。若中垒《别录》，昭明《总集》，班、蔡通故考文，符、充抒论正俗，郑樵博洽，端临多识，辨物比类，述者为贤。虽非至道之契，抑亦著作之林也。今礼敝俗窳，邦献隳阙，士行回辟，贱义漓真。睢盱嘐竞，罔克由道。甥虽不敏，窃有志于二宗。欲为儒宗，著秦汉以来学术之流派；为文宗，纪羲画以降文艺之盛衰。①

“著秦汉以来学术之流派”，“纪羲画以降文艺之盛衰”，前者无疑是一部中国儒学史，而后者又无疑是一部中国文艺史。这两部著述只要是完成其中的一部，就已经是“名世之业”，更何况是两部！又何况再加上西方的学术史、文艺史！看得出马一浮在当时的雄心，说是雄心万丈、气吞山河也不为过，不仅刘向（中垒）、萧统（昭明）、班固、蔡邕、王符、王充、郑樵、马端临之流的贤人不在话下，即便是孔老夫子、魏伯阳、司马迁、扬雄、董仲舒、张衡、范仲淹、邵雍、司马光、周敦颐、程颢和程颐等圣人，也是他追求的目标。看得出，数年前在政治、社会方面束手无策、彷徨沮丧的马一浮，一直以来忍受着家庭悲剧打击困扰的马一浮，终于又收拾心情，在学术上找到了感觉，恢复了生机，重新充满了活力。

不过，感觉归感觉，活力归活力，计划与结果、读书与治学毕竟还不是一回事。从1905年回国后到辛亥革命又出来短暂做事止，这数年间马一浮在学术上的确有惊人的进步，如果说早年他只是一位天资聪颖的好学青年的话，那么，此时的他已经逐渐修炼成为一个学问渊博、学术有成的学者了。他的上述的宏

① 《马一浮集》第二册，浙江古籍出版社、浙江教育出版社1996年版，第348页。

伟计划，正是来自他对于自己学问的信心。马一浮所说要“为儒宗”“为文宗”，似有将传统学术和传统文化一网打尽的气概，这都归功于他在这段时间埋首文渊阁苦读四库全书的结果。但是做学问和做学术是有差别的，学问来自学习和体悟，学术则来自研究及运用各种方法。从事实看，马一浮学术上的功夫，远不及他学问上的功夫。比如关于他欲建立的“儒宗”一门，他的目的也很明确，是要“著秦汉以来学术之流派”，实际上也就是现在所说的儒学学术史。在这方面，他对历史上的各家的成就还作了一番评说：

> 李二曲欲作《儒鉴》，未就，不详所□；万季野撰《儒林宗派》，但举名号；黄梨洲纂宋、元、明《学案》，全谢山修补二代，断自宋人，偏崇门户，滥收著籍，甥尝病之。念两汉迄唐，通儒大师千载相嬗，阙而未录，岂非学者之憾。因欲纂汉以来迄于近代诸儒学术，考其师承，别其流派，以补黄、全之阙。幸而成书，亦儒林之要典也。①

这里所说的“儒林要典”，内容如果确实如马一浮说的那样，那将是一部巨著。马一浮说“幸而成书”，但是马一浮传世的遗著中却没有这部书，我们在前几年出版的《马一浮集》中看到有《儒林典要》的书目，也许这个就是马一浮成书的“儒林要典”了，可惜这个《儒林典要》只是几十种儒家书籍的汇编，类似今日的丛书。我们从马一浮在复性书院时撰写的《〈儒林典要〉拟先刻诸书简目》一文中，可以看出《儒林典要》的有关情况。此文收入今日的《马一浮集》中，只有数百字，全是关于刻书书目的。马一浮在复性书院时有一个庞大的刻书计划，并且确实刻了不少书，当时的计划要刻《儒林典要》《群经统类》《诸子会归》《文苑青英》《政典先河》共五大类图书，也就是五类丛书，每一类含数十种图书。最后大约完成了其中的两类。另外马一浮在当时还有《〈儒林典要〉序》一文，其中叙《儒林典要》的目的云：“今最录诸儒发明性道之书，断自濂溪以下，为《儒林典要》，以饷承学之士不溺于流俗者。”接着

---

① 《马一浮集》第二册，浙江古籍出版社、浙江教育出版社1996年版，第348页。

又云：“寇患方亟，旧籍荡然，书颇不具，善本益不可得。仅就所有刊之，校亦未审，卷帙稍繁者，犹力不能刻，故不预定目次。”看来，这个《儒林典要》还不完全是原来的那个“儒林要典”，原来的那个“旧籍”因为寇乱而遗失了，这个只是简编本；时间的跨度也不一样，仅仅是断自北宋周敦颐以下，而不是原来的自秦汉迄于近代。《儒林典要》如果只是儒家书籍的汇编，那么，就谈不上“考其师承，别其流派”，更遑论“补黄、全之阙”了。原因很简单，古籍的汇编同学术史研究是两回事，如果按照旧四部的划分，前者属集部，后者则应归入史部或子部，当然这样的划分也不太确切。总之二者有很大的不同。当然，编辑乃至整理古籍并非不能“考其师承，别其流派”，编者还是可以在里面明确表明自己的意图的，不仅对于材料有明确的取舍，而且也可以通过按语、题跋、注疏乃至附文等表达自己对材料考别的观点和看法。譬如传统的考据本身就是古籍整理（如经学）的一个组成部分，如郑康成注经，孔颖达作疏。汉代的古文经学就是一种考据学，不过这种考据学是依附在经学（当时的古籍整理主流）上的。汉以后考据逐渐成为一种独立的学问，尤其是清代乾嘉学派以及近代考据，将这门学问拓展到许多的领域。关于古籍汇编与考据不是一回事，这一点我想马一浮是知道的，但是有一点马一浮当时却没有弄明白，这就是学术史与古籍整理又有很大的差别，考据也不等同于学术史、思想史。简单地说，后者只是前者的基础。马一浮提到的李颙的《儒鉴》、万斯同的《儒林宗派》，特别是黄宗羲、全祖望的《宋元学案》《明儒学案》等著作，都是学术史乃至思想史的研究，马一浮自己所做的则是传统资料的汇编。当然，马一浮的原意大概是要做较汇编更进一步的东西，但仍然是与黄、全的著作有很大差别的。

因此，我们说他在学术上大有进步自然并不是指他的学术成就，学术成就上他只是有成，而不是大进，大进的是他的学问。马一浮由于在中西方两种文化上都下了功夫，因此对西方学术与中国学术的关系和异同也提出了看法，如他说：

> 甥所收彼土论著百余家，略论其流别。大概推本人生之旨，陈上治之要。玄思幽邈，出入道家，其平实者，亦与儒家为近。文章高者拟于周末

诸子，下不失《吕览》《淮南》之列。凡此皆国人所弃不道，甥独好之，以为符于圣人之术。[①]

马一浮在这一段时间对西方学术的确也下了功夫，但并不深入，以后由于学术的旨趣逐渐转向儒家，不仅考据的治学不再进行，而且对西方学术也不再触及。因此他在此时形成的关于西方学术或是“出入道家”或是“与儒家为近”的看法，也就成了他此后的一贯看法，直到他后来返归儒学，他的关于西学的看法从没有改变过。

第三节 不会做官与“经不可废”

辛亥革命后的第二年，即1912年，马一浮暂时告别多年隐居的生涯，出来做事。当时出任民国教育总长的蔡元培先生聘请马一浮任教育部秘书长。此聘任虽不无乡谊及世谊之成分，但以马一浮的学问而言，确实有担当此职的资格，这是毫无疑问的。另外前后出任教育部职事的还有许寿裳、周树人（鲁迅）等人，虽也是同乡，但确实都是当时社会之精英，堪称一时之选。马一浮到职不满三周，便以“我不会做官，不如回西湖”辞去。马一浮辞官的主要原因，据他的弟子乌以风后来的回忆，是痛感当时社会政治依然黑暗，他既不惬于当政者之所为，不愿与之同流合污；又自度力不足以拨乱匡俗、拔本塞源，遂起了退隐的念头。然而，更重要的是对学术责任的反省。乌以风说：

先生目睹国事艰难，世道益苦，推求其根源，皆由于学术之大本未明，心性之精微难知，故欲挽狂澜，转移风气，非自拔流俗，穷究玄微，不足以破邪显正，起弊兴衰。于是益加立志为学，绝意仕进，远谢时缘，闭门读书。[②]

① 《马一浮集》第二册，浙江古籍出版社、浙江教育出版社1996年版，第350页。
② 乌以风：《马一浮先生学赞》（未正式出版），第2页。

关于马一浮辞官的原因，除了乌以风的这个说法之外，还有另外的一个版本，涉及一场公案，也就是当时的教育部关于“废经”的改革方案和由此引发的争论。1912年，民国教育部在蔡元培的主持下，进行了一场教育改革，改革的主要内容是学校的教育课程设置。当时以国民政府的名义颁布法令，规定中小学废止读经讲经，大学废止经科。如在《大学令》中将大学课程划分为文、理、法、商、医、农、工等七科，虽然这个学科体制看上去同清政府在1903年所制定的《奏定学堂章程》（清政府关于建立新式学堂的法令）出入不大，架构上似乎有某种延续性，但是其实却有着实质性的变革和差异。两者之间最大的差异或者说变革就是废除了“经学”一科。“废经”一事在当时引起极大的反响，有赞成的、有反对的，马一浮就是极力反对的一人。他曾强烈要求蔡元培收回废经的部令，但废经是当时的潮流，势在必行，因此，马一浮的反对最后以无效告终。或者是由于在这个问题上他与蔡元培的意见相左，因而无法进一步合作，或者是由于马一浮要杯葛此事，表示自己的抗议，总之马一浮在担任教育部秘书长不到三周之后便辞官归去。关于这件事，马一浮自己后来回忆道：“南京临时政府收罗人望，以蔡孑民长教育。蔡君邀余作秘书长，余至，而废止读经，男女同学之部令已下，不能收回，与语亦不省。又劝设通儒院，以培国本……蔡君河汉吾言，但云时间尚早，遂成搁置，而余亦去。”①

马一浮反对废经和蔡元培主张废经，可以说是仁者见仁，智者见智，不过无论如何，二者在当时都需要极大的勇气。话说回来，废经固然兹事体大，但是想象中马一浮还不至于单单为了这件事而辞官，应该还有更进一步的原因。因此马一浮的学生乌以风先生的说法，也是有一定的道理的。一方面，官场的作风及黑暗，对于马一浮这样正统的人来说，不仅心理上绝对的排斥，而且也没有能力在其中生存。另一方面，虽说马一浮只是教育部的官，平时也多与学者和教育界打交道，但是，马一浮对于西学和新学已经越来越不适应。马一浮这时已经逐渐形成某种看法：中国的问题之所以难解决，归根结底是由于未能

---

① 马镜泉、赵士华：《国学大师丛书·马一浮评传》，百花洲文艺出版社2010年版，第33页。

正确地树立一个思想与学术之方向。辛亥革命希冀循西学之路来振衰起弊，恐怕是行不通的。唯有重兴中国固有的学术传统，以心性之学来转移社会风气，矫正人们的思想，方为正途。可以看出，马一浮此时的思想已经与他当年远渡重洋时的思想大不相同，传统已成为他的思想归宿。可惜他的看法和思想，与当时的形势扞格不入，无奈之下，辞官也顺理成章，自然成为他唯一的选择。

第四章 “以有生之年专研六艺”

第一节 志焚笔砚 隐迹西湖

马一浮辞官以后，重新回到西子湖，回到书斋，开始了他人生中的又一个漫长的隐居和读书的时期。这之后蔡元培、陈百齐又曾先后邀请马一浮出任北大文科学长，竺可桢也曾数次邀请马一浮到浙大任教，均遭马一浮谢绝。他先是在永福寺又住了很久。1918年的夏天，马一浮搬到杭州城内的一个巷子里，也就是延定巷旧六号。我们前面提到丰子恺先生的《陋巷》一文，说的就是他在那个陋巷里见到马一浮、李叔同的情景。当时的丰子恺只是一个二十岁的青年，正师从李叔同学习图画和音乐。在这次拜访之后不久，李叔同就跑到虎跑寺出家为僧了。

马一浮这个时期的隐居，比他在辛亥革命前的读书隐居生活的时间还要久，从1912年直到1938年再次出来做事为止，总共是26年。在经历了数周的宦海生涯之后，虽然这种政治体验的时间很短，但是对于马一浮学术方向的影响，确实是非常大的。最明显的变化之一就是马一浮在此之前还有在西方文艺方面研究和撰述的庞大计划，而在这个时候开始完全放弃西学的研究，彻底回归传统；变化之二是马一浮似乎从这个时候起开始逐渐远离著述，不仅放弃了西学的研究计划，就连传统的考据等学术的研究也开始放弃，此时的马一浮像是换了一个人似的，过去的那个勤于笔耕、热衷著述的马一浮已经不见，我们见到的则是一个沉潜精思、专心体道的新的马一浮。同时马一浮也基本不再发表文章和著作。关于马一浮的这个变化，我们可以从这样一件事里看出来。1912年某个时期，《独立周报》的王钟麒曾经向马一浮约稿，他知道马一浮在古籍考辨、西方文艺乃至西方学术的翻译等方面都有成就，因此给马一浮去信，要求马一浮的支持。马一浮当时答复他说：

> 仆既于当世之务未尝究心，强欲有言，无异对庙堂之士饷以黄冠，坐行阵之间忽陈俎豆。见之者非唯笑鄙说为不伦，亦将讥大报以无择。于简章所标帜志，所谓最新之学理者，不几显然相背耶？西方艺文之属，鄙意以为辽东之豕白头，无足多异。译文凌乱，颇不耐整理。或适以导民志于非僻，意良不欲出之。至旧时文字，关于考古者亦非今报所取。①

又说：

> 仆则志焚笔砚已久，今欲以代赁舂、牧豕，强所不能，虽犹幸未随厨俊之后尘，已觉稍失邯郸之故步。每揽顾宁人与潘次耕书云：“自今以往，当思中才而涉末流之戒。孝标策事，无侈博闻；明远为文，常多累句。务令声名渐灭，物缘渐疏，庶几可免。”于今之世，未尝不叹其言之深切。②

看得出，马一浮对于自己过去的东西并不十分的满意，同时感到一方面自己在现实面前难有作为，另一方面，自己的这些东西也与现实的需要不符，因此马一浮拒绝了《独立周报》的约稿。在这里，他引顾炎武为同调，表达了他想与顾炎武那样远离名声、远离物缘的内心想法。

马一浮虽然重新隐居，而且基本不再著述，但是他并没有隐世，他与学术界、思想界仍然保持一定程度的交往，不过，这种交往是纯粹马一浮式的，也就是“只闻来学，未闻往教”。当然，也不是绝对如此，譬如对于杭州佛教界、

①② 《马一浮集》第二册，浙江古籍出版社、浙江教育出版社1996年版，第426页。

周围的佛寺，马一浮往往是登门拜访。香积寺、地藏庵等是马一浮常去的地方。如他在1917年给李叔同的一封信里曾经说：“昨复过地藏庵，与楚禅师语甚久，其人深于天台教义，绰有玄风，不易得也。幻和尚因众启请，将以佛成道日往主海潮寺，遂于今夕解七，明日之约盖可罢已。”[①]毕竟在家比不过出家，出家人断绝一切，你不找上门去，大概率他是不会凑上来的，马一浮无论怎样倨傲，也还明白这一点。总之，经过担任了数周的民国教育秘书长，以及数次谢绝了北大和浙大的聘请之后，马一浮的名声益发响亮，一代宗师的庄严相也益发显现出来。

马一浮这段时期的交往其实不少。他不仅与佛学界有交往，而且同过去的许多朋友当然其中大多数已是著名学者保持密切的联系。当时与马一浮交往较为频繁的有李叔同、丰子恺、肇安法师等。

李叔同1918年在虎跑寺剃度出家，法号弘一，又号论月。出家前与马一浮交往甚密，他的出家据说是受到马一浮佛学上的点化和影响；出家后，斩断尘缘，超然物外，但是仍然与马一浮书信往来，保持较密切的联系。如马一浮在1928年给李叔同的信中说：“别遂经岁，俗中扰扰不可言。伏唯道体安稳，少病少恼。前累蒙寄法书，时出展对，如仰身云，暂可慰念。”[②]

马一浮与熊十力、梁漱溟也有密切的联系。三个人都是现代新儒学的开山鼻祖，相互之间有着数十年的交情。马一浮外柔内刚，梁漱溟外刚内柔，熊十力则脾气耿直，缺乏柔性。三个人虽然脾性不同，但是并不妨碍他们之间的交往和友谊。熊十力，湖北黄冈人。与马一浮、梁漱溟同为中国现代新儒学的奠基人物，曾与马一浮非常投契，20世纪30年代时呕心沥血作《新唯识论》，从此享誉哲学界。熊十力著《新唯识论》时，其与马一浮的友情正笃，对于马一浮在儒学和佛学方面的造诣也十分叹服。因此，他曾经两次来西湖拜访马一浮，将自己写作《新唯识论》的种种想法和观点拿出来同马一浮讨论。尤其是《新唯识论》中的《境论》章和《明心》章，征求马一浮的意见，采纳颇多。他后来特别在该书原本（文言文本）《绪论》中写道：

---

①② 《马一浮集》第二册，浙江古籍出版社、浙江教育出版社1996年版，第498页。

《境论》文字，前半成于北都，后半则养疴杭州西湖时所作……自来湖上，时与友人绍兴马一浮商榷疑义，《明心》章多有资助云。

其自作眉批又补道：

《明心上》谈意识转化处，《明心下》不放逸数，及结尾一段文字，尤多采纳一浮的意思云。

可见当时二人之交厚，亦见熊十力确从马一浮处获益良多。当然，马一浮也惺惺相惜，对熊十力的《新唯识论》推崇备至。马一浮曾经为《新唯识论》作序，序中称赞《境论》：“将以昭宣本迹，统贯天人，囊括古今，平章华梵……立翕辟成变之义，足使生、肇敛手而咨嗟，奘、基挢舌而不下。拟诸往哲，其犹辅嗣之幽赞《易》道，龙树之弘阐中观。自吾所遇，世之谈者，未能或之先也。”认为熊十力《新唯识论》的成就超过了历史上著名的佛教学者东晋的道生、僧肇和唐代的玄奘、窥基，直逼魏晋玄学大师王弼和大乘佛教中观宗的创始者古印度佛教大师龙树，赞誉之高，真是无以复加。①

梁漱溟与马一浮可以说有终生的友谊。梁漱溟一生都对马一浮十分钦服，而马一浮对于梁漱溟也是十分推崇，尽管两人见面并不多，但是相互信任，十分默契。有三件事可以说明二者之间的友谊和关系。第一件是1939年马一浮初

① 道生，又名竺道生，东晋佛教学者，佛学大翻译家西域人鸠摩罗什的四大弟子之一，参加鸠摩罗什译场译经。主张佛性人人本有，提出“一阐提迦”也可以成佛。他提出的顿悟成佛说，对后世有重要的影响。僧肇，鸠摩罗什四大弟子之一，由老庄玄学转入佛学。也参加鸠摩罗什译场译经。擅长般若学，著有《肇论》《维摩诘经注》等著作。马一浮对僧肇颇有心得，讲论中常引《肇论》。玄奘，即三藏法师，唐代佛教学者，旅行家，又与鸠摩罗什、真谛并称为中国佛教三大翻译家。中国佛教唯识宗的创始人。窥基，师从玄奘，并同为唯识宗的创始人。著有《成唯识论述记》《因明入正理论疏》等，后因住大慈恩寺，故又称慈恩大师。王辅嗣，名弼，三国时魏人，与何晏齐名，同为魏晋玄学的开创者。著有《周易注》《周易略例》《老子注》《老子指略》等。龙树，古印度佛教大哲学家，大乘佛教中观宗的创立者，主要著作有《十二门论》《中论》《大智度论》等。

创复性书院时，曾经给梁漱溟写信，力邀梁漱溟去书院讲学。在陈述了书院筹备和草创的艰难之后，他称赞梁说："仁者行劳天下，比于禹、墨。顷又身历兵间，悲智之兴，必有深且大者。惜未得遽闻高议，一起衰顽……傥因行化余闲，惠然肯顾，出其悬河之辩，惊此在壳之雏，则说法一会，渡人无数。方之今日，犹为陋矣。附呈请疏，幸勿见斥。"[①]这里所谓"行劳天下，比于禹、墨"云云，是称赞梁漱溟的乡村建设的宏伟计划及其不辞辛劳深入乡村的实干精神。梁漱溟20世纪30年代大力推行乡村建设运动，不仅有计划、有理论，而且身体力行，是中国现代史上值得大书特书的事。可惜梁漱溟生不逢时，又对中国的社会缺乏认识，不明白解决旧中国的农村问题的途径在于革命而非改良，加上日寇的入侵，他的乡村建设运动夭折是必定无疑的了。据云后来梁漱溟曾到过复性书院，作了演讲，再后来梁漱溟在重庆北碚办勉仁书院，二人仍一直保持密切的联系。第二件是1962年的某日，梁漱溟托马一浮的学生王星贤给马一浮带去熊十力的新作，并附上了自己的意见和评语，马一浮读后回信道：

见示尊撰熊著书后。粗读一过，深佩抉择之精。熊著之失正坐二执二取，骛于辩说而忽于躬行，遂致堕增上慢而不自知。[②]

又说：

尊论直抉其蔽而不没所长，使后来读者可昭然无惑，所以救其失者甚大。虽未可期其晚悟，朋友相爱之道，固舍此末由。亦以见仁者用心之厚。[③]

这里所说的熊十力的新作应是指他的《原儒》一书，该书成书于50年代后期，对于这部书，马一浮与梁漱溟都有批评，看得出他们的批评是一致的。可

---

① 《马一浮集》第二册，浙江古籍出版社、浙江教育出版社1996年版，第703页。

②③ 同上，第704页。

见梁漱溟在思想上与马一浮更为接近。二者都是仁厚之人，因此对于熊十力这样的老友，批评不仅是十分善意的，而且也尽量委婉。据云马一浮在复性书院时同熊十力有过不愉快，我想根本还在于思想上的分歧吧。最后还有一件，也是1962年间的事，当时有一位王邈达老先生，他是马一浮的朋友，著了一部《伤寒论讲义》，不能出版，于是马一浮托请梁漱溟帮忙想办法。20世纪60年代，传统学术包括中医都不受重视，因此这样的著作出版非常的困难。马一浮寓居杭州，出版资源有限，所以转托梁漱溟，结果好像是梁漱溟不负所托。从此事我们也可以看到马一浮与梁漱溟关系之密切，以及马一浮对梁漱溟的信任。

马、梁、熊三人的友谊和交往，实是中国现代思想文化史上的一段佳话。

第二节 专研六艺 契心儒学

我们看到，马一浮作为一代儒学大师，他早年的学术经历是丰富多彩和充满变化的。传统的家庭和传统的教育奠定了他厚实的国学根基，留学西洋和东洋使他了解和认识了西方的学术，之后在中西两种学术之间纵横出入，虽然在考据学、文艺学、中西方学术史等学术方面未成就大的事业，但是学问的功底却是益发深厚。尤其是文澜阁苦读，终于铸就了一代国学宗师。辛亥革命后马一浮放弃西学，回归传统，但是由回归传统到最终契心于儒学，其思想的转变与定位仍有一个过程。马一浮的弟子乌以风在《马一浮先生学赞》中曾经描述过其师的学术和思想的变化过程，他说：

> 先生早年治考据，欲从张之洞所编《书目》入手，求为学门径。旋悟其非，即行舍去。继而致力西学，又悟其专尚知解，无关乎身心受用。体究多年，始转向老庄和释氏之学，求安身立命之地。用力既久，一旦贯通，方知释老之学，亦有得有失。而亲切简易，发明心性义理贯彻圆融全得无失者，莫如六经。于是治学始以六经为主。

乌以风这里所谓“欲从张之洞所编《书目》入手”云云，当指马一浮早年所受旧学教育之经历。清人重考据，故学子举业除了修习八股之外，考据亦是必修之科目。然马一浮真正治考据，如我们前面所说，是在他留学之后。他在1907年写给他的舅父的信中谈到他的学术抱负是要以前贤为榜样，“贯缀前典，整齐百家，搜访文物，思弘道艺”，为“儒宗”和“文宗”，又欲仿黄宗羲、全祖望之宋、元、明学案而作“儒林要典”，这里的功夫就是考据学和思想史的功夫。特别是马一浮在那个时期的确做了不少有关古代经典、文献的整理、搜佚和考辨的工作，他除了作《儒林典要》之外，重要的还有《名媛文萃》二十四卷，收集了唐以前优秀的妇女作品，可以说是很有特色。他在序中对于古代妇女作品做了较为系统的梳理，这正是考据学的范畴。这部著作放在今日，也是不可多得的。不过，从今日我们能够获得的材料来看，马一浮虽然整理了一些文献，但在考据方面，大多是读书的笔记，很多是缺乏深度的。当然也有几篇闪光的东西，如他的《〈名媛文萃〉序》。另外最有价值的是他的《〈董解元西厢记〉记》和《〈曲苑珠英〉序》。二序对元曲的代表人物董解元、马致远的成就给予了很高的评价。如他评价马致远说：“予览元曲而哀马致远之志，以为虽谢师璧（莎士比亚）、葛魋（歌德）无以过。国人习见者，无过王实甫、汤若士、孔云亭、洪昉思诸家，而不知有马致远。此无异抱三唐之篇什，而不闻建安之遗响。”[①]真是别有见解，可成一家之言。

辛亥革命后，马一浮一度转向老庄和佛学，这是在他“志焚笔砚”之前。关于他当时对于老庄的研究，如今我们只看到他的《老子注》和《庄子笺》。《老子注》十分简略，且没有注完，《庄子笺》则只是寥寥数纸。关于佛学，马一浮也只是留下一个名叫《法数钩玄》的东西，但不是什么鼎力之作。然而众所周知，马一浮在佛学上的功夫甚深，举凡天台、华严、禅宗最有心得，其造诣令许多著名学者钦服。他同佛学结缘似从寄住广化寺和永福寺时即已开始。从那以后，他同佛教界关系日深，同许多高僧都有过从，并且有诗文往返。辛亥革命后，由于对革命的结局和对中国的现实悲观失望，很多学者都转向佛学，尽管当时西学仍是思想界的主流，然而佛学的兴盛也构成了当时一个十分有趣

① 《马一浮集》第二册，浙江古籍出版社、浙江教育出版社1996年版，第6页。

的现象。这既是一些知识分子消极悲观的心理之体现，同时也具有相当的积极意义。它表明知识界已开始在某种程度上醒悟到，西方思想不能真正地解决中国的问题。这意味着某种思想的反省和回归，当时的梁漱溟、熊十力都是如此。当然，这种反省与回归并非只是或主要是通过对佛学的兴趣来表现的，孔子的儒学一直是回归的中心点。不过，辛亥革命后人们的思想一度比较混乱，回归儒学往往是以复古的形式出现的，如早些的康有为和后来的严复等，尚未真正意识到儒学的现代意义。这种意义上的反省，差不多要到五四前后才开始出现。

马一浮何时由传统返折儒学？这是关于马一浮思想研究中的一个重要问题。据笔者的研究，马一浮在20年代前形成了他的博综百家、“观其会通”的学术思想，在儒、佛关系上主张“儒佛并成”“二家互摄”。如他在1918年与蒋再唐论儒、佛的一封信中说：“……彼（佛）则一乘是实，此（儒）乃易道是神。今欲观其会通，要在求其统类。若定以儒摄佛，亦听以佛摄儒。须以本迹二门，辨其同异。”他认为儒、佛本同迹异，故以儒摄佛或以佛摄儒，均无不可。总之，二者可以交相互摄。可以看出，这一思想同他以后所主张的以儒家六艺之学统摄一切学术的观点有相当的差异。而马一浮以儒家六艺之学统摄一切学术的观点的形成，大致是在五四文化运动以后，或许是经过了一番深刻的思想反省的结果。如马一浮在1927年致学者金蓉镜的一封信中说：

> 浮年来于此事（指参禅之事）已不绖唇吻，其书（指佛书）亦久束阁，尚欲以有生之年专研六艺，拾先圣之坠绪，答师友之深期。虽劫火洞然，不敢自沮。①

这句话表明了他皈依儒学的决心，以及他要继承先圣的遗志、为弘扬儒学而献身的志向。在这一封信里，他对佛学和儒学及其相互之间的关系表达了新的看法。他说：“彼（佛）其机语，虽有小大、险易、雅俗万殊，以吾观之，则

① 《马一浮集》第二册，浙江古籍出版社、浙江教育出版社1996年版，第495页。

亦象耳、比耳，皆《诗》《易》之支与流裔。”[1]因此，佛学与儒学不再处于并重的地位。他虽认为儒、佛道理相通，但儒学代表了理之全体，而佛学只反映了理的某一方面，因而儒学乃学术之正宗代表，佛学只不过是旁支而已。其他的学术也是一样。故应以儒摄佛，而不能以佛摄儒。当然，马一浮尽管最终选择了儒学，但从他以后的思想发展看，并没有放弃他过去形成的博综百家、“观其会通”的主张，30年代末他在浙江大学讲学以及之后主讲于复性书院，均大量援引佛学宗义，以证儒学。以佛证儒、融佛入儒是他学术上的一个最大特点，也可以说这一特点贯穿在他的全部思想著作之中。而就这一点而言，如今人们所认为的当代新儒学的第一代代表人物中，唯有熊十力和梁漱溟的思想与之十分相似。

马一浮在辛亥革命前后一直到30年代后期这段日子里，隐居不出，住佛寺，居陋巷，服布衣，一心读书治学，不求闻达。因此不仅他的渊博的学识为学术界所推崇，他的为人亦受到人们的敬仰。马一浮不重著述、返归儒学后，其学重在穷理尽性，见诸躬行。因此，对于这段时间里的马一浮的研究，可依据的材料不多。这些材料除了马一浮应一些学者、禅师等请托而撰写的各类序、跋、铭、记等，还有就是这段时间他与一些学者往来的书信，其中书信是研究他的思想的重要资料，可以从中看出他的思想发展、定位的大致过程。1937年七七事变爆发，或许是寂寞太久，或许是因为中华民族到了最危险的时刻，马一浮已感到独善其身不仅于民族之救亡无补，而且也有悖于儒家做人之根本，所以终于应邀出来讲学，开始了他的一生中最重要的时期。

---

① 《马一浮集》第二册，浙江古籍出版社、浙江教育出版社1996年版，第494页。

第五章　为天地立心　为生民立命　为往圣继绝学　为万世开太平

——应聘浙江大学国学讲座

第一节　避难桐庐开化　应聘浙大讲座

1937年七七事变，日本帝国主义者公然发动了对华的全面侵略战争，不久杭州沦陷。马一浮为了避寇一路逃到桐庐、开化。关于这段逃亡的经历，马一浮在一封寄给谢无量的信里面有简单的叙述。他在这封信中说：

> 寇乱以来，人忧涂炭。闻凡百君子，俱集巴中。想匕鬯不惊，磐石可措。虽在草野，瞻望增怀。自南都不守，不旬日而杭州亦陷。浮先徙桐庐，旋因寇逼富阳，再奔开化。不图衰白之年，身更乱离之厄。困不失亨，徒成虚语。蹇而能济，将俟朋来。故里已墟，欲归不得。兵车载道，行路弥难。士友间或劝入蜀，浮以何必择地乃为首阳。傫然一身，无所复恤。但相从患难尚有一甥及及门数人，并其妇子凡十五口。若任转于沟壑，亦非义之所安。念今之邹鲁，唯在于蜀，弦诵未辍，犹为儒生所归。矧有吾子知我，不虞后生见距。或容有讲论之地，能以束脩自给，则吾虽衰耄，犹可力为。当此残年，甘于羁旅。当俟来命，以取进止……开化为浙边县，

本衢州属，顷依故人叶左文以居。惠书可寄左文转授。[①]

马一浮逃亡之路十分艰辛，虽然他自己孑然一身，如果单身上路，一路上混个“两饱一倒”也许没有什么大问题，但是跟随他的人很多，也就因此平添了许多的困难。而且除了众人大量的行李之外，马一浮还带着许多书。依据丰子恺先生《桐庐负暄》一文中的回忆，1937年底，马一浮带着这一群逃难的人，先迁到桐庐，当时得到桐庐县政府的大力帮助，派了船来运送。到了桐庐以后，马一浮一行在迎薰坊13号住下。由于马一浮在离开杭州时曾经作诗《将避兵桐庐留别杭州诸友》，并且将这首诗附在一封信里寄给了当时避难在石门湾的丰子恺，丰子恺读了大为感动，因此决定立刻离开当时已经遭到日寇飞机轰炸的石门湾，避往桐庐。丰子恺后来在回忆这件事时充满深情地说：“这封信和这首诗，带来了一种芬芳之气，散布在将死的石门湾市空，把硫磺气、炸药气、厉气、杀气都消解了。数月来不得呼吸精神的空气而窒息待毙的我，至此方得抽一口大气。”“这信和诗，有一种伟大的力，把我的心渐渐地从故乡拉开了。”“我决定向空气新鲜的地方走。”[②]受着马一浮的感召，丰子恺不久也率家人一行共16人，逃到桐庐，先是借居在马一浮等人的住所，大家挤在一起，后来又在离桐庐20多里路的河头上找到了几间租屋，乘着桐庐县政府借给马一浮运书的船，把一家老小搬迁了过去。

由于桐庐县城也遭到日机的轰炸，马一浮感到此地并不安全，因此不久也搬离了桐庐的住所，迁到离河头上只有一里路的汤庄。由于相距不远，丰子恺三天两头到马一浮的住处去拜访。丰子恺的后人丰一吟对于这一段马一浮同丰子恺的交往有过这样的描写：“隆冬时节，风和日暖，马先生经常让他的僮仆搬几只椅子到篱门口竹林旁与丰子恺一起晒太阳。在方形的铜炭炉上搁着一把圆圆矮矮的紫砂茶壶，壶里的普洱茶沸腾着。马先生捧着水烟筒，有时候换取吸香烟或旱烟，边吸边谈。”[③]他的学生王星贤恭坐一旁，一边听着马一浮的讲论，

---

① 《马一浮集》第二册，浙江古籍出版社、浙江教育出版社1996年版，第359—360页。

②③ 丰一吟：《马一浮与丰子恺》，载《中国当代理学大师马一浮》，上海人民出版社1992年版，第120—121页。

一边还作着记录。马先生谈话如天马行空，旁征博引，古今中外，无所不谈。丰子恺听得瞠目结舌，云里雾里，心中升起无限的崇敬，“似乎看见托尔斯泰、卢那卡尔斯基等一齐退避三舍”。[①]他由此想起他的老师李叔同曾经对他说过的一段话：“马先生是生而知之的。假定有一个人，生出来就读书；而且每天读两本，而且读了就会背诵，读到马先生的年纪，所读的还不及马先生之多。”[②]

丰子恺是李叔同的学生，十分仰慕马一浮的学问，一生都对马一浮执弟子礼。丰子恺当年随同李叔同第一次去见马一浮时，还是一个青年，而此时已是三十几岁的中年人，并且已经在绘画界、文化界有了一定的地位。但是他对马一浮的恭敬始终不变。但马一浮却不当他是后生晚辈，天涯羁旅，有丰子恺这样的友人在一旁，生活自有一番情趣，颇不寂寞。然而颠沛流离之中，两人聚少离多，快乐的日子十分短暂。丰子恺不久受友人之邀，决定离开桐庐，入湘去湘潭师范学院任职。临行时他托马一浮的弟子王星贤代为向马先生辞行，并且留下一些钱给马一浮。马一浮十分感动，但是坚辞不受。1937年12月20日，丰子恺将行时，马一浮命王星贤代为送行，并带上一封信，将钱退还给了丰子恺。马一浮在信中说：

> 星贤代述尊意，深荷关注。吾与子患难之交，凡事皆可推心置腹，无不可尽之言。远行不易，吾不能馈赆，则已矣，而反劳子留货以遗我，是义所不当受也。且吾所有，如不遭意外，不他徙，尚足支五六月。死生有命，首阳之志，吾固甘之，亦不需此也。但即今远别，不无黯然。明晨若早发，或不及相送。今嘱星贤代诣，并还尊券，幸察其区区。行矣，自爱。[③]

丰子恺离去后不久，由于日军已逼近富阳，1938年初，马一浮一行也离开

---

① 丰一吟：《马一浮与丰子恺》，载《中国当代理学大师马一浮》，上海人民出版社1992年版，第120—121页。

② 同上，第123页。

③ 《马一浮集》第二册，浙江古籍出版社、浙江教育出版社1996年版，第561—562页。

桐庐汤庄，转去开化，投靠他的老朋友叶左文。马一浮在开化逗留了两个多月，然开化亦非可以久留之地，不久他又离开开化，迁至浙江大学当时的暂驻地江西泰和。关于他离开开化的原因，他在一封给丰子恺的信里说："开化虽有老友叶君关爱真切，但以其山水峭急、狭隘，又为师行必经之路，不可久居。浙大亦有少数友人相招颇殷，不欲绝物太甚，遂以三月底来。"①

1938年3月，马一浮终于接受浙江大学校长竺可桢的电请，赴江西泰和担任浙江大学"国学讲座"一职。关于这次应聘，据《竺可桢日记》叙述，有一段反复的经过。1936年竺可桢受命主持浙江大学，上任伊始即做《大学教育之主要方针》就职演说，主张"凭借本国的文化基础，吸收世界文化的精华"，即认为于西方科学教育之外，亦应当重视国学教育。1936年5月至7月，竺可桢上任伊始，辗转找到马一浮的弟子寿毅成、马一浮的好友张圣征，两次礼请马一浮能就浙大国学讲席，并亲自到马一浮寓所登门拜访。马一浮当时提出了两点要求，一是须聘其为国学大师，二是其学程须称作"国学研究会"。对于马一浮的要求，浙大当时特意作了研究，同意其所授课不在普通课程之内，可以作为外国的一种Seminar（研究生班课程）处理，但对他的两点要求人们均不赞同，认为大师之名有类佛号，不甚妥当；而成立研究会则又必须请示国民党党部，有种种麻烦。后见马一浮实无出山之意，故聘事暂罢。到1938年，马一浮避难开化，其随从又有其甥丁安期及门生王星贤两家合计15人，情形十分狼狈，马一浮进退维谷，逐渐难为生计。因此，马一浮迫不得已，给竺可桢写了一封信，信中说：

> 在杭承枉教，忽忽逾年。野性疏简，往还礼废，幸未见责。每怀雅量，叹仰实深。自寇乱以来，乡邦涂炭。闻贵校早徙吉安，弦诵不辍。益见应变有余，示教无倦，弥复可钦。弟于秋间初徙桐庐，嗣因寇逼富阳，再迁开化。年衰力惫，琐尾流离，不堪其苦。平生所蓄，但有故书，辗转弃置，俱已荡析。即不为劫灰，亦膏鼠吻，念之能无惘然？非徒士友同嗟，直是

① 《马一浮集》第二册，浙江古籍出版社、浙江教育出版社1996年版，第562页。

经籍之阨也。现所居虽稍远锋镝，然寇之所向，殊不可知，万一或有压境之虞，不能不预为转徙之计。舍入赣外，别无他途。然向于赣中人士，鲜有交旧，一旦栖皇羁旅，托足无由。因念贵校所在，师儒骈集，敷茵假馆，必与当地款接，相习能安。傥遵道载驰，瞻乌爰止，可否借重鼎言，代谋椽寄，使免失所之叹，得遂相依之情。虽计过私忧，初不敢存期必，然推己及物，实所望于仁贤。幸荷不遗，愿赐还答，并以赣中情势及道路所经，有无舟车可附，需费若干，不吝详告。又相随患难者，有舍甥丁安期及门王星贤两家，妇孺并僮仆共计十五人。旅中简单生活，每月约需若干，亦望一并示及，以便量力筹措。惠而好我，示我周行，不有君子，吾安适归。幸托乡里之爱，犹蒙见齿，当不厌其渎耳。①

由于过去回绝了浙大的礼聘，此次由自己来重提此事，因此马一浮显得非常不好意思，故措辞十分的婉转。他在信里不说浙大国学讲席的应聘，只说希望能够让他和他的同伴依附浙大，可谓用心良苦。其实马一浮心里清楚，在当时，应浙大之聘，已经是无可奈何之事，根本没有其他的选择。尽管他一直寄希望于蜀中的“磐石之安”，或者会有另一番天地，可是那毕竟渺茫得很。马一浮自从避难以来，多年隐居的心境早已经打破，思想中已隐有出山之意。毕竟隐居需要环境，如今国破家亡、民族危难，覆巢之下再无完卵，不仅隐居已变得不可能，生命本身也受到威胁。马一浮虽有首阳之志，无惧效法伯夷、叔齐，为国殉身，但是一者首阳之举于国事无补，二者他又不能弃随行之人于不顾，因此，这种想法虽然从心头掠过，但是立刻就被他自己所否定。儒家讲究生死有命，刻意寻死，儒者不为。不过，乱世之中，生存成了大问题，如果没有稳定的生活来源，这么一大帮人，一日三餐，很快便难以为继。所以，马一浮在桐庐、开化，已经开始有了出来做事的想法，而自己所能够做的，也就是讲讲课，赚一些讲课费而已。他在给谢无量的信中也认为，自己凭束脩自给，还是能够做到的。当然，尽管自己的境况窘迫，但是架子还是要端一端的，过去是

① 《马一浮集》第二册，浙江古籍出版社、浙江教育出版社1996年版，第578—579页。

自己拒绝了浙大的邀请，如今风水轮转，变成自己要凑上去，但也不能太丢了面子。因此，在竺可桢先生回信，重申了对于马一浮的邀请之后，马一浮又复信道：

> 惠书昨至，期待良殷，兼见君子教思无穷之旨。在浮本以求远兵革，非图附于皋比，何期过见存录，欲使遂预讲筵。念方行乎患难，犹得从诸君子后相与究论，绵邹鲁遗化于垂绝之交，亦若可以申其素怀，不孤疋望。但恐衰朽之言，无裨后学，若其可得而说者，固亦不敢有隐。窃推贤智之用心，在使多士敦厉气节，仁为己任。是必求之经术，讲明义理，无囿习俗之陋，而克践性德之全。乃可济蹇持危，开物成务。向者每见时论噂沓，何止诋孟氏为迂阔，甚或拨尧舜为虚无。足使马、郑捐书，程、朱杜口。今承高论，迥异恒流，或者天牖斯民，不致终沦异族。故谓欲荡羶腥，先须信古，教人必由其诚，斯好善优于天下，庶几匡复不远，丕变可期。既昭感应之同符，复何语默之异致。然则浮之至与不至，于仁者设教之方，固无所加损也。①

马一浮的话说得很堂皇，他个人去不去讲课并不重要，重要的是学校应该教什么。如果学校设教有方，注重传统的经术、义理，那么，有没有马一浮都是一样的。而且他的这些看法，不会因为自己需要帮助而改变。

竺可桢是中国现代教育史上少有的极开明的校长，他知道马先生的固执，自然不会与他辩驳，更知道马一浮当时的困难，而且他也一向认为，应该让传统国学在学校里有一席之地。因此，他不仅表示完全同意马一浮的观点，并且十分爽快地答应了马一浮的其他一干要求，给足了马一浮面子，终于促成了马一浮的浙大之行。

马一浮应聘浙大国学讲席，无论对浙大来讲，还是对马一浮自己而言，都是一件大事。于浙大一面而言，此举虽有收容解困之意，然聘请马一浮此等名

① 《马一浮集》第二册，浙江古籍出版社、浙江教育出版社1996年版，第580页。

流来宣讲和弘扬国学乃原本之初衷，能成功固然可喜；从马一浮这一面来说，屈就国学讲席一职实乃不得已而为之，因为离自己的理想尚有一段距离；但是客观地说，也确实表现了他愿意出来与国人共赴国难、为国家作贡献的诚意。同时，主观上，作为一代宗师，于现代各种思想泛滥之际，要将吾国固有之学术尤其是儒学发扬光大，重新唤起国民特别是青年学子对于国学的信心，以中华民族之道德理想迎接人类的未来，本来就是马一浮的一个毕生夙愿。另外，我们前面说过，马一浮并非是一个真正意义上的隐士，他所以自隐三十余年，一方面是因为世道不昌，政治黑暗；另一方面也是因为现代的学校教育与他所向往的古代儒家教育有很大的差异。故早年蔡元培、陈百年聘请他去北大，均遭马一浮谢绝。此次能够接受竺可桢的邀请，诚非异数。可见，马一浮过去从不接受教职，并非是不愿意做个传道、授业、解惑的教师，只是由于他对现代的教育存在着某种看法。他认为，今日之学校制度不同于中国传统书院，世之显学均以贩卖知识为重，以新说异论为时尚，“学校约聘，乃所以礼时贤，非所以待通儒”，故马一浮才有“古只有来学，未闻往教”之语。这话听起来十分傲气，但不能简单以狂妄自大下论断，因为其中确实包含了他对现代学校教育的某种看法。马一浮尽管去过美国和日本，但是在国外期间也都是自学，并没有真正经历及了解现代学校之教育，这不能不说是马一浮的一大缺憾。这也在某种程度上预示了马一浮在浙大的时间不会长久。

第二节　泰和宜山会语　立横渠四句教

1938年4月，马一浮一干人从开化出发，坐车一路颠簸，经玉山、常山、樟树而至泰和。马一浮抵达泰和时，受到了浙江大学师生的热烈欢迎。他在浙大欢迎会的讲话中说：

> 今因避难来泰和，得与浙江大学诸君相聚一堂，此为最难得之缘会。竺校长与全校诸君不以某为迂谬，设此国学讲座，使之参预讲论，其意义在使诸生于吾国固有之学术得一明了之认识，然后可以发扬天赋之知，能

不受环境之陷溺，对自己完成人格，对国家社会乃可以担当大事。[①]

马一浮在浙大讲学，以张载“为天地立心，为生民立命，为往圣继绝学，为万世开太平”四句教为宗旨，希望学生“竖起脊梁，猛著精采，依此立志”，堂堂正正地做一个有责任心、敢于担当的人。从而于此人欲横流、民族危亡之际，藉充厚之修养自拔于流俗，承担起为万世开太平的神圣使命。马一浮在浙大开讲伊始，首先拈出张载四句教，颇具深意，的确不愧为一代儒学宗师，出手即非同凡响。须知儒学自从鸦片战争以后，在西方学术的冲击下，早已是江河日下，这一中国人奉行了数千年的思想文化传统，中国人乃至许多黄种人一直赖以生存的精神支柱，却在辛亥革命推倒了中国最后一个封建王朝之后，开始成为革命批判的对象。五四运动打倒“孔家店”，更是雪上加霜，让儒学成为千夫所指。因此，现代新儒学的出现，可以说是生不逢时，命运多舛。儒学的没落，不仅动摇了中华民族的文化传统，而且某种程度上是对民族尊严的一个打击。不过，在军阀混战、国共两党武装对峙、中国的内忧多于外患的那个年代，尚不能充分地感觉到这一点。抗日战争的爆发将民族矛盾推到了首位，人们开始重新意识到传统文化的可贵。儒学也因此重新浮上水面。这是马一浮之所以能够出山来宣讲儒学以及之后更加风光地主持复性书院的社会历史的大背景。然而宣讲儒学，千头万绪，从何处开始确实是个大问题。纵观儒学思想史，上下百代，名师、宗派无数，思想、理论、命题、口号……汗牛充栋，数不胜数。历史上多少读书人皓首穷经，只学得个寻章摘句，做做八股或考据文章，却并不知道儒学的真正意义在哪里，它能给人们什么样的教育和启示。马一浮不同于历史上的那些腐儒和政客，他是近现代中国少数能够真正了解儒学意义和价值的人。确实，就鼓动青年学子的爱国热情、振奋和凝聚民族精神而言，在儒学的思想与口号里，唯有张载的四句教最有力量。笔者也一直以为这也是中华民族文化传统中最伟大的思想与口号，“为天地立心，为生民立命，为往圣

① 马一浮：《泰和会语·引端》，载《马一浮集》第一册，浙江古籍出版社、浙江教育出版社1996年版，第3页。

继绝学，为万世开太平”，这不仅是孔孟以来儒家的理想，而且一直以来是中国人的最高理想境界。它的价值是永恒的，尤其是在民族危亡的年代，这一思想口号的重提，不仅体现其伟大的人格感召力和民族凝聚力，而且有助于人们走出文化迷失，重新认识儒学的意义和价值。

马一浮对横渠的四句教十分重视，曾写信给丰子恺，请丰子恺觅人为之作谱，让学生在庆典上咏唱。据云1938年6月26日，浙江大学在肖氏祠堂举行第十一届毕业典礼，学生们唱了张横渠四句教。唱毕，马一浮演讲《赠浙江大学毕业生序》，然后由毕业生代表吴怡延致答辞。①

马一浮在泰和一方面以张载的四句教来激励学生的民族责任感和民族自尊心，另一方面则开始讲述他体悟多年的“六艺统摄一切学术”的学说。他的这一学说的大致观点是，儒家六艺之学皆从一心出发，最为精纯，故为中外一切学术的源头和发脉处，所有人类之思想学术皆可以看作是六艺之流支，如传统的诸子学以及西方学术的各科各派等。正因为各科学说根本上皆可以看作是六艺的流支，故其学于真理有得有失，不能齐备，因而人类各种学术与思想之开展，最终必将以儒学六艺之思想精神为旨归。马一浮说他曾经打算仿郑康成作《六艺论》，而实际上他的这一讲正是他的《六艺论》的基本观点，反映了他对于儒学与传统及现代学说之关系乃至它所处的地位的根本看法。他之所以在泰和首先拈出他的《六艺论》一讲，其目的正是要唤起青年学生对于国学——也就是儒家六艺之学的重视，并对此怀有一种信念。

马一浮在泰和讲学，除了“六艺论”之外，还讲了“理气”和“知能”，并皆冠之以副题“义理名相”。“六艺论”可以看作是马一浮的文化观，而“理气”“知能”“义理名相”则是从本体论、认识论等方面，提出他自己的哲学基本思想，可以看出其哲学的体系已经大致赅备。可以说，马一浮的泰和讲学，已全面地端出了他三十年治学的思想成果。因此，在他的学术生涯中，泰和讲学具有极其重要的意义。

---

① 参见刘操南《浙江大学校歌释疏》，载《中国当代理学大师马一浮》，上海人民出版社1992年版，第73页。

1938年10月，浙江大学由赣入桂，迁至广西宜山。马一浮在宜山继续讲“义理名相”，凡六讲。至此，基本上架构成了他的哲学体系。马一浮在泰和及宜山讲学，皆由其弟子记录，然后结集刊印，称之为“会语”。《泰和会语》与《宜山会语》有石刻本和木刻本流传于世，关于这两本会语之刊印，马一浮在《泰和宜山会语·卷端题识》中曾说：

> 昔伊川先生每告学者：“汝信取理，莫取吾语。”见人记其言语，则曰：“某在，焉用此？”盖理是人人所同具，信理则无待于言，凡言皆剩也；言为未信者说，徒取言而不会理，是执指为月，不唯失月，抑且失指。先儒随机施设，不得已而有言。但欲人因言见理而已，岂欲其言之流布哉！若记录之言，失其语脉者往往有之，自非默识心融，亦鲜能如其分齐。

又曰：

> 讲说与著述事异。著述文辞须有体制，讲说则称意而谈，随顺时俗，语言欲人易喻，虽入方言俚语不为过，释氏诸古德上堂垂语实近之。其不由记录，出于自撰，古之人有行之者，如象山白鹿书院《论语讲义》、荆门军《皇极讲义》、朱子《玉山讲义》是也。明儒自阳明后，讲会益盛，每有集听，目为会语，其末流浸滥。浮平生杜门，虽亦偶应来机，未尝聚讲。及避寇江西之泰和，始出一时酬问之语。其后逾岭入桂，复留滞宜山，续有称说。皆仓促为之，触缘而兴，了无次第。始吾乡王子馀见《泰和会语》，曾以活字本一印于绍兴，吴敬生、曹叔谋、陶赐芝、詹允明为再印于桂林，旋已散尽。今羁旅嘉州，同处者多故旧……诸子复谋醵资，取泰和、宜山会语，合两本而锓诸木，且为校字，欲以贻初机之好问者。刻成而始见告。

此即“会语”名称之由来，及《泰和宜山会语》刊刻之本末。马一浮将自己浙大的国学讲论称之为“会语”，是因为“会语”是明儒集会讲论的统称，看来马一浮将他在浙大的国学讲座比之于古代的书院，表明他对儒家书院这种教育形式十分向往。不过，马一浮这里所谓“仓促为之”“了无次第”云云，似乃自嘲自谦之辞。从所讲的内容来看，虽是随堂就讲，但并非就是称意而谈、随心而论，马一浮在讲课之前，应是做了一番认真的思考和准备的，故思想上的条理清晰秩然，有其脉络可寻。当然，诚如马一浮自己所说，讲述与著述还是有差异的，这也正是马一浮的著作不如熊十力的《新唯识论》那样体制宏大、思想谨严、说理缜密、立论周详的原因所在。其间的差别当然还有别的方面，但主要还是一为讲述，一为著述。一般来说，讲述要受到时间和空间的限制，有其随意性的一面，且制约于讲述者的演讲能力和听讲者的理解能力。著述则不同，可以长久地构思、反复地推敲和不断地修改，十年磨一剑，自然可以做得尽善尽美、环环相扣、字字珠玑。不过，说到思想的有体有用，则马一浮的著作亦不遑多让，而说到简易亲切，则马又似乎更胜一筹。

总之，有体有用、简易亲切是马一浮《泰和宜山会语》的一大特点。

第三节　倡求是求真之旨　作浙江大学校歌

马一浮在浙大开国学讲座，深受学校的器重和师生的爱戴。浙大迁至宜山后，定校训为“求是”，曾请马一浮作校歌。马一浮先生郑重其事，颇费了一番斟酌，并为歌词作了一篇注释。其歌词如下：

> 大不自多，海纳江河。惟学无际，际于天地。形上谓道兮，形下谓器。礼主别异兮，乐主和同。知其不二兮，尔听斯聪。
>
> 国有成均，在浙之滨。昔言求是，实启尔求真。习坎示教，始见经纶。无曰已是，无曰遂真。靡革匪因，靡故匪新。何以新之，开物前民。嗟尔髦士，尚其有闻。
>
> 念哉典学，思睿观通。有文有质，有农有工。兼总条贯，知至知终。成章乃达，若金之在镕。尚亨于野，无吝于宗。树我邦国，天下来同。

歌词类箴诗，共分三章，首章明教化为本，次章言学乃求真，末章则述教学的目的在成己成物。歌词庄重、朴实、典雅，然似欠通俗。对此马一浮解释说：

> 案，今国立大学，比于古之辟雍。古者飨射之礼于辟雍行之，因有燕乐歌辞，燕飨之礼，所以仁宾客也。故歌《鹿鸣》以相宴乐，歌《四牡》《皇皇者华》以相劳苦，厚之至也。食三老五更于太学，必先释奠于先师，今皆无之。学校歌诗唯用于开学毕业，或因特故开会时，其义不同于古。所用歌辞，乃当述立教之意、师弟子相勖勉诰诫之言，义与箴诗为近。辞不厌朴，但取雅正，寓教思无穷之旨，庶几歌者、听者咸可感发兴起，方不失乐教之义。①

可见，马一浮是参照古代辟雍之燕乐歌辞并考虑今日大学校歌之作用来作歌词的。故他作歌词竭力取其雅正，并寓教思无穷之旨。考虑到校歌传唱的长久性，他不同意一些人希望在校歌中表达抗战激情、复兴之志的想法，他说：

> 他日平定后还浙，长用此歌，于义无失。又抗战乃一时事变，恢复为理所固然。学校不摄兵戎，乐章当垂久远。时人或以勾践沼吴为美谈，形之歌咏，以寓复兴之志，亦是引喻失义。若淮夷率服，在泮献功，自系当来之事，故抗战情绪，不宜羼入歌辞。②

此外，对于歌词之所以取其典雅而不求其通俗，他解释说：

> 文章自有体制，但求是当，无取随人。歌辞中用语多出于经，初学不曾读经者，或不知来历，即不明其意义。又谱入曲调，所安声律，亦须与词中意旨相应，故欲制谱之师于此歌辞深具了解，方可期于尽善。③

---

①②③ 马一浮：《拟浙江大学校歌》，载《马一浮集》第一册，浙江古籍出版社、浙江教育出版社1996年版，第98—101页。

校歌虽不通俗，但由于其典雅、庄严，并突出了浙大的“求是”精神，故颇受竺可桢校长和一干教授的赞赏。关于此校歌谱曲后被演唱的经过，杭州大学教授刘操南先生的《浙江大学校歌释疏》写道：

> 校歌谱成，练习试唱。8月14日下午四点，在柿花园1号，竺校长请“各院院长及（涂）长望、（黄）羽仪、（张）荩谋、（苏）步青、（王）劲夫，新聘之金城、丰子恺、邱仲康，并学生虞承藻等，‘回声’‘大家唱’‘飞燕’三团体成员，八九来唱校歌。计先后唱三次，需时全歌计三分钟”。“六时散。”校歌复在教职员工和学生中反复习唱；然后，在全校总理纪念周上演唱。11月10日11点，浙大校歌在遵义丁字口庆华电影院作总理纪念周时，正式集唱。①

集唱之后，又由郭洽周教授讲解马一浮所制校歌，郭云：

> 本校以前尚无校歌，前年在宜山时，由校长敦请马一浮先生拟作一歌，迭经同仁商议决定采用，并请应尚能先生制谱。此次暑假中由歌咏队试唱，成绩良好。现学生中已有一部分人能唱，不久全校师生均能唱校歌矣。对于校歌之意见，据个人所闻，大都赞成。偶有表示异议，感觉美中不足者，不外三点。一以为校歌太庄严，二以为校歌太难懂，三以为校歌训诲意味太浓厚。其实国立大学之校歌，应当庄严肃穆，于纪念周开学典礼、毕业典礼及因故特开大会时唱之，令人感发兴起，油然生其敬爱之心。如遇球技比赛，欢呼踊跃，情绪激昂，自可仿照外国大学之例，于正式校歌之外，另备一种校歌，并行不悖，相得益彰。至第二点，校歌本身，并不甚难，实因吾人对于经籍太不注意，故觉其难。歌辞取材于《易经》《书经》及《礼记》诸书，为先哲嘉言，有至理存乎其间。一经解释，便觉豁然贯通。

① 载《中国当代理学大师马一浮》，上海人民出版社1992年版，第74—75页。

至第三点，此歌与箴诗为近，如韩愈《五箴》。虽称尔汝，实乃自责。师生彼此以最高理想互相勖勉，互相告诫，而非任何人训诲其他任何人也。[①]

郭教授这里的辩解只是对马一浮自我说明的一个发挥。其实所谓“太难懂”之类的意见，并非没有道理。现代学校本不同于古代的太学或书院，且随着白话文的推广和普及，校歌的通俗化，也是潮流所趋。而儒学唯有去除其一贯庄严肃穆的外衣，充分发扬其宋明理学简易亲切、活泼创新的精神，赋之以现代的形式，照顾到现代人的生活方式、思想情绪、价值理性和文化需要，才能重新为老百姓所接受，从而焕发新的生机。这应是儒学现代改造的一个十分重要的方面才对。从马一浮的这首歌词，我们可以看出他的学术缺乏活泼创新的一面，同时多少有些脱离实际。我们从后面的思想分析中可以更清楚地看到这一点。

尽管如此，马一浮的校歌其优点还是主要的，歌中包含的儒家经世致用的思想和浙大的“求是”精神，对于鼓舞浙大全体师生奋发向上的勇气，树立学以致用的学风，以及坚定为民族前途团结奋斗的志向，起到了很大的作用。

马一浮在浙大讲学虽然为时短暂，前后只有一个学年，然而对当时的浙大却有着重要的影响。当时的浙大校长竺可桢先生也常去听马先生的演讲。据《竺可桢日记》记载：竺可桢于1938年5月14日下午3点，至新村10号教室听马一浮讲“西方近代科学出于六艺”之说。当日《日记》云：“（马一浮）谓《诗》《书》为至善，《礼》《乐》为至美，《易》《春秋》为至真。以《易》为自然科学之源，而《春秋》为社会科学之源。盖《春秋》讲名分，而《易》讲象数。自然科学均以数学为依归，其所量者不外乎数目、数量、时间与空间，故自然科学之不能逃于象数之外，其理亦甚明显。惜马君所言过于简单，未足尽其底蕴。”[②]5月28日，竺校长又到大原书院听马一浮讲《论语》第一章和最后

① 本段为刘操南《浙江大学校歌释疏》引《浙大学生》第二期郭洽周教授《本校校歌释义》，载《中国当代理学大师马一浮》，上海人民出版社1992年版，第75页。

② 《竺可桢全集》第6卷，上海科技教育出版社2005年版，第519页。

一章。[1]又11月23日，竺校长至文庙听马先生讲“六艺要旨”。记云：“（马一浮）谓立国致用，当以立身行己着手。孔子所谓‘言忠信、行笃敬，虽蛮貊之邦行矣。言不忠信，行不笃敬，虽州里行乎哉’云云。”[2]已故浙江大学教授李絜非在《浙大西迁纪实》一文中写道：

> 粹然儒宗博学硕望的马一浮先生，自二十七年春，来浙大讲学，讲阐六艺要旨、义理名相，诲人反躬力行，拔本正源。马先生讲学时，本校教师亦莅听甚众，多执弟子礼，以质朴中正著闻。际兹颠沛动荡之中，得当代大师之启导，益有无形的升华。今马先生以公车之征，入蜀开讲，而其《泰和会语》《宜山会语》所留遗于本校精神的影响，则永垂不朽。[3]

其敬仰之情，溢于言表。这可以作为对马一浮先生在浙大讲学的一个十分妥帖的评价。

① 《竺可桢全集》第6卷，上海科技教育出版社2005年版，第526页。
② 同上，第617页。
③ 马镜泉、赵士华：《马一浮评传》，百花洲文艺出版社2010年版，第65页。

第六章　主持复性书院

第一节　安坐濠上草堂　开讲群经大义

今日的大学毕竟不同于古代之辟雍或太学，马一浮虽然担任了浙江大学的国学讲席，可以向学生们讲论他所心仪的儒家哲学，但是，这与他的理想仍有一段距离，马一浮真正向往的是古代儒家的书院，在那里，一方面可以自由地讲论，另一方面，也是非常重要的，学并不止于器用，而以明道为目的。他说：

> 古者为教者，不尽出于学官。其在学官所守，学有定制，教有常程，求其器能足备世用而止，昔之贡举、今之仕宦者，取径焉。诸不在学校之科者，无以待之。其有明道之儒，逸在布衣，穷居讲习，或为之置学田、立精舍。士之不务进取者亦趋之，志在淑其身以善天下，学以至于圣贤，此书院所由起。其事本不摄于有司，后乃有官立之书院，专重课试，浸失初旨，然博洽者犹出于是。自晚清改学制，书院久废。民国肇兴，教育制度数有更定。大抵取法欧美，斠若画一，亦既虑之至详，行之甚力，无所事于书院矣。[①]

① 马一浮：《复性书院缘起叙》，载《马一浮集》第二册，浙江古籍出版社、浙江教育出版社1996年版，第1171页。

马一浮早年对学校教育颇有成见，不能认同。认为“当今学校，不如过去的书院。教师为生计而教，学生为出路而学。学校等于商号，计时授课，铃响辄止。”因此，当年蔡元培任职北大校长时，曾函邀马一浮出任北大文科学长，而马一浮因为看法不同，婉言谢绝。他回信道：

承欲以浮备讲太学，窃览手书申喻之笃，良不敢以虚词逊谢。其所以不至者，盖为平日所学，颇与时贤异撰。今学官所立，昭在令甲。师儒之守，当务适时。不贵遗世之德、虚玄之辩。若浮者，固不宜取焉。①

1929年陈大齐（字百年）任北大代理校长时再次相邀，马一浮仍然婉拒。他在一封致马叙伦的信中写道：

迩者陈君百年以讲学见招，亦即电辞。未蒙省察，乃劳手书申譬，殊愧无以堪任……今儒方见绌于时，玄言亦非时所亟。乃欲与之扬邹鲁之风，析夷夏之致。偭规改错，则教不由诚；称性而谈，则闻者恐卧。以是犹疑未敢遽应，虽荷敦勉之切，虑难仰称所期。与其不能解蔽于一时，吾宁俟悬解于千载耳。希为善谢陈君，别求睿哲，无以师儒责之固陋。②

如前所述，浙大早在全面抗战前也曾邀聘马一浮，他同样以其所学不适合学校教育谢绝。他在1930年的一封答绍兴王子馀的信中写道：

惠书具道竺君藕舫见期之意，久而未答。良以今时学校所以为教，非弟所知。而弟平日所讲，不在学校之科，亦非初学所能喻。诚恐扞隔不入，未必有益。不如其已，非以距人自高也。今竺君复再三挽人来说，弟亦不

① 《马一浮集》第二册，浙江古籍出版社、浙江教育出版社1996年版，第453页。

② 同上，第455—456页。

> 敢轻量天下士，不复坚持己见。因谓若果有学生向学真切，在学校科目系统之外，自愿研究，到门请业，亦未尝不可。[①]

这也就是他的所谓“古闻来学，未闻往教”的真正含义。虽然不无一代宗师的矜持，但也的确反映了他对现代学校的看法。尽管马一浮自从应聘浙大国学讲席之后，对现代之学校教育的看法有了很大的改变，认为其体制一贯，学科周详，并充分肯定了它的作用“甚力”，但是仍然认为“学校师儒所治，唯重器能，其于德行道艺之本，犹若或有所遗”[②]。因此，马一浮在浙江大学任教只有一年多的时间，不久当国民政府行政院长孔祥熙邀请马一浮去四川创建复性书院时，马一浮立刻辞去了浙江大学的教职，欣然前往。

关于马一浮对于现代新式学校的看法以及他的关于推行儒家教育等思想，我们后面在论述马一浮、梁漱溟和熊十力这现代“三圣”的思想异同时会再作进一步说明，这里暂搁一旁。复性书院的创建主要缘起于马一浮的一些在渝友人如熊十力、刘百闵及学生张立民、寿毅成等人的倡议[③]，并且获得了当时最高当局的支持。当时的教育部长陈立夫向孔祥熙推荐由马一浮出来主持复性书院，这也就是前面提到的李絜非所说的“公车之征”。而马一浮自己关于此事则说：

> 今委员长蒋介石、行政院长孔先生、教育部长陈先生，感于学校师儒所治，唯重器能，其于德行道艺之本，犹若或有所遗。将欲济蹇持危，开物成务，赞复兴之大业，体先圣之微言，必赖深明经术，精研义理，养成知类通达之才，以为振民育德之助。是以缅怀旧俗，而有创设复性书院之议。士友之在蜀中者和之，不以浮为迂陋，欲使之诵说旧闻，牖启初学。

① 《马一浮集》第二册，浙江古籍出版社、浙江教育出版社1996年版，第517页。

② 马一浮：《复性书院缘起叙》，载《马一浮集》第二册，浙江古籍出版社、浙江教育出版社1996年版，第1171页。

③ 参见丁敬涵《复性书院与马一浮先生》，载《四川文史资料集粹》第4卷，四川人民出版社1996年版，第441页。

所以继绝学，广教化之道，将有在于是者。浮虽不敏，其敢自逸。[①]

1939年1月末，马一浮离桂赴川，去筹办复性书院，浙江大学竺可桢校长率一干同仁为之设宴饯行。马先生临别时赋诗一首话别，诗云：

故国经年半草莱，瘴乡千里历崔嵬。
地因有碍成高下，云自无心任去来。
丈室能容师子坐，蚕丛刀遣五丁开。
苞桑若系安危计，锦蕞应培禹稷材。[②]

看得出，马一浮过去虽然如闲云野鹤，超然物外，但值此困难之际，亦不愿再独善其身，他此行是下了为苞桑系固而培育英才的决心，所以，复性书院的创设正合他的心意。所谓“绵蕞”云云，表明了他希冀循正统的儒家礼教的方式来教育学生的夙愿，而复性书院的创设恰为其实现这一夙愿提供了一个理想的场所。

1939年2月8日，马一浮及其一干随行乘国民政府交通部的车赴贵阳，并由贵阳转途入蜀。复性书院设在四川乐山乌尤山侧的乌尤寺内。还在乌尤山山脚一条名叫“麻濠”的山溪旁建造了房屋，作为马一浮及其随行的住所，马一浮称之为“濠上草堂”。其后来的著作《濠上杂著》即是以此得名的。马一浮入蜀后先到重庆见了蒋介石、孔祥熙和陈立夫，旋即去乐山。复性书院由于经济上的局促，开始只能在乌尤寺落脚。按照马一浮的想法，这只是权宜之计，等资金充足之后，须再择地建新址。然而一直到复性书院结束，这一计划也只是空中楼阁，未能实现。

① 马一浮：《复性书院缘起叙》，载《马一浮集》第二册，浙江古籍出版社、浙江教育出版社1996年版，第1171页。

② 《竺可侦全集》第7卷，上海科技教育出版社2005年版，第18页。另：“锦蕞”词下竺可桢自注“茅屋也”。故此词疑为“绵蕞”，《史记·刘敬叔孙通列传》云：“为绵蕞野外，习之月余。”司马贞《索隐》引韦昭云：“引绳为绵，立表为蕞。”

马一浮在复性书院的创办上有自己的想法，他办院的方针是要实现两个目标。首先是在体制上，他要求内部事务完全实现自主，不受任何方面的约束。同时其建制应是传统的，书院作为社会性之纯粹学术团体，应同当时之学校教育有所区别。在经济上，希望通过政府以及社会各界的资助和捐助，建造院舍，并购置学田，从而为书院的生存建立永久的经济基础，最终达到自给自足的目的。但是，这只是马一浮的一厢情愿，经费一直是复性书院办学过程中的大问题。当初国民政府及教育部曾经答应先给一笔开办费，之后由教育部每月划拨经费若干。马一浮开始对此无法接受，因为这与他要求通过政府和社会的资助建立起一劳永逸的独立经济基础的最初想法相左。他在给学生张立民的一封信中说："又谓陈部长已表示每月可补助经费若干，似此办法，与普通私立学校请官款补助无异，与吾《简章》所谓经济须完全属社会性，政府意主宏奖，义同檀施者，实相违矣。"[①]经济上的不能独立自主，使他对书院能否实现事务上的完全自主产生怀疑。关于书院事务上的独立自主，马一浮在初到乐山时就曾在给他的另一位学生吴敬生的信中明确表示："吾欲造成社会性之纯粹学术团体，现方拟就缘起及草案寄渝，当轴诸公态度如何，尚不可知。若不致大相径庭，或可试办。否则，吾决不能枉道徇人。"[②]马一浮在入川创办复性书院之前，就曾一直担心他不能获得自主权，恐会受制于教育部当局，后来因得到蒋介石和陈立夫的明确表示，"始终以宾礼相待"，才打消顾虑，欣然前往。此后马一浮出任复性书院主讲，一直都在反对教育部对书院事务的任何干预。故教育部关于经费的拨给办法，令马一浮顿起疑窦。

不过，从复性书院后来的发展看，由于抗战时期百业凋敝，书院能从社会获得的赞助太少，而政府又不愿一次性拨款，所以马一浮最后也不得不接受教育部"每月补助经费若干"的办法。关于马一浮与教育部在经费及拨给方式上的分歧，马一浮的后人在一些回忆文章中都有介绍，并认为"斗争"的焦点"是官办还是私办"，是"能否争取到自由讲论"等[③]。不过，我认为问题并未严

---

① 《马一浮集》第二册，浙江古籍出版社、浙江教育出版社1996年版，第826页。

② 同上，第886页。

③ 丁敬涵、马镜泉的文章都是如此。

重到这一地步，也还扯不到“争取自由言论”上去，国民党当时虽然对社会实行思想钳制，但宣讲儒学尚不至于受到钳制，何况成立复性书院也是获得最高当局的首肯的。问题在于马一浮要争得书院事务的完全自主，不受当局的左右。而要真正做到如此，经济上须得完全独立才行。马一浮曾一度罢讲，其原因一是对教育部未能增加拨款以应付物价飞涨不满，二是对教育部要求书院将教材“送部备核”的做法有意见。这是后话。可见，马一浮既要求政府给书院经济上的支持，又要求不能丝毫干预书院的事务。对马一浮来说，首要的是实现书院的自主权。当然，有了充分的自主权，学术的自由和讲论的自由亦在其中了。

马一浮作为书院的主讲，虽然一直未能彻底地解决书院经济上的问题，但是在获得书院的自主权以及完全按照自己的意愿来办书院这一点上，他是成功的。我们从马一浮所拟的《复性书院简章》中可以基本了解书院体例上的大致情形。

首先，书院的宗旨及体制在《简章》中规定得很明确，即“书院之设，为专明吾国学术本原，使学者得自由研究，养成通儒，不隶属于现行学制系统之内”；在具体制度上，书院实行主讲负责制，“书院立主讲一人总持教事，统摄学众。置监院一人辅助主讲综理一切院务”，从延聘教师、招收学生直到编印图书等都要经过主讲，由主讲“勘办决定”。主讲对于书院之权力，由此可见一斑。主讲以下教师设专门讲坐和特设讲坐，均由主讲延聘。其中特设讲坐的人选为“国内通才显学具有专长，或有著述流布……为学术界所公认者”，特设讲坐如不能来院，亦可通讯问答。书院还设尊贤堂和讲友室，前者礼待国内之“耆年硕德有嘉言懿行，足为士林矜式”者，后者则聘请与主讲“相知有素”的学界名流。

此外，在体制上，书院关于学生亦有详细规定。大致是，第一，来学之目的不在于仕途进取，而在于学以至于圣贤，故来学者必须遵守三戒：不求仕宦，不营货利，不起斗争。如有违背此三戒者，立即开除。第二，学生分肄业和参学两种，前者是正式学生，后者类似于大学的旁听生。肄业生学习时间为三年，不纳学费，并享有一定的生活补助（膏火）。当然，关于肄业生另有相当严格的录取条件和奖惩制度规定。第三，学生肄业后，个别优秀者经过主讲特许可以继续留下研习，其他的自谋出路，书院不负责其出路问题。

其次，在教学上，传统儒学是其主要之内容。“书院以综贯经术、讲明义理为教，一切学术该摄于六艺，凡诸子、史部、文学之研究皆以诸经统之。”而书院之教育目的即在于“确立六艺之教，昌明圣学”。马一浮认为，当今学术分歧，人心陷溺，已失其本性，故唯有确立儒学六艺之教，才能起弊振衰。书院六艺之教又分为通治门和别治门。通治在明群经大义，并对孔孟以下直到程、朱、陆、王的儒学作全面的修习和研究。别治则专修一经，或《诗》《乐》，或《尚书》《三礼》，或《易》《春秋》，兼治百家，包括道、佛乃至现代科学等。也许这样的分科太笼统，因此，马一浮又在群经大义之外，另设以下四门学科：（一）玄学，以王辅嗣为祖；（二）义学，以肇公为祖；（三）禅学，以大鉴为祖；（四）理学，以周敦颐为祖。关于设此四科的想法，马一浮说：

> 先德多出入二氏，归而求之六经。佛、老于穷理尽性之功，实资助发。自俗儒不明先儒机用，屏而不讲，遂使圣道之大，若有所遗。墨守之徒，不能观其会通，渐趋隘陋，而儒学益衰。今当一律解放，听学者自由研究，故特设此四门，使明四学源流，导以正知正见。[1]

另外，他还希望在四科之外，再设西方哲学一科。不过，从以后的教学情况看，除了他自己所承讲的群经大义有系统地开课之外，其他各科并未完整地开设过。

从上我们可以看出，复性书院无论是体制还是教学内容，都是非常传统的。不仅是它的体制活脱脱就像一个宋明时代的书院，而且在教学内容上，尽管马一浮也要求除了儒学之外，亦须兼明佛、道诸家，并欲为西方哲学开辟一席之地，这说明他虽然传统却并不守旧，然而，西方哲学在复性书院只是一个点缀，并没有真正地开设过。马一浮的目的正是要办一个正宗的儒家书院，这一点是确定无疑的。书院的传统特点还表现在每年举行一次的祭祀儒家先师的典礼仪

---

① 本段为乌以风记马一浮语，见乌以风《马一浮先生学赞》。

式上。在复性书院开讲的典礼上，举行了盛大的仪式，谒拜大成至圣先师孔子，马一浮率众北向讲坛三礼，焚香、献花、祝辞，复三礼。仪式简朴庄重，令人叹为观止。

书院教育作为自宋代繁荣起来的一种教育模式，在清代以前十分发达。它同官学以及城镇乡间普遍存在的基础教育机构私塾并立，构成中国封建社会教育体系之重要一环，同时，它也是学术交流、研讨及传播的重要场所。书院大多由著名的儒学宗师创立及主持，当然，这些宗师亦都自认为是孔子所创立的私学这一素王之业的继承者。尽管自汉武帝独尊儒术之后，孔子事实上已经成为中国文化的象征和一切教育场所所尊奉的始祖，但书院教育自出现后，就一直被儒家看作是弘扬孔子儒学的正统教育形式。而且，与官学相比，书院淡泊的生活，和亲切、宽松、自由讲论的学术气氛，也更令儒者向往。民国以后，旧学衰废而新学兴起，书院作为旧学的一种形式也销声匿迹。马一浮在20世纪30年代末重开书院，欲使这一传统的教育形式在现代学校教育中获得一席之地，可以说是一次壮举，尽管不太合乎时宜，但从以后中国文化的曲折走向来看，此举有其不可忽视的积极意义。

马一浮为什么要办一所传统的书院？他的意图是十分明确的，其想法也是颇有独到之处。首先，他认为教育本应是多元的，不能只有一种形式。他说：

> 尝谓乐正崇四术，顺先王以造士，为学官之守，此教之在上者也。孔子定六艺、明圣道以俟后，乃素王之业，此教之在下者也。二者固并行而不悖也。秦法以吏为师，是古非今者族，尽人知其无道。故语政则当定于一尊，语学则当各求其志。①

书院作为一种民间教育（教之在下者），自有其存在之必要性与合理性。其次，官办学校教育尽管担当了国民教育之重任，对此马一浮并无疑义，但是他

① 马一浮：《复性书院缘起叙》，载《马一浮集》第二册，浙江古籍出版社、浙江教育出版社1996年版，第1172页。

认为官办学校教育有一种缺憾，即重器不重道，致使舍己徇物、逐末遗本，追求近世异域之新知而忽视中土圣贤之道、六艺之学，成为今日学者之大患。书院之创办，对于培养“深明经术、精研义理、知类通达”之人才，从而存亡继绝，推广儒学之教化，以为振民育德之助，有着不可替代的作用。他在1939年7月15日致赵尧生的信中进一步强调了他创办复性书院的这一目的。他说：

> 思藉此略聚少数学子，导以经术，使返求诸义理，冀续先儒之坠绪于垂绝之交，此亦人心之同然，有不可泯灭者在也。①

他为书院定名为“复性”，其意义也在于此。他说：

> 夫人心之歧、学术之弊，皆由溺于所习而失之，复其性则同然矣。尧舜性之，元亨诚之通也；汤武反之，利贞诚之复也。自诚明谓之性，自明诚谓之教。教之谓道，在复其性而已矣。是故知性习之分，而后可以明因革之道。其可得与民变革者，习也。其不可得与民变革者，性也。率以仁，民从而仁，性之符也；率以暴，民从而暴，习之蔽也。循理则安，驱策无所用；从绳则正，禁遏无所施。是皆自然之效，非可以智要而力取也。唯其不明，故往而不返，苟或知之，斯不远而可复矣。浅见者或诋心性为空谈，尊功利为极则，以巧佞为识时，鄙恬退为落伍。举天下之言，皆出于剿说雷同，稗贩依似，民志何由而贞，民德何由而进哉？必也贵特立独行之节，则曲学阿世之害自消；砺严气正性之操，则苟且贪冒之风自绝。然后强寇可得而驱，莠言可得而戢。
>
> 先儒修德讲学，本以求己，不期于化民而民自化；本以立身，不期于成俗而俗易成。不必居司徒之任，为太学之师也。虽其效或在久远，不可率睹，然未有不能及人者。故谓古之为教者，不尽出于学官也。②

---

①《马一浮集》第二册，浙江古籍出版社、浙江教育出版社1996年版，第665页。

② 马一浮：《复性书院缘起叙》，载《马一浮集》第二册，浙江古籍出版社、浙江教育出版社1996年版，第1172—1173页。

可以看出，马一浮尽管也主张“教启多门”，但对于复性书院而言，其目的则是十分明确的，就是要办成一个“以复性为旨趣，以讲明六艺为教”的正宗的儒家书院。所以，马一浮在《复性书院缘起叙》文尾说：

> 今之所立，不唯与时贤异撰，亦或与旧说殊科。幸值自由之世，各言尔志，无所庸隐。然渊微之旨，既俗所罕闻，淡泊之门，尤众所难附。法不孤起，待缘而兴；德必有邻，须友而辅。所望海内闳达，气类相感，引而教之，扶而翼之，斯道之幸也。

“与时贤异撰”是复性书院的目的，偶或“与旧说殊科”则是没法子的事。因为时移事异，要想完全照搬古代儒家书院的做法，丝毫不作改变，尤其是在内容上，不试着融入一些新的东西，这是不可能的。所以马一浮在儒学之外，又欲设玄学、义学及西方科学。

马一浮坚持按自己的意愿来办复性书院，不仅令企图通过资助来干预书院事务的当局者不快，而且也与个别热情参与书院创办并对之寄予很大希望的友人发生矛盾。尤其是熊十力，他当时积极参与了复性书院的筹划，并且全力推荐马一浮来主持。但是后来他对马一浮坚持按照传统的模式来办书院并且毫无妥协商榷之余地的做法，也感到不满。熊十力认为，书院应该同现代教育接轨，决不能恪守传统，而应有所变通。因此，书院应该多请名师，在六艺之外，开设多科，从而使学生能学有所长，而书院亦要为学生预谋出路。另外，书院在有条件时，也应设法给学生较为丰厚的膏火补贴，从而使学生能够衣食无忧，安心学习。至于经济上的筹划，只要书院灵活变通，不会没有办法。必要时书院可以改名为“国立文哲学院”。马一浮则坚持书院的传统特色不能变，书院绝不能够办成一般的学校。至于学生，他们来书院学习，本应是为学问而学问，不应考虑今后的出路问题。他在回答熊十力的一封信中说：

> 弟意，学生若为出路来，则不是为学问而学问，乃与一般学校无别，

> 仍是利禄之途，何必有此书院。若使其人于学能略有成就，所谓“不患无位，患所以立”，“虽欲无用，山川其舍诸”，似不必预为之计，启其干进之心，且非书院所能为谋也。[①]

马、熊关于办院之争，以今日之立场看，似乎已不必纠缠于孰是孰非，二人之目的其实是殊途同归，均是为了振兴、弘扬中国传统文化，使其能够重光于今日世界。从马一浮这一方面看，他在书院多请名师和开设其他学科等问题上，虽似乎不够积极，但也并不反对，书院只是由于经济上以及其他方面条件所限，未能实现这一目标而已。至于不能为学生预谋出路，以及由此体现出来的书院缺乏灵活性之问题，表明马一浮对现代教育及现代知识分子的生存需要，缺乏必要的了解。毕竟，“学而优则仕”的时代已经过去了，学不仅应有所立，而且应有所用，学以致用是现代教学最重要的特点之一。况且无论是古代还是现代，立身与用世本就是并行不悖的。并且学生读了书，毕了业，却又没有出路，就会给学生未来的生存带来很大的困难，这种情形之下，来读书的学生就只能是那些家境宽裕的弟子，当然也有甘于牺牲、不考虑将来的青年。不过，抗战时期，有志青年大多已奔赴前线，能来复性书院献身儒学的青年是少之又少，加上马一浮对来学者的要求及条件又十分苛刻，因此，复性书院尽管一直持续到抗战结束以后，但是全部的学生总共也不过数十人而已。而在这数十个弟子中，能称得上是“贤人”，颇有才华，并且在未来的中国思想界或学术界放异彩的，几乎没有。我们在现代新儒学的第二代扛鼎人物中，也看不到马一浮的弟子。据云，现代新儒学的重要代表人物牟宗三先生曾经于马一浮座下听讲，但牟宗三当时是熊十力介绍而来的，并且他一直是熊十力的弟子。当然，马一浮的弟子应该也是有才华的，至少应该是德行兼备，否则也难入马一浮的法眼。或许这些弟子也学得马一浮深藏不露的功夫，独善其身、不求闻达。但若只有修身的功夫，没有治国平天下的大志，只能修己，不能渡人，便也算不上真正有用的人才。马一浮当然不希望他的弟子皆是如此。他曾说：“书院成才，不同

① 《马一浮集》第二册，浙江古籍出版社、浙江教育出版社1996年版，第535页。

于今之学校。期望从学之士人人能为王者师，方尽得儒者本分。孔子门下，从学三千不为多，其中只有颜回、曾参不为少。”[①]可惜其座下尽皆颜回、曾参者流，并无能为王者师的人才。看得出，马一浮办复性书院，将所有的权力总揽于一身，是个极大的失策。老先生虽是一代宗师，但是既不具备管理才能，也不能从善如流，充分考虑和接纳他人的建议，而身边又没有一个有经验、干练的管理学术机构的人才，这就注定了复性书院前途艰难、缺少生气，这也是无可奈何之事。

复性书院从1939年9月开讲，直到1948年5月结束，前后存在有11年的时间。不过，其中真正开课只不到两年的时间。有关复性书院具体的开课情况，马一浮的后人马镜泉先生在《马一浮传略》一文中，也略有介绍。他说：“书院讲授，欲阐‘四学’。马浮拟请谢无量讲‘玄学’，熊十力讲‘义学’，肇安法师讲授‘禅学’，自己讲授‘理学’。后因大师不得其人，马浮乃先讲六经大义，独自承当，亦不得已。熊十力由于对书院规制起了意见上的冲突，开讲后不久就离开了书院，他的弟子牟宗三因此也没来书院任职。此后，书院虽曾邀请过赵熙、谢无量、欧阳渐、钱穆等人来院短期讲学，但主要是马一浮一人对学生讲学。”[②]马一浮既然请不到人，便只有自己来讲。在一年半的时间里，马一浮先后讲了诗教绪论、礼教绪论、洪范约义、论语大义和易象卮言等，剩下春秋大义因马一浮罢讲，故未及讲论。“他所以罢讲，是因为国民党教育部要书院填报讲学人员履历及所用教材备核，马浮十分愤慨，即致书教育部，责以违背当时以宾礼相待之诺言，决意辞去讲席，停止讲学，遣散书院诸生。到了1941年底，学生多已离去，但有杨焕昇等五人，恳请继续留院学习，获准留院一年。”[③]其实，明眼人都可以看出，复性书院此时只有马一浮一人维持和教课，学生也只有那么几个人，书院早已形同家教，关门落锁是早晚的事，而国民党教育部要求报备一案，只不过是促使马一浮早下决心而已。因为事实上，能提

---

① 马镜泉：《马一浮传略》，载毕养赛主编《中国当代理学大师马一浮》，上海人民出版社1992年版，第179—180页。

② 同上，第176页。

③ 同上，第179页。

供报备的也只有马一浮一个人的履历和教学材料，这必定令他十分尴尬。

对于书院尚未兴旺便草草落幕的结局，马一浮似乎早有预感。他在1940年3月5日的《告书院学人书六·附示语》中即有云："书院亦是缘生法，待缘而兴。缘具则暂存，缘阙则立息。此于道绝无增损。"[①]果不其然，此后不到一年，缘法便尽。从1941年5月起，马一浮辍讲，不再开堂授课，专事刻书。他在1941年底的《告书院学人书八》中，郑重其事地向书院所有学生宣告说：

衰朽自以德薄不能益人，迭次函电董事会力辞主讲，未蒙见许。事不获已，勉徇众意，权且虚席以俟名德。世变方亟，资粮不具，不特书院无以待四方之士，四方之士亦鲜有于此乱离之际舍其事蓄而甘趋此枯淡之业者，故征选学生住院肄业之制，不得不暂行停止……

大凡应缘之事，在随时变易以从道。今学者既寥落如斯，审书院所当务，唯有寓讲习于刻书一途。既病接物未弘，宜令种智不断。先儒说诸书及文集、语录，为学者研索所必资者，或传本已稀，亟待流布，或向有刊本而今难觏，欲为择要校刊，以饷后学。虽一时编类难以尽收，庶使将来求书稍易，不患无书可读，尤为战后必需。但苦经费奇绌，所可并力为之者亦仅耳。自三十一年一月起，书院将以刻书为职志。虽力愿微薄，有似捧土以塞孟津，然为山假就于始篑，果能锲而不舍，亦将积小以至高大……今为之自下，又当物力凋敝之余，自属艰困难就之业，然多刻一板，多印一书，即使天壤间多留此一粒种子。明僧紫柏发愿刻经山藏成，彼教经纶流传始广。清石埭杨居士实继其业。每恨儒者未能及之。向来刻丛书者虽不乏，每失于择之未精，博而寡要。今虽未能遽比古人，不可不以是为志。虽在颠沛之中不忘性分内事，庶几煨烬之后，犹有岩壁之藏。艰而能贞，明不可息，有系于此者甚大，勿视为不亟之务也。[②]

---

① 滕复：《默然不说声如雷——马一浮新儒学论著辑要》，中国广播电视出版社1995年版，第500页。

② 同上，第502—504页。

课虽已讲不成，但马一浮先生并不气馁，改为刻书，发愿要为儒学留些种子，充分显示其不折不挠弘扬儒学的坚定信念。

第二节 鬻字刻书 为儒家存留种子

马一浮在复性书院尽管开课时间短暂，但其讲学成果颇丰，刻书事业也大有收获。下面将马一浮在复性书院于此两方面的成就分述之。

（一）著作

《复性书院讲录》，凡六卷，这是马一浮关于儒学群经大义的讲义集，分别包括了《诗教绪论》《礼教绪论》《洪范约义》《论语大义》《春秋大义》《易象卮言》等六讲；《尔雅台答问》一卷，及《尔雅台答问补编》六卷，根据他在复性书院期间与学生的随机问答、讲论以及师生间的往来书信编辑整理而成；《濠上杂著初集》一册，其中包括了《尔雅台答问补编》二卷，他的文稿《太极图说科判》《太极图说赘言》以及《童蒙箴》等。在此期间还整理刊印了他以前的诗作，其中包括《蠲戏斋诗前集》，这是马一浮1937年以前的诗作；《避寇集》，这是1939年前他避寇南迁时的作品；《蠲戏斋诗编年集》，包括了马一浮自1939年到1946年期间的诗作。

（二）刻书

马一浮于复性书院编刻的丛书为五大类：首先是《群经统类》，这是书院必需的参考书；其次是《儒林典要》，这是马一浮早年西湖读书时下了一番功夫的东西，也是他作考据时的一个宏伟目标；再下则依次是《文苑菁英》，为文学诗赋等的汇编，马一浮粗列了二十种；《正典先河》，为政论的总集，包括唐魏征的《群书治要》、宋王应麟的《汉制考》等，拟先刻十六种；《诸子会归》，为先秦诸子百家和汉以后历代诸儒之典籍的汇编。其实这些也都是马一浮早年的学术计划和设想，比如《诸子会归》其实是早年的那个庞大的“儒林要典”的一部分，到了此时才又分拆开来。而且他在复性书院为拟刻书所作的《〈诸子会归〉总目并序例》一文，如他自己所说，也是翻捡他在前清宣统二年（1910）所作的旧文。这时的马一浮，看似收拾起旧时的情怀，要重操旧业，再续早年作考据的梦想，但其时他的目的仅仅是为了刻书。战火连天，斯文扫地，中华五千年的文明以及博大精深的儒家文化，在日寇的铁蹄下遭受无情的破坏，无数的珍贵历史典籍灰飞烟灭。马一浮一介书生，手无缚鸡之力，不能上阵杀敌，唯一能做的，便是存亡继绝，为中华文明存血脉、为儒家文化留种子而已。

复性书院刻书的计划虽然庞大，欲刻五大类，但其实最后只刻成了《儒林典要》和《群经统类》这两类。《儒林典要》共分两辑，第一辑为宋朱子编《上蔡语录》三卷，《延平答问》一卷；宋胡宏撰《知言》六卷；宋刘荀撰《明本释》三卷；宋刘砻撰《圣传论》一卷；宋刘敞撰《公是弟子记》二卷；明曹端撰《太极图说述解》一卷，《通书述解》二卷，《西铭述解》一卷，《正蒙注》一卷；共十种。第二辑则包括有《先圣大训》《慈湖家记》《横浦心传》《朱在子读书法》等。《群经统类》则陆续刻有《春秋胡氏传》《系辞精义》《苏氏诗集传》《严氏诗辑》《大学纂疏》《中庸纂疏》《论语纂疏》《孟子纂疏》《易学滥觞》《春秋师说》《毛诗经筵讲义》等十一种。

马一浮辍讲后，基本上断绝了经费的来源。为了筹措刻书的经费，他除了请一些弟子和朋友捐资和劝募之外，还决定“鬻字刻书”。马一浮的书法海内独步，为书界一致推崇。但据云马一浮从来不卖字，因此，“鬻字刻书”充分显示了马一浮要将复性书院及其刻书事业支撑下去的决心。从上面我们介绍的刻书成绩看，十年之中刊刻了两类丛书共二十余种，尽管成绩显著，但数量上并不为多，从中我们可以感受到其事业的艰难。据云1945年复性书院曾与当时在重庆的故宫博物院达成协议，准备刊刻该院所藏的理学方面的善本，但后因抗战随即结束，未能做成。翌年5月，复性书院迁回杭州，暂借里西湖葛荫山庄为临时院舍，继续刻书。当时的国民党行政院还命浙江省政府拨款利用旧的藩署空地来建院舍，但最终也不过是一纸空文而已。而马一浮在1947年9月还刊登了《蠲戏斋鬻字启事》，来支撑书院的艰辛局面，直至1948年结束。[①]

复性书院可以说是马一浮毕生事业的寄托，尽管异常艰难，他却知其不可

① 参见马镜泉《马一浮传略》，载毕养赛主编《中国当代理学大师马一浮》，上海人民出版社1992年版，第182页。

为而为之。他虽一生自隐，但在这件事情上，却显示出从未有过的热情、执着、坚持不懈，他将复性书院真正看作是儒者的事业。历史地看，书院虽然未能实现培养“通儒”的目标，但是，它对于弘扬传统儒学确实产生了相当的影响。同时，马一浮欲使传统的儒家书院教育恢复或再现于当代的努力，也是一种有益的探索，它对于现代教育如何借鉴传统，有着积极的启迪意义。今日无论是在中国港台地区还是在大陆地区，都已有各式各样的现代书院出现并存在，而且儒家文化教育亦在整个东亚地区得以广泛开展。半个世纪前马一浮创办复性书院，推广儒家教育，起了先行者的作用。这不仅是对中国文化，也是对人类文化的一大贡献。

第七章　马一浮“六艺论”的基本思想

要了解马一浮，不仅要了解他的生平，更要了解他的学术思想。马一浮一生大半时间躲起来不见人，因此，他的生平是乏味的，也没有多少故事可说。换言之，要写马一浮，主要是写他的学术思想。“六艺论”是马一浮在浙江大学讲座（泰和）首讲的内容。马一浮的“六艺论”，既是他的学术观，也是他的文化观。“六艺论”在文化上主张以儒学的文化方向作为整个人类文化的根本方向；在学术上主张以儒学为本，统摄与会通其他各类学术。因此，其学术观和文化观的实质，是要通过对儒学的弘扬，重新确立儒学在中国文化发展中的崇高地位，并对整个人类的现代文明起到指导的作用。

所谓“六艺”，就是指儒家的六艺之学，它既是指经过孔子所删削、编订而后成为儒学百世不移之经典的《诗》《书》《礼》《乐》《易》和《春秋》这六部著作中的学说，也是指整个儒家学说。马一浮在“六艺论”的演讲开端说：

> 某向来欲撰《六艺论》，未成而遭乱，所缀辑先儒旧说、群经大义具已散失无存。今欲为诸生广说，恐嫌浩瀚，只能举其要略，启示一种途径，使诸生他日可自己求之，且为时间短促，亦不能不约说也。[①]

---

① 马一浮：《泰和会语·楷定国学名义：国学者六艺之学也》，载《马一浮集》第一册，浙江古籍出版社、浙江教育出版社1996年版，第10—11页。

后来他在结集刊印出版的《泰和会语》中又为这段话加了注文，曰：

郑康成亦有《六艺论》，今已不传。佚文散见群经注疏中，但为断片文字，不能推见其全体，殊为可惜。某今日所欲撰之书，名同实别，不妨各自为例。[①]

可见，马一浮在浙大讲学前早有仿郑康成再撰一《六艺论》的打算，并为之做过大量的准备和深入的思考，也许已经撰写了部分内容，但是因日军突然全面发动侵华战争，马一浮在避乱之中所准备的资料都已散失，故未能撰成此书。不过，好在经籍史料早已烂熟于心，思想也大体成型，故马一浮在浙大仍能作“六艺论”的演讲，虽自云仅举其要略，但实大体赅备。从其刊刻出来的讲稿来看，内容也已基本完整。故马一浮在《泰和会语》付梓前，又自注有与郑康成之书名同实别云云，说明他的“六艺论”，基本上就是泰和演讲的内容。以下，我们先对马一浮的“六艺论”的基本思想观点作一简要的剖述。

第一节　六艺统摄一切学术

“六艺统摄一切学术”，是马一浮“六艺论”的核心思想，这里面既包括了他对中国文化的看法，也包括了他对整个中西方学术与文化之相互关系的看法。他所谓“统摄”，有的地方又称“该摄”，是从统类的角度来说的。所谓“统”，“是指一理之所该摄而言”，所谓“类”，“是就事物之种类而言”。[②]也就是说，无论是学术所包含的道理，还是研究反映事物对象之学术门类或分科，六艺之学均可以范围。当然，说儒家六艺之学对一切学术之统摄并非是说代替或包办，六艺之学是一切学术之总纲，因此它可以说是“范围天地之化而不过，曲成万

① 马一浮：《泰和会语 · 楷定国学名义：国学者六艺之学也》，载《马一浮集》第一册，浙江古籍出版社、浙江教育出版社1996年版，第10页。

② 马一浮：《泰和会语 · 举六艺明统类是始条理之事》，载《马一浮集》第一册，浙江古籍出版社、浙江教育出版社1996年版，第25页。

物而不遗”的。马一浮在阐述他的这一思想时，对六艺统摄中土一切学术析之较详，而对六艺之学统摄西来学术论之较简。而且，他在分析六艺之学对于其他学术门类的该摄的同时，尤其注重对一理之该摄。以下我将对马一浮的“六艺论”的思想，按照他给定的几个方面，依次叙述之。

一、六艺统摄中土一切学术

马一浮说：

> 六艺者，即是《诗》《书》《礼》《乐》《易》《春秋》也。此是孔子之教，吾国二千余年来普遍承认一切学术之原皆出于此，其余皆是六艺之支流。故六艺可以该摄诸学，诸学不能该摄六艺。今楷定国学者，即是六艺之学，用此代表一切固有学术，广大精微，无所不备。①

“六艺”既是儒学六经，是孔子创立的儒学之精蕴，也是中国传统思想学术之源泉。其他诸学均是六艺之流变和发展。因此，唯有儒学才能代表中国传统一切固有之学术，而我们所说的“国学”，也主要是指儒家六艺之学。为了阐明儒学同中国传统中其他一切固有学术的这一关系，马一浮首先对“国学”这一概念给予重新界定，提出自己的看法。他认为，以往人们所说的“国学”，“即依固有学术为解”，也就是包括了“一切传统固有之学术”，虽然也不无道理，但“所含之义亦太觉广泛笼统，使人闻之不知所指为何种学术”，更不知从何入手去研究和认识。因此，他认为必须先予“国学”以某种界定，把握住它的根本方面，而这根本方面就是儒家六艺之学所代表的学术。明白了这一层，方可以说是识得了研究国学的门径和用力的方向。

六艺之学作为吾国故有“学术之原”，它统摄一切学术，又可以从以下两个方面加以论证。马一浮说：

---

① 马一浮：《泰和会语·楷定国学名义：国学者六艺之学也》，载《马一浮集》第一册，浙江古籍出版社、浙江教育出版社1996年版，第10页。

> 何以言六艺该摄一切学术？约为二门：一、六艺统诸子；二、六艺统四部。[①]

所谓“六艺统诸子”，即是说“诸子出于六艺”。马一浮反对《汉书·艺文志》关于先秦诸子“出于王官”的说法，同时也不同意章实斋（学诚）的《文史通义》所创“六经皆史”说以六经为先王政典的意见。他指出，若以六经为先王政典，然三皇不同礼，五帝不同乐，其中必有不同。而孔子删述六经，其宗旨是祖述尧舜，宪章文武，对先代遗留的典籍是有损益有抑扬的。故其中所反映的先王之道，一以贯之，无有不同。也就是说，马一浮认为六经是孔子对先王政典经过了一番整理、沙汰和选择的结果，它已经超出了先王政典的意义，成为中国古代思想文化的代表和集中体现。至于诸子“出于王官”说的谬误，只由今之《老子》五千言并非是周之国史，墨书亦非言笾豆之事，即可以证明。马一浮赞成《庄子·天下篇》关于“道术”与“方术”的提法，他说：

> 惟《庄子·天下篇》则云：“古之道术有在于是者，某某闻其风而说之。”乃是思想自由自然之果。所言“道德不一，天下多得一察焉以自好”“各为其所欲，以自为方”“道术将为天下裂”，乃以“不该不遍”为病。故庄立道术、方术二名。（非如后世言方术当方伎也。）是以道术为该遍之称，而方术则为一家之学。谓方术出于道术，胜于九流出于王官之说多矣。与其信刘歆，不如信《庄子》。[②]

马一浮以“道术”云儒家六艺，以“方术”云诸子。他指出，从统类的角度说，先秦诸子均可以统于六艺，并可以看作是六艺的流失。他说，《汉志》所

---

① 马一浮：《泰和会语·论六艺该摄一切学术》，载《马一浮集》第一册，浙江古籍出版社、浙江教育出版社1996年版，第12页。

② 马一浮：《泰和会语·论六艺该摄一切学术》，载《马一浮集》第一册，浙江古籍出版社、浙江教育出版社1996年版，第13—14页。按：《汉志》诸子出于王官说盖始于刘歆《七略》，故马一浮有此一说。马一浮紧接着这段话又云：“实斋之论甚卑而专固，亦与公羊家孔子改制说同一谬误。且《汉志》出于王官之说但指九家，其叙六艺并无此言。实斋乃以六艺亦为王官所守，并非刘歆本意也。”

记九流十家，举其要者则为儒、墨、名、法、道五家。其中墨家《节用》《尊天》《明鬼》皆出于《礼》，而其《短丧》又与《礼》相悖；墨子“非《乐》”，而其《兼爱》《尚同》实又出于《乐》，故“墨子之于《礼》《乐》，是得少失多也”[①]。名家“如惠施、公孙龙之流，虽极其辩，无益于道。可谓得少失少”[②]。法家亦统于《礼》；同时，“法家往往兼道家言，如《管子》《汉志》本在道家，韩非亦有《解老》《喻老》，自托于道。其于《礼》与《易》，亦是得少失多”[③]。道家体大，观变最深，其得多失亦多，如“老子得于《易》者为多，而流为阴谋，其失亦多”[④]。庄子语得于《乐》之意为多，但其“好为无端厓之辞”，“不免流荡，亦是得多失多，《乐》之奢也”[⑤]。马一浮由此认为，“观于五家之得失，可知其学皆统于六艺”[⑥]。至于纵横家、阴阳家、杂家乃至于农家等，则等而下之，均为六艺之末流，卑陋粗浅。其于六艺之学之得失，不足为判。

所谓“六艺统四部”，马一浮认为，按四部划分传统学术，只是一种图书分类法，却不明思想统类。他依次辩解说，四部中的经部立十三经、四书，而以小学附之，其实未允。他认为应该仿照佛教书目“今定经部之书为宗经论、释经论二部”，于是经学和小学之名可不立。举凡六经、《论语》、《孟子》以及儒家经典释读如《说文》《尔雅》等，皆可入宗经论或释经论。史部自司马迁《史记》以降，凡编年纪事者皆出于《春秋》；多存论议者则出于《尚书》；记典制者出于《礼》。“则知诸史悉统于《书》《礼》《春秋》，而史学之名可不立也。”子部已见“六艺统诸子”，不再赘述。集部文章体制流别虽繁，皆统于《诗》《书》。因“《诗》以道志，《书》以道事。文章虽极其变，不出此二门。”“一切文学皆《诗》教、《书》教之遗，而集部之名可不立也。”[⑦]

以上是马一浮关于六艺统摄中土一切学术的演讲的基本说法。马一浮谓六艺乃国学之原，因而为国学的代表，并且从思想统类的角度论六艺统诸子，颇有些道理。六艺无论是否经过孔子的手定，其成书在先秦诸子私家著述之前则是毫无疑义的。作为中国古代夏、商、周三代文化之遗存，称其为中国国学之

---

①②③④⑤⑥⑦ 马一浮：《泰和会语·论六艺该摄一切学术》，载《马一浮集》第一册，浙江古籍出版社、浙江教育出版社1996年版，第14—16页。

原，乃至认为诸子的思想均是六艺之学的流变，都丝毫不为过。[①]后世儒家均以孔子删定六经而自豪，而这也确实是对中国文化的一大突出的贡献。因为从某种历史的角度来看，对于像中国这样一种数千年文明史从未间断过的民族文化，历史文献的整理工作之价值有时尤在思想创造之上。中国的思想正是在不断继承的基础上加以革变，才能永葆其生命的活力。传统的思想历久而弥新，这在儒家是真理，在中国是真理，在全人类也同样是真理。

不过，马一浮关于六艺统四部的提法似乎有些混乱。四部分类是隋唐以来我国图书编目所采用的一种图书分类方法。分类的主要目的在于方便书籍的整理、编排、检索和查询，故其实质上是书籍整理的规范化的技术方法。从根本上说，技术上的目的是主要的，明思想统类则次之。就四部分类法本身而言，它以儒家经典为第一类，其中所表达出来的以儒学统摄其他一切学术的用意或指导思想已十分明显，与马一浮对儒家六艺之学的推崇相比较，所反映出来的诚意也是不遑多让的，故而似乎不必再加强调。近代以降，四部分类方法已经逐渐不能适应图书事业发展的需要，对其规范加以修正乃至提出新的分类方法，是十分必要的。马一浮的时代已有人借鉴西方图书分类方法对四部分类法加以改造。随着我国图书事业的不断发展，全国各种图书馆都相继采用国际流行的图书管理方法，以适应现代图书管理的需要。20世纪80年代计算机信息技术发展起来以后，图书分类已经开始使用电脑技术，其技术上要求的系统化、规范化与信息化与过去是不可同日而语的。不过，用四部分类法来管理古籍的方法，在许多图书馆中仍有一席之地。马一浮看到了四部分类法的不足之处，但这已多少离开了他的“六艺论”所要讨论的范围，因为强调四部分类法的不足，对其论述并无多大的帮助，相反，颇有说过以至于支离破碎之嫌。当然，其中也表达了他的与“六艺论”相关的思想，不可一概而论。对此，我们将在下一章里再详细探讨。

除了中土的先秦诸子学，还有后汉以来的来自西天竺而后又为中土文化所

---

① 其实刘歆的诸子“出于王官”说和章学诚的“六经皆史”说，都从不同角度揭示了各种历史思想前后间的联系。

消化的佛学一脉。关于六艺统摄佛学，马一浮在泰和的“六艺论”的演讲中，未有涉及。但佛学始终为马一浮情之所系，在其生命中可谓沦肌浃髓，影响很大。他在很多地方都反复论及儒、佛之关系。如前所述，马一浮早年主张“双立儒佛”，儒佛并成互摄。以后于六艺契心良久，则改主以儒摄佛。如他在1927年致金香岩的一封信中曾经说到欲以有生之年专研六艺，并判别儒佛二教。他说：

竺士灵文，有同辞赋，剖析名理，语并华赡，故常失于奢。未若中土圣人言皆简实。洛、闽诸儒所以游意既久，终乃求之六经。若达摩一宗迹同高士。每谓王倪、啮缺、林类、荣期，并宜抗颜祖录，何必南能北秀区区争一伽黎为哉？《易》有象，《诗》有比，彼有机语，虽有小大、险易，雅俗万殊，以吾观之，则亦象耳、比耳，皆《诗》《易》之支与流裔。[①]

对于佛学，马一浮在许多方面的论述中都是青眼有加，尤其是对于佛学的创造者释迦牟尼，马一浮认为可以与孔子比肩，而对于达摩本人及其思想，他也认为与濂、洛、关、闽一样，“言皆简要朴实”，“皆是教人求己，不从他得”[②]，全是赞誉之言。不过，对于整个佛学与儒学，从学术角度看，他认为还是有差异的，特别是所谓“达摩一宗”，也就是禅宗一脉，其行迹多类同高士，而其禅学机语，也同象、比之辞一样，充其量只不过是《诗》《易》的支流而已。因此，二者的关系，也应该是儒家六艺之学统摄佛学。

二、六艺统摄西学

马一浮说：

六艺不仅统摄中土一切之学术，亦可统摄现在西来一切学术。举其大概言之，如自然科学可统于《易》，社会科学或人文科学可统于《春秋》。

---

① 《马一浮全集》（第二册上），浙江古籍出版社2013年版，第438页。

② 同上，第435页。

因《易》以明天道，凡研究自然界一切现象者皆属之；《春秋》明人事，凡研究人类社会一切组织形态者皆属之……文学、艺术统于《诗》《乐》，政治、法律、经济统于《书》《礼》，此最易知。宗教虽信仰不同，亦统于《礼》，所谓“亡于礼者之礼也”。哲学思想派别虽殊，浅深、小大亦皆各有所见，大抵本体论近于《易》，认识论近于《乐》，经验论近于《礼》。①

西方学术尽管分科日盛，但均可以归入自然科学和社会科学二途。马一浮认为就其对象来看，亦都可以统摄于儒家六艺之学。如他举例说，自然科学之基本学科是数学与物理学，以其言皆源于象数，其用皆在于制器，故可以看作是《易》之支与流裔；社会科学之基本学科如史学、社会学等，研究人类文明发展之治乱、兴废、存亡、分合之迹，识因应之宜、正变之理，其方法则在比类求知，说明其故，故颇近于《春秋》之比事属辞。且“属辞以正名，比事以定分。社会科学之义，亦是以道名分为归。凡言名分者，不能外于《春秋》也”②。

总之，西方诸学在马一浮看来，恰如中国诸学一样，不论是何种学派何种学科，均可以统摄于儒家六艺之学术，因为从思想统类的角度看，儒家六艺之学已大致涵括了一切学术研究的对象和范围。

第二节　六艺统摄一切学术，在于一理之该摄

马一浮论述六艺统摄一切学术，并非只是停留在六艺诸科对其他学术“类”的该摄认识上。

六经从其内容来看，的确是天道、地理、人事无所不包，历史、艺术、器用、制度无所不议，因而可以说它大体上涉及或涵盖了学术的基本对象和范围。但这亦只能是大体而言。六经再伟大，也只不过是六部书而已。春秋以前历代

①② 马一浮：《泰和会语 · 论西来学术亦统于六艺》，载《马一浮集》第一册，浙江古籍出版社、浙江教育出版社1996年版，第21—22页。

遗留下来的典籍何止千百篇，所谓“三坟、五典、九丘、八索”等，真是闻所未闻，见所未见。而各国的国史、诗歌，以及农书、历书、算书、医书乃至兵书亦不知几何。孔子所创儒家唯独整理并突出《诗》《书》《礼》《乐》《易》《春秋》这六部书，以为后世之典要，并不主要是认为这六部书在类的方面已经将一切学术赅遍这么简单。实在地讲，从“类”的方面说“该遍”，最多只能解释为“涉及”“范围”而已。因为就六经中所包含的文化知识而言，六经不仅远不能该遍三代所创造的所有文化知识，更遑论该遍后世。尤其是近代以来，人类文明的发展日新月异，人类的文化知识以惊人的速度不断增长，学科分类及认识对象都在日益扩大及复杂化，因而儒家六艺之学不仅不能从“类”的方面该遍一切学术，而且其中所包含的具体内容（不是指其主要的精神和思想）也早已不再适合现代生活的需要。所以，马一浮如果只是着眼于“类”的方面言“统摄”或“该遍”，那么他的思想便不值一提。

马一浮的思想的确尚不至于如此。他所言“统摄”“该遍”，并不主要是指“类”的内涵，而主要“是指一理之该摄而言”。换言之，马一浮认为，之所以说儒学六艺统摄一切学术，主要是在于它所内涵的理、所弘扬的道、所蕴含的精神。马一浮言六艺之“统摄”，首先强调的是六艺之道的目标之崇高，与义理之完美。他在揭示六艺大旨时引孔子和庄子的话说：

> 《经解》引孔子曰：“入其国，其教可知也。其为人也，温柔敦厚，《诗》教也；疏通知远，《书》教也；广博易良，《乐》教也；絜静精微，《易》教也；恭俭庄敬，《礼》教也；属辞比事，《春秋》教也。”《庄子·天下篇》曰：“《诗》以道志，《书》以道事，《礼》以道行，《乐》以道和，《易》以道阴阳，《春秋》以道名分。”自来说六艺大旨莫简于此。有六艺之教，斯有六艺之人。故孔子之言是以人说，庄子之言是以道说。《论语》曰：“人能弘道，非道弘人。”道即六艺之道，人即六艺之人。①

① 马一浮：《泰和会语·楷定国学名义：国学者六艺之学也》，载《马一浮集》第一册，浙江古籍出版社、浙江教育出版社1996年版。

马一浮认为，概括儒家六艺之学的宗旨，唯有《经解》引孔子的话以及《庄子·天下篇》中的一段话，最为简明。孔子是就人说，庄子是就道说。从孔子的话来看，儒家六艺之学术的目的正在于人本身的提升和完善，六艺之学不仅教人属辞比事，疏通知远，也教人温柔敦厚，恭俭庄敬，使人的智识变得洁静精微，使人的学识、道德变得广博易良。总之，六艺之学的目的是使人的智识与道德全面发展。而从庄子的这段话来看，六艺之学术所致力追求的也正是人的理想与志向、人对于自然与社会事物的认识、人的道德行为与人的关系和秩序。因此，六艺之道是完全的，六艺之学的目标旨在使人获得智识与道德等各方面的全面提升，并最终成就为一个品格完美的人。马一浮正是在这个意义上强调儒学的地位，因为儒家六艺之学在义理上是全面的、完整的，因此它代表了一切学术之原，对于一切学术均有“统摄”之意义。

第三节　六艺统摄于一心

一、“六艺统摄一切学术”的哲学依据

六艺之道虽然圆满该遍，但作为人类所追求的理想目标，它并非是客观外在的，而是为人的生命所固有，以人的生命为其主体。它存在于人的自性中，并构成了人的本质需要和追求。因此，它既不是玄妙高远的，也不是少数人的专利。作为圣人之道，它是极普通、极平常、极普遍、极平易的，它实实在在地存在于人类的个人生活和百姓日常之中，又是每一个人（无论他是贤、智或愚、不肖）都应该实践并且可以实现的。这种生命道德论的观点构成了儒学的哲学基础，也是宋明儒学的心性之学的核心思想。马一浮正是依据儒学的这种生命道德哲学来进一步论证他“六艺统摄一切学术”的思想的，他在《泰和会语·论六艺统摄于一心》一讲中说：

学者须知六艺本是吾人性分内所具有的事，不是圣人旋安排出来。吾人性量本来广大，性德本来具足，故六艺之道即是此性德自然流出的，性

外无道也。

又说：

> 圣人之教，使人自易其恶，自至其中，便是变化气质，复其本然之善。此本然之善，名为天命之性，纯乎理者也。此理自然流出诸德，故亦名为天德。见诸行事，则为王道。六艺者，即此天德王道之表显。故一切道术皆统摄于六艺，而六艺实统摄于一心，即是此一心之全体大用也。

儒家生命道德哲学，也就是人们所常说的儒家心性之学。它从孔孟发轫，到宋明理学阶段形成多样的成熟体系。其哲学的特点主要是以心性问题为内核，并且围绕着心性问题来展开的。马一浮在这里道出了儒家心性之学的几个基本思想：

其一，曰“性德本来具足”。

这一观点是儒家哲学的本体论基础。从孔孟到宋明诸子的儒家正统以心性为本体，这虽看上去与西方主张以主观精神为本体的哲学相似，但儒家哲学尤其强调本体的道德性，故而两者实有着很大的不同。哲学首先是人类对于世界普遍性的抽象思考，而这种思考最重要的是对普遍性的本质做出回答，这就是本体论的层次。儒家道德哲学的心性本体论在孔子学说中已露端倪。孔子虽然罕言天道，但这只能说明他更注重人的道德实践，并不表示他忽视对道德问题的形上本体的解决。他提出的“性相近，习相远”这个命题，正是一个本体的命题。孔子说这句话当然主要是就其道德意义而言的，他在创立或者不如说是讲论儒家道德哲学时，也许已经意识到这应该是他哲学的出发点。他没有对这个命题展开论证，但是毕竟为儒家哲学开辟了一个思路。哲学往往是在争论中发展的，孔子提出了一个命题，尔后的哲学家便开始围绕着这个命题展开争论。著名的有告子的性无善恶论、孟子的性善论和荀子的性恶论等。这种对人的本性之道德意义的讨论，对于道德哲学而言，正是本体论的讨论。其中，孟子的性善论比较符合孔子的思路。孟子以后，《中庸》《易传》等儒家著作进一步将关于人的道德本体的讨论扩展到宇宙论的范围，使得儒家道德哲学的这一讨论最终超越了人性论的畛域，形成了较完整的和较成熟的本体论思想。[①]当然，我们说孟子以后特别是宋明儒学超越了人性论的畛域逐渐形成了完备的本体论思想，是按照西方哲学的分类法以及分析方法来论述的。西方哲学将哲学按其内容划分为本体论、认识论、实践论三个部分，这已经成为今日哲学分析的一种习惯，我们这里也不得不延续这种习惯。不过，需要指出的是，儒学尽管从《孟子》《易传》到宋明儒学体现出本体论的成熟，但是从根本上说，这只是表明它“天人合一”思想的成熟，在根本上，儒家哲学作为一种与西方哲学截然不同的哲学，一个显著的特点是合自然与社会、宇宙与人生、认识与实践于一体，是既本体、既认识、又实践的，因而也可以说是不分本体、认识与实践。有时做出这种分别只是为了分析的需要，读者不可不察。另外，儒家尤其是孟子以后虽然对心性问题逐渐采取形上的解决方法，但是其哲学由于始终关切的是社会人生问题，因此最终的指向是形下的，正因为如此，现代新儒学的第二代著名人物方东美先生认为儒学有合天人、心物的一元特征，应该看作为一种“超越形上学”的哲学。我们在论马一浮的哲学思想一章里，还要对这个问题做进一步的谈论。

其二，曰“变化气质，复其本然之善”。

这一思想道出了儒家认识论的目的。孔孟以后的儒家认识论，与西方的诸种认识论的最大不同，在于它主要不是以“认知”为目的，而是以完善个人的

---

① 钱穆在《朱子新学案》（上，贰之一，十三）《朱子论性》中指出，朱子认为孔孟言性是就人而言，至《中庸》《易传》则递变为推而言之于天道。他在罗列了朱子几段论性的话之后说：“此处分别孔、孟言性之不同，又分别孔孟与《中庸》《易传》言性之递进递变，语扼要中肯。朱子虽不言《中庸》《易传》晚出，然据其所辩，亦可知《孟》《易》《庸》之先后矣。又若专就人之一般而言，则孟子之言已足。若兼说其中有悬绝者，则必言孔子所言始允。若推而言之于天道，则必如《易传》《中庸》所言。张、程言性即理，实自《易》《庸》说下，故为孟子所未及。朱子之推尊濂溪《太极图说》，则正为其能兼包孔、孟与《易》《庸》为一，即合天人而一体言之也。”（巴蜀书社1986年版，第324页）。《易》《庸》由孔孟之专就人言，推而言之至于天道，其实也就是已经合天人一体言之，故不必再待之于濂溪的《太极图说》。这说明钱穆的理解尚不够清晰。尽管如此，我们可以看到，这种递变正是从人性论到宇宙论的某种拓展，表明了哲学的某种深化。从本体论的角度来看，本体范畴是对世界普遍性本质的一个规定，故儒家性本体的观念唯有从专对人言递变到合天人一体言之，才表明了它的成熟。

道德修养为目的。同时可以看出，这种认识论是以性善论为其本体论的依据。它主张每个人生来就具有成其为人的道德因子，这是“本然之善”，也即“天德”或“天命之性”。故当婴儿呱呱坠地时，他（她）的品质是纯净的，只是此时他（她）的智识处于朦胧和混沌状态，故尚不能认识自己的德性，而后天受到种种社会习气的影响，其固有的德性就可能会受到蒙蔽。因此儒家认识论的目的，在于要求人们“变化气质，复其本然之善”，亦即复归其内在本有的德性。这里的“复”，即返归，包含了反省、再显、重光等诸种含义。这一观点对于宋明儒家各派来讲均无异议。因此，以人的德性为世界之本体，并以复归这一本体为认识目的，这可以说是儒家哲学的主要特征。宋明时期的儒学分为许多学派，他们的哲学思想各有分歧，不过，在这一认识目的上，大体上是一致的。他们的分歧主要表现在复归道德本体的方法或途径上，形成不同的观点。主要的思想流派有“事上理会”（陈傅良语）的事功学，“格物穷理”（朱熹语）的程朱理学，“即心中之理”的陆王心学等。这些流派虽然功夫不同，途辙各异，但目的则相对一致。此正如《易·系辞》之所谓“天下殊途而同归，一致而百虑”。

其三，曰“天德王道之所表显”。

这是儒家道德实践的两个方面。天德即是每个人的个人道德修养，但是道德修养并非纯粹抽象的心理或思维活动，它是一个实际的生活过程，表现为人的实际生活践履。同时，由于人类的个人实际生活都离不开群体，事实上每个人的道德实践都与表现为国家、社稷、百姓日用的整个人类生活有关。因此，个人的天德之自然流出，必见之于行事，表显为王道。可以说，表显天德与王道是全部儒家道德哲学的最终目标，也是它的哲学实践论的核心内容。

综上所述，儒家哲学的实质是以德性为本体，以复性为主旨，以实现天德、王道为最终目标的学说。所谓“天德”和“王道”，也就是“内圣”与“外王”。值得注意的是，马一浮不说“内圣”与“外王”，而说“天德”与“王道”，正来自他对儒学的深刻理解。因为儒学思想境界的极致，是不分内外的。同时亦可以看出，儒家哲学构成了他的整个“六艺论”的理论基础。

二、六艺统摄于一心

马一浮正是基于儒家哲学，进一步提出了他“六艺统摄于一心”的观点来支持他的“六艺统摄一切学术”的看法。马一浮所谓“六艺统摄于一心”的观点，具体归纳起来，大致包括了以下几层含义：

其一，六艺之道主张“性外无道”“事外无道”。

这是“性德本来具足”观点的延伸和深化。马一浮认为，既然人的德性是本来就有的，因此儒家六艺之学所追求和包含的道理当然也就不是外烁的，更非是外在的。一方面，它虽然是圣人之道，但并不是由圣人安排出来，而是本然存在于每个人的心性之中；另一方面，天地之道也就是人的性道，它们是一而二，二而一的，是一个东西。它在天地万物是“纯乎理者”，在人则是为“性德”，又叫“天命之性”或“天德”。因此马一浮说：“天地之道只是个‘至诚无息’，圣人之道只是个‘纯而不已’。”[①]他在描述人的“性德”时亦说：“就其真实无妄言之，则曰‘至诚’，就其理之至极则曰‘至善’。故一德可备万行，万行不离一德。”[②]总之，天地之理即人心中之性德，由此理中流出诸德，诸德亦复归此理。此理（道）虽是“范围天地而不过，曲成万物而不遗”，但在根本上则是存乎人心，体现在人性的。而六艺之道，则是此理的自然流出，作为圣人之道，它所包含与反映的正是这个心性之道；它所弘扬的也正是这个心性之道。

“性外无道”，也就是“事外无道”。马一浮认为，儒家哲学强调理气合一，理事双融。如圣人之道，其实也就是百姓日用之道。他说：“须知六艺之教即是人类合理的正常生活，不是偏重考古，徒资言说而于实际生活相远之事。”[③]这里“偏重考古”说的是追求与人的心性无关的知识，如考据训诂的学问；“徒资言说”指的是空言心性而脱离百姓日用、生活实践。这两种倾向都是儒家六艺之学所反对的。总之，“六艺不是空言，须求实践。”[④]天德之自然流出，必见诸

① 马一浮：《泰和会语 · 论西来学术亦统摄于六艺》，载《马一浮集》第一册，浙江古籍出版社、浙江教育出版社1996年版，第23页。

② 马一浮：《泰和会语 · 论六艺统摄于一心》，载《马一浮集》第一册，浙江古籍出版社、浙江教育出版社1996年版，第19页。

③④ 马一浮：《泰和会语 · 论六艺该摄一切学术》，载《马一浮集》第一册，浙江古籍出版社、浙江教育出版社1996年版，第17—18页。

行事；见诸行事，即为王道。天德与王道是内在统一的。因此，儒家六艺之学在主张“性外无道”的同时，又强调“道外无事，事外无道”。因为性道即事道，事道即性道。这也与他在哲学上主张“心外无物，事外无理”[①]的观点是一致的。所以说“六艺实统摄于一心，即是一心之全体大用也”。

其二，六艺之道包含了性德之全。

如前所述，马一浮认为六艺之道是圆满的，反映了义理之全。而在儒家看来，义理之全实际上也就是性德之全。对此，马一浮也作了详细的阐述。如他说：

> 从来说性德者，举一全该则曰仁；开而为二则为仁、知，为仁、义；开而为三则为知、仁、勇；开而为四则为仁、义、礼、知；开而为五则加信为五常；开而为六则并知、仁、圣、义、中、和而为六德……知是仁中之有分别者，勇是仁中之有果决者，义是仁中之有断制者，礼是仁中之有节文者，信即实在之谓，圣则通达之称，中则不偏之体，和则顺应之用，皆是吾人自心本具的。[②]

马一浮指出，历来说性德者均不外乎上述诸德。其中仁德为根本，仁德之中又包含了其他五德。故一德开而为六，六德实为一德。此六德皆是人的自心所具有的。儒家六艺之学以提倡仁德为根本，以六德为教义，故六艺之道包含了性德之全。如他说六艺曰：

> 以一德言之，皆归于仁；以二德言之，《诗》《乐》为阳是仁，《书》《礼》为阴是知，亦是义；以三德言之，则《易》是圣人之大仁，《诗》《书》《礼》《乐》并是圣人之大智，而《春秋》则是圣人之大勇；以四德言

① 马一浮：《复性书院讲录·卷一·学规》，载《马一浮集》第一册，浙江古籍出版社、浙江教育出版社1996年版，第111页。

② 马一浮：《泰和会语·论六艺统摄于一心》，载《马一浮集》第一册，浙江古籍出版社、浙江教育出版社1996年版，第18—19页。

之，《诗》《书》《礼》《乐》即是仁、义、礼、智；以五德言之，《易》明天道，《春秋》明人事，皆信也，皆实理也；以六德言之，《诗》主仁，《书》主知，《乐》主圣，《礼》主义，《易》明大本是中，《春秋》明达道是和。①

六艺各主一德，但它们之间又是相互统一的。马一浮以体用关系来说明这一点。他说：

《易》本隐之于显，即是从体起用。《春秋》推见至隐，即是摄用归体。故《易》是全体，《春秋》是大用。②

他又用伊川《明道行状》中“穷神知化，由通于礼乐；尽性至命，必本于孝弟”一句来证，说：

须知《易》言神化，即《礼》《乐》之所从出；《春秋》明人事，即性道之所流行。《诗》《书》并是文章，文章不离性道。故《易》统《礼》《乐》；《春秋》该《诗》《书》。③

因此，六艺以一德言之，则皆可以归于仁德；而以六德分疏，则又各主一德。六艺之统一，在于六德之统一。马一浮以佛学总相与别相之关系来推证。他认为“仁”“圣”二德的关系是“因果相望”，故可并为总相，其他则可看作是别相。但“总不离别，别不离总”，故“六相摄归一德”，而六艺则因此“摄归一心”。

其三，六艺之道本质上是“复性之道”。

在马一浮看来，既然儒家六艺之学主张性德本来具足，并以实现“天德”“王道”为最终目标，因而，它本质上是关于“复性”的学说。我们前面已经引

①②③ 马一浮：《泰和会语·论六艺统摄于一心》，载《马一浮集》第一册，浙江古籍出版社、浙江教育出版社1996年版，第20页。

述了马一浮阐述的儒家哲学的几种基本思想：一是性德本来具足；二是变化气质，复其本然之善；三是表显“天德”“王道”。这可以说是儒家哲学的三个基本要素，也是儒家哲学的本体论、认识论和实践论。这三要素是相互统一的，其中“变化气质，复其本然之善”也即是“复性”——这个认识论的思想要素构成了联结前后之本体论与实践论思想的中间环节。它使儒家哲学从本体论到实践论形成和谐的统一。因此，它是儒家哲学中的核心部分，是六艺之学中根本性的内容。因此，马一浮说：“圣人之教，使人自易其恶，自至其中，便是变化气质，复其本然之善。”当然，这就出现两个问题：第一，何以儒家一方面主张“吾性具足”，另一方面却又强调“复性”？第二，如何“复性”？前一个问题是孟子性善论留下来的问题，后一个问题则是由前一个问题引申出来。由于孟子的哲学成为后世儒家哲学的正统，他的“性善论”构成宋明儒学主流的思想基础，因此宋明儒学各派对于第一个问题的解答尽管观点各异，但大体上是相互助发，并无大的分歧。分歧主要是针对第二个问题，并最终形成主张“道问学”的朱熹理学和主张“尊德性”的陆九渊心学这两大学派。同时，宋代浙东事功学则独辟蹊径，另开一生面。这三派思想的相互论争与合流，构成了整个宋、元、明、清时期的儒学发展轨迹。而与此相辉映的则同时有佛教思想上的顿渐之争，对儒学的发展产生了至关重要的影响（当然，反之也是如此）。至于这些历史上的学派思想对于马一浮有什么样的影响，他是如何来看待这些学派思想的，以及是如何回答这第二个问题的，我们这里不忙讨论，且待下面专论马一浮哲学思想的章节里再分解。对于第一个问题，马一浮是以朱熹的“心统性情”说来解释的。他说：

> 心统性情，性是理之存，情是气之发。存谓无乎不在，发则见之流行。理行乎气中，有是气则有是理。因为气禀不能无所偏，故有刚柔善恶，先儒谓之气质之性。①

① 马一浮：《泰和会语·论六艺统摄于一心》，载《马一浮集》第一册，浙江古籍出版社、浙江教育出版社1996年版，第19页。

宋明儒学以理气关系来论证世界统一，并在此基础上展开对心性问题的讨论，这是在形上的层面来解决孟子性善论留下来的问题，既言性善，何以又有善恶之分？这正是上面第一个问题，只是提法不同。其答案亦是如马一浮所述，因为人心中包含有性和情这两种因素，或者不如说人心中有性和情这两种表现。性是理，情是气，理、气是不可分的，故而心统性情。理虽存乎气中，但气发流行则会有偏差，故理常会受到蒙蔽，所以人的行为便会有刚柔善恶种种表现，这是以情率气的结果。此时的性还只是气质之性。因此，若要凸显其本然之善（天命之性），就得有一个“复性”的过程。即通过道德认识与修养的方式，“自易其恶，自至其中”，从而克服习染，净化气质，复归其天然的本质。这种复归既是性德之表显，也是性德之体认。故不仅需要反身而诚，同时要求见诸躬行。但由于它体现为人的心灵返归与完善，所以从“复性”的意义而言，亦可以说“六艺实统摄于一心，即是一心之全体大用也”。

综上可以看出，“六艺统摄于一心”也是马一浮“六艺论”的一个重要的思想。这一思想从哲学的高度揭示了儒家六艺之学的理论特点及学术目的，它一方面反映了马一浮对儒家哲学的认识和理解，另一方面，正是“六艺统摄于一心”的这种哲学观构成了马一浮“六艺论”之学术观与文化观的基础，并且也是他的“六艺统摄一切学术”观点确立的根本理论依据。

第四节　世界人类一切文化最后必归于六艺

马一浮在上述观点及认识的基础上，提出了他的弘扬儒学于当代的学术观与文化观，这即是他的“六艺论”的主旨，也是他论六艺的用意和目的。他在宜山讲学中提到他何以要讲儒家六艺之学的用意和目的时曾说：

> 校长暨教授诸先生不以某为迂阔，仍于学校科目之外，约某继续自由讲论。此虽有似教外别传，却是诸法实相，圣贤血脉，人心根本。诸君勿

仅目为古代传统思想，嫌其不合时代潮流。先须祛此成见，方有讨论处。①

马一浮强调，他之所以要宣讲儒家六艺之学，并不只是因为它是中国的古代思想，更主要的是因为它是“圣贤血脉，人心根本”。也就是说，它不仅是“自己民族精神”之延续和体现，而且也是整个人类文明精神之所维系。也正是在这个意义上，他把儒家六艺之学看作是吾国二千年固有学术之根源，是人类一切学术之根源。因此，他恳切地指出，切不可以因儒学为古代思想而对其抱有成见，乃至嫌其不合时代潮流而对其轻加否弃。儒家六艺之学，无论是对于今日之学子，今日之中国以及今日之人类世界和文化未来，都有着十分的重要性和现实的意义，这是他自己探索和体会出来的。他认为，此一重要性和现实的意义有以下两个方面：

首先，六艺之道应是今日学者必然的追求。因为它是一切“学术之原”，学者治学唯有循六艺之道入，方是正途。他说：

大凡学术有个根原，得其根原，才可以得其条理；得其条理，才可以得其统类。然后原始要终，举本该末，以一御万，观其会通，明其宗极。昭然不惑，秩然不乱，六通四辟，小大精粗，其运无乎不备。孔子曰：“吾道一以贯之”，《大学》谓知本、知至，便是这个道理。所以说天下万事万物，不能外于六艺，六艺之道，不能外于自心。黄梨洲有一句话说得最好，曰：“盈天地间皆心也。”由吾之说亦可曰：“盈天地间皆六艺也。”②

马一浮认为，一切学术均有其根源，只有识其根源，才能得其条理。世上学术的门类各异，科目繁多，但其根源则一样。也即其间的根本道理是一样的。这个根源或道理就是六艺之道。所谓天下万事万物乃至一切学术不能外于六艺，正是因为六艺统摄于一心的缘故。所以，只有认识和获得了六艺之道，才能于

①② 马一浮：《宜山会语・说忠信笃敬》，载《马一浮集》第一册，浙江古籍出版社、浙江教育出版社1996年版，第54—55页。

学术上知本知末，观其会通。

马一浮在泰和讲“六艺论”时，曾引起一些学者的非议。认为他这样讲恐怕说得过开，不如直接从儒家六艺之学本身讲起。马一浮对于这一意见为自己辩解道：

> 今言六艺统摄一切学术，言语说得太广，不是径省之道。颇有朋友来相规诫，谓先儒不曾如此，若依此说法，殊欠谨严，将有流失，亟须自己检点。此位朋友，某深感其相为之切，故向大众举出，以见古道犹存，在今日是不可多得的。然义理无穷，先儒所说虽然已详，往往引而不发，要使学者优柔自得。学者寻绎其义，容易将其主要处忽略了，不是用力之久，自己实在下一番体验功夫，不能得其条贯。若只据先儒旧说，搬出来诠释一回，恐学者领解力不能集中，意识散漫，无所抉择，难得有个入处，所以要提出个统类来。如荀子说：“言虽千举万变，其统类一也。”……学者虽一时辏泊不上，然不可不先识得个大体，方不是舍本而求末，亦不是遗末而言本。今举六艺之道，即是拈出这个统类来。①

他认为，若要弘扬儒家六艺之学，必须先要让学者明白儒家六艺之学的重要性，从而认清学术之根源和统类，“先识得个大体”，俾使学者有入手处，而不至于散漫无择，不能得其条贯。马一浮对当时学界普遍存在的不重视儒家六艺之学甚至不知六艺之学所为何学的状况忧心忡忡，认为学者最大的毛病就是只知求知，徇物忘己。故而强调指出，自己的“六艺统摄一切学术”的讲论之目的便是要为学者指示一个途径，使他们能明了学术有其根本，此根本就是六艺之道、六艺之教。他在泰和讲学开端中说：

> 须知吾国文化最古，圣贤最多，先儒所讲明，实已详备。但书籍浩博，

① 马一浮：《泰和会语·举六艺明统类是始条理之事》，载《马一浮集》第一册，浙江古籍出版社、浙江教育出版社1996年版，第24—25页。

> 初学者不知所择。又现代著述往往以私智小慧轻非古人，不免疑误后学，转增迷惘。故今日所讲主要之旨趣，但欲为诸生指示一个途径，不致错过了路头，将来方好致力。①

此后他在宜山讲学中又说：

> 今日学子只知求知，以物为外，其结果为徇物忘己。圣贤之学乃以求道会物归己，其结果为成己成物。一则向外驰求，往而不反；一则归其有极，言不离宗。此实天地悬隔。学者要养成判断力，非从根原上入手不可。初机于此理辏泊不上，只为平日未尝治经。其有知治经者，又只为客观的考据之学，方法错误，不知反求自心之义理，终无入头处。吾今所言虽简，却是自己体验出来，决不相诳。望诸君著实体究，必有省发之时。一念回机，便同本得，方知此是诚谛之言，方不辜负自己，不辜负先圣。②

为学有求知、求道之分别，求知者徇物忘己，求道者成己成物。故可见求道才是为学的根本目的，是立身行事的必由之路。然而学者求道须从何而入？马一浮认为必须从六艺入。“圣人往矣，其道则寓于六艺，未尝熄灭也。六艺是圣人之道，即是圣人之知，行其所知之谓道。今欲学而至于圣人之道，须先明圣人之知。”③“圣人以何圣？圣于六艺而已。学者于何学？学于六艺而已。”④

不学六艺，不能求道。虽学问再多，也不能明其统类、条贯，反而容易陷入迷惘。然学了六艺，却不以求道为目的，也会有同样问题。马一浮指出，在

① 马一浮：《泰和会语·引端》，载《马一浮集》第一册，浙江古籍出版社、浙江教育出版社1996年版，第3页。

② 马一浮：《宜山会语·说忠信笃敬》，载《马一浮集》第一册，浙江古籍出版社、浙江教育出版社1996年版，第55页。

③ 马一浮：《泰和会语·举六艺明统类是始条理之事》，载《马一浮集》第一册，浙江古籍出版社、浙江教育出版社1996年版，第26页。

④ 马一浮：《泰和会语·论六艺统摄于一心》，载《马一浮集》第一册，浙江古籍出版社、浙江教育出版社1996年版，第21页。

儒家六艺之学的研究与学习上，有这样两类人，他们的研究和学习方法同样有问题。一是仅把六艺之学视为古代传统，考据之资。由于方法的错误，所得知识纯为客观，全与人的身心不相干。另一是“只据先儒旧说，搬出来诠释一回”，却“意识散漫，无所抉择”，结果是“博而寡要，劳而无功”①，终生不得其门而入。对于这一类人，马一浮戏称为“书库”，并无可奈何地说：“泛泛寻求，真是若涉大海，茫无津涯。吾见有人终身读书，博闻强记而不得要领，绝无受用，只成得一个书库，不能知类通达，如是又何益哉！”②总之，这两类人治学的方法有问题，而其问题的实质也都在于不能识其大体，“直抉根原”，其结果也只是求知，未能求道。

其次，马一浮认为，六艺之道作为一切学术之根源，不仅是我国民族文化之体现，同时也是全人类文化之最后归宿。他说：

> 学者当知，六艺之教，固是中国至高特殊之文化。唯其可以推行于全人类，放之四海而皆准，所以至高；唯其为现在人类中尚有多数未能了解，百姓日用而不知，所以特殊。故今日欲弘扬六艺之道，并不是狭义的保存国粹，单独的发挥自己民族精神而止，是要使此种文化普遍的及于全人类，革新全人类习气上之流失，而复其本然之善，全其性德之真，方是成己成物，尽己之性，尽人之性；方是圣人之盛德大业。若于此信不及，则是于六艺之道犹未能有所入，于此至高特殊的文化未能真正认识也。③

马一浮在此提出要将儒学放到文化的高度来给予“真正的认识”。它是至高的和特殊的。说其“至高”，是因为儒家六艺之学所主张的圣人之道可以推行于全人类，放之四海而皆准。因为“天地之道只是个‘至诚无息’，圣人之道只是

① 马一浮：《泰和会语・举六艺明统类是始条理之事》，载《马一浮集》第一册，浙江古籍出版社、浙江教育出版社1996年版，第25页。

② 马一浮：《泰和会语・论六艺该摄一切学术》，载《马一浮集》第一册，浙江古籍出版社、浙江教育出版社1996年版，第17页。

③ 马一浮：《泰和会语・论西来学术亦统于六艺》，载《马一浮集》第一册，浙江古籍出版社、浙江教育出版社1996年版，第23页。

个‘纯而不已’。往者过，来者续，本无一息之停。此理决不会中断，人心决定是同然，若使西方有圣人出，行出来的也是这个六艺之道”[①]。说其“特殊”，是因为时至今日，六艺之道仍不为多数人类所了解。虽然人类心灵之表现不离乎六艺，人类实际生活及历史之演变不外乎六艺，但却是“百姓日用而不知”，此诚如孟子所说：“行矣而不著，习矣而不察，终身由之而不知道者，众也。”人们对于六艺之道只是自发地实行，远未达到自觉的地步。其中的根本原因就是未能够对六艺之道形成真正的认识和了解。

可以看出，马一浮弘扬六艺之道的主张，从根本上说并不只限于在学术上使之成为一门普遍追求的学问，而是期冀在更广泛的文化层面上使之由一种“特殊的”文化，进之为一种“普遍的”文化，亦即使之“及于全人类”，成为全人类的文化共识。而这一点对于今日人类文化之发展尤为重要。当然，这种重要性仔细分析起来仍可分为两个方面。

第一，这对于今日的中国发挥民族精神，确立民族自信心，是十分重要的。虽说“今日欲弘六艺之道，并不是狭义的保存国粹，单独的发挥自己民族精神而止”，而是要广义地、全面地去发挥民族精神，从而使之“及于全人类”，但是，“发挥自己民族精神”仍然应该是第一义的。尤其是正当中国遭受日本帝国主义侵略，国家民族处于危亡之时，更应发扬民族精神，重新确立民族的自信心。这也正是马一浮弘扬儒家六艺之道的首要目的。他在宜山讲学时曾发感慨说：

> 前在泰和得与诸君共讲论者数月，不谓流离转徙，今日尚得到此边地重复相聚，心里觉得是悲喜交集。所悲者，吾国家民族被夷狄侵陵到此地步，吾侪身受痛苦，心怵危亡，当思匹夫有责，将何以振此垂绝之绪，成此恢复之业，拯此不拔之苦，今实未能焉，能不悲？所喜者，虽同在颠沛之中，尚复有此缘会，从容讲论，得与诸君互相切磋，不可谓非幸。[②]

---

① 马一浮：《泰和会语·论西来学术亦统于六艺》，载《马一浮集》第一册，浙江古籍出版社、浙江教育出版社1996年版，第23页。

② 马一浮：《宜山会语·说忠信笃敬》，载《马一浮集》第一册，浙江古籍出版社、浙江教育出版社1996年版，第54页。

马一浮痛恨日寇的侵略，又庆幸自己有机会出来讲学，终于能为国家、民族尽一份职责。因此他以弘扬儒学为神圣使命，希望能以此来唤醒民众的信念。正如他在泰和讲学时一开始就声明说：

> 此是某之一种信念。但愿诸生亦当具一种信念，信吾国古先哲道理之博大精微，信自己身心修养之深切而必要，信吾国学术之定可昌明，不独要措我国家民族于磐石之安，且当进而使全人类能相生相养而不致有争夺相杀。[①]

马一浮也因此严厉批评了那些在学术及文化上否弃儒学、看不起自己的民族文化而一味崇洋媚外鼓吹西化的人，说：“今人舍弃自己无上之家珍，而拾人之土苴绪余以为宝；自居于下劣，而奉西洋人为神圣，岂非至愚而可哀?”[②]他还以此告诫他的学生说：“诸生勉之，慎勿安于卑陋，而以经济落后为耻，以能增高国际地位遂以为可矜。”[③]希望他们对于自己的民族文化、对于儒学充满信心，为弘扬六艺之道作出贡献。

第二，将儒家的六艺之道推行于全人类。这个目标的设定首先是由儒家六艺之道的“至高”性质决定的。马一浮认为，中国目前虽然经济上落后，但是它以儒学为代表的文化却是世界人类历史上最高的文化，这一点确定无疑。而今日所谓发达国家的文化，却并不一定可以成为人类未来的依赖。“须知今日所谓头等国者，在文化上实是疑问。须是进于六艺之教，而后始为有道之邦也。”[④]马一浮由此认为，弘扬儒家六艺之道于全世界，根本的目的就是要解决西方发达国家的文化给全人类带来的种种疑问，“革新全人类习气上之流失”，这是历史赋予儒学的使命，也是赋予中国的使命。因此他强烈反对当时学术思

① 马一浮：《泰和会语·引端》，载《马一浮集》第一册，浙江古籍出版社、浙江教育出版社1996年版，第4页。

②③④ 马一浮：《泰和会语·论西来学术亦统于六艺》，载《马一浮集》第一册，浙江古籍出版社、浙江教育出版社1996年版，第24页。

想界所存在的关于儒学是倒退的、保守的、腐朽的及封建的等说法，认为“六艺之道是前进的，决不是倒退的，切勿误为开倒车；是日新的，决不是腐朽的，切勿误为重保守；是平民的，决不是独裁的，不是贵族的，切勿误为封建思想”[①]。他满怀信心地向世人宣告：

> 吾敢断言，天地一日不毁，人心一日不灭，则六艺之道炳然常存，世界人类一切文化最后之归宿必归于六艺，而有资格为此文化之领导者，则中国也。[②]

①② 马一浮：《泰和会语·论西来学术亦统于六艺》，载《马一浮集》第一册，浙江古籍出版社、浙江教育出版社1996年版，第23、24页。

第八章　马一浮“六艺论”与儒学的学术本质

马一浮的“六艺论”，从“六艺统摄一切学术”，到“六艺统摄于一心”，再到“人类一切文化最后皆归于六艺”，我们可以清晰地看到其中的思想脉络。尽管只是“约说”，但其思想的目的性则是昭然若揭的，这一目的就是要弘扬儒学于当代。不仅希望这门中国古代传统普遍提倡和遵循的学问在现代发扬光大，再次成为显学，而且希望能使其普及于全人类，成为现代人类文化的主流。自然，这一主观的目的性愿望并不只是基于某种信念，它也是马一浮的“六艺论”这一学术观或文化观最终所要论证的一个结果。可以看出，马一浮这种完全基于儒学的学术观和文化观，既表达了他对于学术本质的儒学理解，也包含有他的关于儒学复兴于现代的某种思考。他对于学术的儒学理解，相当深刻地揭示了儒学学术上的基本特点，马一浮不愧为一代儒学宗师，深得传统儒学的精髓，是儒学正统在现代的真正代表。同时，他关于儒学复兴于现代的思考，尽管十分的初步，但也必须承认是很有针对性和建设性的。下面我们要对马一浮“六艺论”所反映和揭示出来的这几个方面的思想内容和问题作进一步的分析。

第一节　学术的本质和目的

马一浮的“六艺论”作为一种学术观，着眼于学术的本质和目的，提出自己的看法。当然，这一看法是基于儒学的。他认为，学术本质上是人心中性德之自然流露，它体现了人内心自性对于真、善、美的完全追求。这一点可以说是古今中外，概莫能外。不仅儒学反映出这一本质，其他学术只要是追求真、善、美，也会不同程度地反映出这一本质。如他在论西方学术时说：

> 西方哲人所说的真、善、美皆包含于六艺之中，《诗》《书》是至善，《礼》《乐》是至美，《易》《春秋》是至真。《诗》教主仁，《书》教主智，合仁与智，岂不是至善么？《礼》是大序，《乐》是大和，合序与和，岂不是至美么？《易》穷神知化，显天道之常；《春秋》正名拨乱，示人道之正，合正与常，岂不是至真么？[①]

又说：

> 若使西方有圣人出，行出来的也是这个六艺之道，但是名言不同而已。[②]

中国的儒学也讲真、善、美，这同西方的哲人所追求的一样，只是各自的言语描述不同。如果西方有圣人出来，讲的也必然是六艺之道。由于六艺之道讲究显发人的自性，因而在本质上表现为以下特点：一方面，它意味着学术不是玄妙高远的，而是与每个人的身心发展以及与百姓日用十分密切；另一方面，它也决定了人们对于文化知识及学术的探索必须时时反求诸己，验之于身心，见诸躬行。因而，马一浮不仅在许多著作中都依据《礼记·经解》中的说六经大旨来极力强调六艺之学术内涵义理之圆满，同时也不断强调六艺之学术与人类心灵及日常生活和实践的紧密关系。如他说："当知讲明六艺不是空言，须求实践。今人日常生活，只是汩没在习气中，不知自己性分内本自具足一切义理。故六艺之教，不是圣人安排出来，实是性分中本具之理。"[③]又说："须知六艺之

---

①② 马一浮：《泰和会语·论西来学术亦统于六艺》，载《马一浮集》第一册，浙江古籍出版社、浙江教育出版社1996年版，第23—24页。

③ 马一浮：《泰和会语·论六艺该摄一切学术》，载《马一浮集》第一册，浙江古籍出版社、浙江教育出版社1996年版，第17—18页。

教即是人类合理的日常生活，不是偏重考古徒资言说而于实际生活相远之事。”因此马一浮断言：

> 克实言之，全部人类之心灵，其所表现者不能离乎六艺也；全部人类之生活，其所演变者不能外乎六艺也。①

可以看出，马一浮关于学术本质的理解，其实就是他对于儒学之学术本质的理解。二者之间没有什么不同。而且这也正是他的“六艺统摄于一心”的观点所竭力想证明的一个内容。

在这一认识的基础上，马一浮认为学术的目的依其本质来看并不在于求知，而在于通达义理，从而完善人的自我的道德理想品格。如他在《楷定国学名义》一讲中解释“学术”一词的意义时说：

> 大凡一切学术，皆由思考而起，故曰学原于思。思考所得，必用名言，以始能诠表。名言即是文字，名是能诠，思是所诠。凡安立一种名言，必使本身所含摄之义理明白昭晰，使人能喻，谓之教体。必先喻诸己，而后喻诸人。因人所已喻，而告之以其所未喻，才明彼，即晓此……辗转关通，可助发增长人之思考力，方名为学。故学必读书穷理。书是名言，即是能诠，理是所诠，亦曰“格物致知”。物是一切事物之理，知即思考之功。《易·系辞传》曰：“唯深也，故能通天下之志。”②

马一浮认为，学术的目的在于格物致知、读书穷理。其中，格物与读书是一件事情，也就是学习的两个方面：格物是为了了解事物中之理，读书是为了了解书中之理，也就是穷理。而为了穷理，需要致知，“知即思考之功”。因此，

① 马一浮：《泰和会语·论西来学术亦统于六艺》，载《马一浮集》第一册，浙江古籍出版社、浙江教育出版社1996年版，第22页。

② 马一浮：《泰和会语·楷定国学名义：国学者六艺之学也》，载《马一浮集》第一册，浙江古籍出版社、浙江教育出版社1996年版，第8—9页。

格物致知或者读书求知还只是功夫，而不是目的。马一浮这里虽然强调思考（知的功夫）的重要性，但可以看出，他的意思是说求知的目的在于穷理，而从求知到达穷理的过程中，思考则是重要的途径、方法或手段。学术本质即是通过对知识的追求，去达到穷理这一终极目的。因为知识虽然也是要通过知（思考之功夫）来获得，但并不是目的。毕竟它还只是教体，只是能诠，不是所诠，如果只满足于知识的获得，不能进一步去穷理，便与人的心性毫不相干。这也就是笔者前面所提到的求知与求道的关系。而穷理虽然也包括了穷事事物物之理，但归根结底是要穷心中之理，是尽性。所以，学术一方面不能滞于事物与知识，止于闻见，而是必须以穷理尽性为目的；另一方面，学术又不是空谈义理，而是时时存于个人生活、百姓日用中，不断去体验，见诸躬行。总之，学术的本质和目的即是通过对知识的追求，不断去扩充、显发自己内在的性德，最终提升并完成自我品格的塑造。

第二节　关于儒家哲学的特点

通过马一浮的“六艺论”所阐述出来的几个儒学的基本思想（见上一节）以及表现出来的对于学术本质的理解，我们可以看出，马一浮已涉及并揭示出了儒学的几个本质性的特点。儒学的这些本质性的特点或者称作“特质”，就是注重学术的主体性、道德性和实践性。当然马一浮只是涉及和揭示，还不是概括和归纳。关于这些特质，现代儒学的第二代人物牟宗三先生曾经有过明确的概括及论证。如前所述，他是熊十力的首徒，曾经在复性书院听过马一浮的课，马一浮也曾打算邀请他出任复性书院的助讲。看得出，他的思想亦多少受到马一浮的影响。牟宗三的《中国哲学的特质》一书中，专门有一讲是关于“中国哲学的重点何以落在主体性与道德性”这个问题，并且在里面也充分强调了中国哲学注重实践的这一特点。[①]他这里所说的“中国哲学”，实际上就是指儒家哲学。儒家哲学是世界上少数的几个伟大学说中最具有延续性的学说。从两千

① 牟宗三：《中国哲学的特质》第二讲，上海古籍出版社2008年版，第8页。

年前的孔孟儒学直到今日的当代新儒学，代代薪火相传，推陈出新，而在这种历史延续性的发展中，总是前人启迪后人。如果我们说牟宗三对儒学特质的概括和归纳，其中有马一浮的思想的影子，也许是并未为过的。

那么，什么是哲学的主体性、道德性和实践性？所谓主体性，即是说人是致思之本体，故也是认识的出发点和目的。所谓道德性，与主体性相联系，则是对主体性的进一步规定，也就是说，所谓“人是致思之本体”，此“本体”只是指人的道德本性，而不关乎人的自然本性。故合主体性与道德性，则应说人的这一主体之“德性”，是认识的出发点和目的。所谓实践性与主体性和道德性相联系，则是对主体性和道德性之更进一步的规定，也就是说，对主体之德性本体的认识和追求，并非只是停留在知解意义上，或者只是以知解为目的，而是落在主体的实践上。故合主体性、道德性、实践性，则应该说归根结底，人这一主体之“德性”的实践，才是认识的根本出发点和最终目的。马一浮讲儒学主张“性德本来具足”“性外无道”；讲圣人之教在于“使人自易其恶，自至其中”，“变化气质，复其本然之善”；讲儒学之目的在于表显“天德”与“王道”，“六艺不是空言，须求实践”；等等，则是已经相当明晰地揭示了儒家哲学注重主体性、道德性和实践性等特点。

马一浮认为，儒家哲学的这些特点表明了它与其他学术的异趣，当然这种异趣并非是绝对的。从哲学的角度看，这种异趣体现为对整个宇宙与人生之关系的根本认识上的不同理解，以及对于人类生命的不同看法；而从学术的角度来论，这些理解和看法上的异趣则集中体现在知识与道德的关系上。在这一方面，儒学作为一种关于道德生命的哲学，其学术的本质即在于突出强调知识的道德内涵及道德目的。这也是它的学术上的最根本之特质的体现。马一浮“六艺论”的看法正是如此。在他看来，为学的目的不是纯粹地为了获得知识，知识只是借径，是手段；目的是通过认知与悟识事物中所含之义理来显发自性，从而达到完善道德之目的。因此，出于这种看法，他虽特别强调为学必须借助思考，但是他所谓的思考，并非指一般所理解的关于知识的思考，而是指反诸自己，将所获得的知识闻见于自我心性上求证。他说：“若不入思维，所有知识都是从闻见外烁的，终不能与理相应，即或有相应时，亦是臆中，不能与理为一。”[①]可见，这种思考具有主体道德反省之意义。

因此，马一浮认为儒学的特质即在于反对单纯地追求知识，而是始终以道德为目的。所谓圣贤之学，正是一种穷理尽性的学问。如他在后来主持复性书院期间对学生讲论学习目的时说：

> 今人每以散乱心读书求知识，其志亦仅在多闻而止，此与圣贤穷理尽性之学覫体相反。纵使多闻，于自己身心全无交涉。以散乱心应事接物，其于事物当然之理决不能得。即或偶中，亦是义袭而取，其涸可立而待也。学者必先不肯自安于流俗，然后乃有语处。否则扞格不入，终身迷惘，安望其能惺惺邪？[②]

又说：

> 向外求知是谓俗学，不明心性是谓俗儒，昧于经术是谓俗吏，随顺习气是谓俗人。孔子曰：“乡愿，德之弃也。”[③]

学术必须与人的身心有所关涉，知识的追求必须落实在人的自身道德品格的完善上。若一味求知，止于多闻，便是安于流俗，随顺习气，其学就只能是俗学，其人也只能是俗人。至于那些“俗儒”“俗吏”，于内不明儒家心性之学所主张的个人修德之目的，于外则昧于儒家经术所追求的社稷政治理想之目标，故其所学所为，终于与表显“天德”“王道”毫无关系，因此，也不能免去一个“俗”字。

总之，马一浮认为，儒学在学术上，以表显“天德”和“王道”为目的，始终强调学术的道德目的性。因此，学术不能停留在知识见闻上，而应反求主

---

① 马一浮：《泰和会语·举六艺明统类是始条理之事》，载《马一浮集》第一册，浙江古籍出版社、浙江教育出版社1996年版，第26页。

②③ 马一浮：《尔雅台答问续编卷一·示语一·示吴敬生》，载《马一浮集》第一册，浙江古籍出版社、浙江教育出版社1996年版，第547、550页。

体，证之于心性；同时亦应落实在个人的修德实践和实现社会理想的实践。正是在对于学术的本质及目的的这种理解上，儒学凸显出学术的主体性、道德性和实践性，从而与其他一切学术形成鲜明的对比。

第三节　儒学为本，“观其会通”
——关于中西哲学比较

如上所述，马一浮的“六艺论”揭示了儒学重主体性、道德性和实践性等特点，从而阐明了儒学与其他一切学术的异趣。当然，事实上，马一浮并未对儒学的特点明确地运用主体性、道德性、实践性等概念加以概括，这些概念是后来的牟宗三等现代新儒家学者的创造。他所做的只是用他自己的语言——或者可以说用更为传统的原汁原味的儒学语言来阐述儒学。但是这并不妨碍马一浮揭示儒学的特质，他只是没有用主体性、道德性和实践性之类的语言而已。而之所以存在这样的差异，我认为有以下几个因素：

其一，是时代语言方面的。马一浮的时代或者说现代新儒学的早期，其阐述儒学的语言基本来自传统儒学。后来的新儒学人物才不断创造出许多新的概念。不过，尽管概念的创新以及阐述的精致化是时代的需要，但很难说新旧两种阐述方法孰优孰劣。

其二，在相当大的程度上说，这也许是儒学同儒学研究的某种区别。儒学尽管也需要理论的深化和概念的创新；但是，它同世界上其他一些伟大的哲学一样，只需要为对象及问题作出归纳和概括，不需要为自身下定义。哲学是不需要为自己下定义的。马一浮本质上是个儒者，而不是个儒学研究者。在现代新儒家当中，许多人是儒者兼为研究者，许多人则是由研究者而希望成为儒者，唯有马一浮是彻头彻尾的儒者。毫无疑问，马一浮正如我们前面所叙述过的那样，他也曾经是个儒学研究者，但是自从他皈依儒学之后，他已不再研究儒学，他在浙大和复性书院讲的只是他自己体悟出来的儒学，而不是客观态度下研究出来的儒学。此两者之间还是有着很大的差异的。关于这一点，我们在以后回顾整个现代新儒学的发展时还要提到。从马一浮的学风来看，他对儒学的阐述，主要是以身作则、随缘就讲、临机施教、强调对症施治，他称之为“对治息檀”，不作空言大道理。因此，他的讲论就显得更加平易亲切，也更加贴近儒学。当然，马一浮的“六艺论”已有研究的特色，他也因此意识到一些人的所谓“言语说得太广，不是径省之道”的批评或许不无道理。所以，马一浮一方面特别强调他之所以作“六艺论”只是要为学生们学习儒学指示一个入手处，以及提出一个统类来，似乎显得他这样做颇有些不得已而为之；另一方面我们从“六艺论”本身亦可以看出，其内容也是主观的宣讲与发挥较多，而客观的研究和分析较少。尤其是《论西来学术亦统于六艺》一讲更是如此。所以竺可桢先生在听马一浮讲学之后有“惜马君言过简单，未能尽其底蕴”之语。从这一方面看，马一浮的“六艺论”虽有些许研究特色，但其本质上同他的其他著作一样，更应看作是一种讲道。

其三，这也是更重要的，尽管他的“六艺论”揭橥了儒学的上述特质，从而对以后的现代新儒学的思路产生影响，但由此来证明儒学与其他学术之间的异趣，并非是马一浮“六艺论”的根本意图和目的。这不是他刻意所要追求的东西。因为首先这种异趣在马一浮看来，只是相对的，而不是绝对的。他认为儒学所阐扬的六艺之道是“全部人类之心灵其所表现者”和“全部人类之生活其所演变者”，因此并不只是为儒学一家所专有。如果真是如此，那么弘扬儒学也就没有什么普遍之意义。但他认为事实并非如此，六艺之道也或多或少包含在其他学术之中。它是人类学术与文化的共同追求。中西方哲学的一个重要的差异只是在于儒学表现为某种自觉，而其他学术包括西方哲学则往往是“百姓日用而不知”罢了。其次，儒学虽然着眼于人生，以主体道德实践为目的，但并不排斥对世界的知识性的理解，只是它总是强调于求知中求道，为求道而求知，要求人们自觉地认清和摆正求知与求道的关系而已。从儒学的学术本质看，也是如此。儒学在哲学上主张天地万物之理即是人心中之理。因此六艺之道实是范围了整个宇宙与人生，故而它的内涵一方面凸显了主体道德；另一方面又是完满的、会通的，它会通了学术对于真、善、美的全部追求。如他在比较中西学术时说：

凡言宇宙观者，皆有《易》之意；言人生观者，皆有《春秋》之意。但彼各有封执，而不能观其会通。庄子所谓“各得一察焉以自好，各为其所欲，以自为方”者，由其习使然。若能进之以圣人之道，固皆六艺之材也。道一而已，因有得失，故有同异，同者得之，异者失之。《易》曰：“天下同归而殊途，一致而百虑。天下何思何虑？睽而知其类，异而知其通，夫何隔碍之有？”①

马一浮在这段话里对儒学与西学的关系表达了三点看法：第一，西学无论其言本体论、认识论，抑或言宇宙观、人生观，皆不离儒学之窠臼。而西学与儒学的最大区别即在于前者“有封执”，后者则能“观其会通”。第二，因此可见儒学与西学之间是有异有同。同者同于六艺，异者异于六艺。第三，天下学术最终殊途同归，不仅是西学，一切学术最终必然归于儒家六艺。

可见，马一浮的“六艺论”虽然揭示了儒学与其他学术的异趣，但是他更注重的是儒学对其他学术的会通。亦可以说，“观其会通”是儒家六艺之学最根本的学术特质，同时也是马一浮“六艺论”的核心思想，是他的“六艺论”的理论归结。马一浮从“六艺统摄一切学术”到“六艺统摄于一心”，再到“观其会通”的思想，在充分归纳了儒学基本思想以及揭示了儒学思想特质的基础上，完成了他的“六艺论”体系的构筑。可以说，“观其会通”思想的提出，使他的“六艺论”开始超出单纯宣讲儒学的范围，具有了某种文化理论上的意义。

第四节　“六艺论”之现代意义

马一浮的“六艺论”作为一种文化理论，其中所表现出来的意义大体上有以下几个方面：

① 马一浮：《泰和会语·论西来学术亦统于六艺》，载《马一浮集》第一册，浙江古籍出版社、浙江教育出版社1996年版，第22页。

其一，在充分肯定儒学思想价值的基础上，展望儒学的未来，高度估价了儒学文化上的普遍意义，提出了一种儒学走向现代、走向世界的文化学说。

马一浮认为，儒学的对于生命道德目标的凸显与其对于学术内涵上的会通是一致的，也就是说，它既体现为对人的道德目标的诉求，同时也毫无疑问体现为对宇宙与人生、知识与道德的全面理解，因此它不是狭隘的，弘扬儒学也与保守无关。儒学与其他学术的差异只是在于：作为一种哲学，它体现出来的对于整个人类的终极关切，在儒学已经成为一种自觉，而在其他学术则未能豁然贯通而已。所以儒学的文化思想目标应该乃至必将成为整个人类的具有普遍意义的理想目标，而儒学本身亦将成为一种世界性的文化。

其二，作为一种文化观，马一浮的“六艺论”已不仅仅只是一种关于如何弘扬儒学的学术思想，它超越了学术的领域，成为一种关于人类文明过去与未来的文化思考。而这一思考，则是从对于中国以及人类的忧患意识出发的。从根本的意义上说，忧患意识是整个人类与生俱来的一种意识，人类出于对生存的空间和时间、能力和资源的有限性及不适应或压迫感产生恐惧心理，由此生成忧患意识。但是忧患意识还不只是恐惧，它还包含有理想的信念和对未来的渴望。这是人类思想产生的根源，历史上所有的思想家的思想都是从这里出发的。马一浮也不例外。他主张以儒家文化作为人类未来的方向，在当时亦纯粹只是一种信念和理想，因为于中国当时的情形看，丝毫看不出有儒学能够复兴的任何迹象。马一浮之所以有这样一种信念，除了来自他学术上的理论探索及反省外，更重要的是来自他对中国现实及未来的忧虑，以及对整个人类文明现状及未来的忧虑，来自他由此种忧虑而升华的神圣使命感。他认为，整个人类文明自近代以来，已经日益坠入暴力与功利主义之中，人心陷溺日深，痛苦日甚。正所谓是“劫火洞然，已遍大千，定业难回，真是佛来亦救不得。”[①]尤其那时之中国，正遭受日本帝国主义侵略，灾难深重，满目疮痍，不仅康济之途尚远，亦无出苦之日。唯一拯救之途径，只有弘扬儒学六艺之道，方可重新树

① 马一浮：《尔雅台答问续编卷一·示语一·示吴敬生》，载《马一浮集》第一册，浙江古籍出版社、浙江教育出版社1996年版，第551页。

立民族文化的自信心，振奋民族精神，而这正是救国抗战的需要。亦唯有使儒家文化普及于全人类，才可能革除人类文明习气上之流失，挽救人类文明之堕落。可见，马一浮提倡以儒学文化作为人类文化发展之方向，不仅是理性所使，亦是情感所至。正是这种深沉的忧患意识和神圣的使命感，使他将复兴儒学之意义提到了拯救人类文明前途的高度，也正是在这个高度上，马一浮不仅意识到而且反复强调，儒学之复兴绝不只是固守传统，必须看到儒学是前进的、日新的，而不是腐旧的、保守的。也只有儒学才是人类文化之最后归宿。

其三，马一浮的“六艺论”为如何推行儒学于全世界提出了某种思路。“六艺论”的主旨是“六艺统摄一切学术”，而这对于人类文明的未来来说，也就是六艺“会通”一切学术。这是富有建设性的思想，至少对于现代新儒学而言是如此。它的意义在于，不仅体现了对传统儒学的某种总结，更有对现代儒学的某种展望。它在确立儒学本位的同时，为如何重建乃至弘扬儒学于现代，以及如何以儒学导引人类现代文化发展的方向，提供了某种设想并启示了某种途径。从整个现代新儒学的学术取向来看，其复兴儒学的目标不仅是针对中国的，更是针对全世界的，意即最终要将儒学推广于全世界，使之成为全世界、全人类的指导思想。马一浮的“六艺论”关于儒学会通人类一切学术的学术观和文化观，恰是现代新儒学在这方面的一个重要思想代表。

当然，马一浮的“六艺论”总的来看，仍是主观说教的多，客观研究乃至深入分析的少。不仅关于“六艺统摄一切学术”的分析和论证有些地方显得牵强，而且“观其会通”更是语焉不详。不过，马一浮的“六艺论”反映出来的儒学为本、观其会通的思想，其重要性是不可忽视的，这重要性即在于，一方面他吸收并校正了梁漱溟最早提出来的关于儒学复兴为世界文化的思想，另一方面对后世现代新儒学的文化思想发展产生了较大的影响。

第九章 “六艺论”与儒学走向世界的学说

——梁漱溟、《宣言》的思想与马一浮

我们看到，马一浮的“六艺论”就是一种提倡将儒学复兴和推广为世界文化的学说。当然，不仅是马一浮，可以说，整个现代新儒学几乎都提倡这种学说。儒学复兴于全世界的学说，从总的方向看，或者不如说从总的理论目标看，就是关于儒学是具有普遍意义的学说，也是关于预言儒学在将来会普及于全人类的学说，以及是关于如何致力于将具有普遍意义的儒学推广于全人类的学说。这里既是指儒学的本质，也是指儒学的目标。简言之，阐述和证明儒学的普遍性以及它的未来意义，正是这种学说的主要特点，可以看出，这也正是马一浮理论上的主要特点之一，当然，同时也是整个现代新儒学的一个重要理论特点。从某种意义上说，现代新儒学就是关于儒学价值重建和主张儒学复兴于全世界的学说或学派。而在现代新儒学的发展中，对于这样一种理论做出了重要贡献并具有代表性的，除了马一浮之外，主要还有梁漱溟的思想、熊十力的思想以及第二代新儒学人物在一篇重要的《宣言》里所表达出来的共同的思想。我们下面先详细介绍梁漱溟和由牟宗三、张君劢、唐君毅、徐复观在一篇共同《宣言》中的思想，然后再来探讨马一浮的思想与这些思想之间存在什么样的联系，并且在下一章，进一步深入探讨梁、熊、马各自对于重建儒学的贡献。

第一节 梁漱溟的儒学复兴为世界文化说

现代新儒学人物里最早提出儒学复兴，以及复兴为世界文化学说的恐怕应推梁漱溟。1920年梁漱溟在北京大学作题为“东西文化及其哲学”的演讲，他的这一讲演在当时的中国思想文化界引起极大的轰动和反响。次年8月，又应山东省教育厅的邀请，在济南讲演，并于10月由北京财政部印刷局将两次演讲内容整理编印出版。《东西文化及其哲学》出版后立即风靡全国，引发了20世纪20年代最大的一场思想文化论战。梁漱溟在这部著作里提出了他的著名的“世界文化三期说”，正是在这一理论中，表达了他的儒学复兴为世界文化的思想。梁漱溟认为，人类世界的文化依历史和目前的形势看，是按照三期依次演进的。而这文化演进的顺序是，第一期为以西方学术为代表的文化，这一期文化在整个近代乃至古代的历史上风头极劲，但到了20世纪已快走完。人类文化很快就将进入第二期，这一期的文化将是以儒家学说为代表的中国文化。因此，尽管今日看来西方文化已经占了先机，但不远的将来以儒家为代表的中国文化必将复兴并昌行其道。待到中国文化也快走完时，人类世界的文化便将进入第三期，即以印度佛教文化为代表的文化时期。

梁漱溟的这一“世界文化三期说”的理论根据，来自他文化哲学上关于文化的定义，以及他的关于西方文明、中国文明和印度佛教文明在文化上具有本质性差异的看法。梁漱溟认为，“文化并非别的，乃是生活的样法”[①]。所谓“生活的样法”，也就是“生活中解决问题的方法”。而生活的样法是由生活的意欲决定的，因不同的生活意欲而有不同的生活样法，更因不同的生活样法，而有不同的文化。如他说：

> 你且看文化是什么东西呢？不过是那一民族生活的样法罢了。生活又

---

① 梁漱溟：《东西文化及其哲学》，载《梁漱溟全集》第一卷，山东人民出版社1989年版，第380页。

是什么东西呢？生活就是没尽的意欲（will）——此所谓“意欲”与叔本华所谓“意欲”略相近——和那不断的满足与不满足罢了。通是个民族通是个生活，何以他那表现出来的生活样法成了两异的采色？不过是他那为生活样法最初本因的意欲分出两异的方向，所以发挥出来的便两样罢了。然则你要去求一家文化的根本或源泉，你只要去看文化的根原的意欲，这家的方向如何与他家的不同。你只要去寻这方向怎样不同，你只要他已知的特异采色推他那原出发点，不难一目了然。①

因此他认为，从一个民族的根本意欲及由此决定的生活样法，便可以看出其文化的特色及发展的路向；反之，亦可以从其文化的特色，推及其生活的意欲及样法（原出发点）。而从整个人类的历史看：

所有人类的生活大约不出这三个路径样法：（一）向前面要求；（二）对于自己的意思变换、调和、持中；（三）转身向后去要求。这是三个不同的路向。这三个不同的路向，非常重要，所有我们观察文化的说法都以此为根据。②

依据这一观察方法来推断，梁漱溟在详尽地分析和比较了西洋、中国和印度三大不同的文化样式（样法）、生活态度（意欲）以及哲学思想之后指出：西方文化“是以意欲向前要求为其根本精神的”，因而代表的是人类生活的第一路向；“中国文化是以意欲自为、调和、持中为其根本精神的”，因而代表的是人类生活的第二路向；“印度文化是以意欲反身向后要求为其根本精神的”，因而代表的是人类生活的第三路向。

之所以说西方是以意欲向前要求为其根本精神的，其根本的缘由是“西方的学术思想，处处看去，都表现一种特别的彩色，与我们截然两样，就是所谓

① 梁漱溟：《东西文化及其哲学》，载《梁漱溟全集》第一卷，山东人民出版社1989年版，第352页。

② 同上，第382页。

‘科学的精神’”[1]，以及由科学而来的“德谟克拉西”亦即民主精神。民主精神是由科学精神而来。正是这两种精神构成了西方文化的特色，并决定了他的生活态度是“要求幸福”的。这种“要求幸福”的目的在物质方面则表现为追求知识的进化，物欲的享受，以征服自然为目标；在精神方面则表现为追求民主，以获得“个性的伸展”。而其哲学，则又是科学的哲学，“若宽泛着讲，现在西方无论哪一家哲学简直都是的。纯乎科学性格的罗素（Russell）固然是，即反科学派的帕格森也的的确确从科学来，不能说他不是因科学而成的哲学。”[2]因此，在其思维的方法上，强调对事物对象的观察、解析和实验。所以西方千百年来由如此“科学的精神”之指导，于知识的方面“则特别的有成就”[3]；而且，正是由于“科学精神”的发展，进而影响之于社会，造成了其民主社会制度的逐渐发达，一切的社会组织均按照科学的精神进行，构成其“民主精神”乃至由此而来的“个性伸展”的基础。

与西方相比，中国文化的特色则是“艺术的精神”。重艺术的结果是思维上强调直觉，方法上强调调和折中。如他举例说，孔子是任直觉的，由于任直觉，故方法上注重调和折中（中，中庸，中道），思想上则强调一个“仁”字。“仁”即是“中”（折中、调和），即是“敏锐的直觉”[4]。而求“仁”、任“直觉”以及执“中”，其结果即是于生活上采取“不计较厉害的态度”，如孔子云“正其谊不谋其利”，所持之态度即是如此。因此梁漱溟说：“这是儒家最显著与人不同的态度，直到后来不失，并且演成中国人的风尚，为中国文化之特异彩色的。这个道理仍不外由前边那些意思来，所谓违仁，失中，伤害生机等是也。”[5]他认为，对儒家代表的中国文化的这种生活态度而言，生活之重心在内，因此不能事事算计。遇事如存趋避利害之计较，“则整个人生都倾欹于外”，不仅心理不再活泼有趣，失去自然，情志亦会失去安定。结果是违仁，失中，伤害生机。

---

① 梁漱溟：《东西文化及其哲学》，载《梁漱溟全集》第一卷，山东人民出版社1989年版，第362页。

② 同上，第361页。

③ 同上，第360页。

④ 同上，第456页。

⑤ 同上，第458页。

这种“不计较利害的态度”，即是艺术的态度，因为“艺术用直觉而富情趣，其态度为不计较的”。[①]由此看来，中国文化生活态度与西方的“要求幸福”不同，追求的是“安遇知足”。这造成中国人在物质层面上不是像西方人那样，以征服自然，进而掠夺自然为目的；在知识的层面上，不是为创造，亦不用解析、观察和实验的方法。如梁漱溟说：“东方文化无征服自然的态度而为与自然融洽游乐的……他持这种态度，当然不能有什么征服自然的魄力，那轮船、火车、飞行艇就无论如何不会产生……他持这种态度，对于自然，根本不为解析打碎的观察，而走入玄学直观的路，如我们第二章所说：又不为制驭自然之想，当然无论如何产生不出科学来。”[②]因此，中国文化不仅“于知识上面特别的无成就”[③]，其社会的组织以及社会精神的状态亦停留在古代社会的等级制度层次上。所以总起来看，中国人的“生活意欲”是以调和、持中为其根本精神的。

印度则又与西方和中国不同。印度的特色是宗教。梁漱溟说：“我们再看印度文化，与中国文化同样的没有西方文化的成就，这是很明的。那么，要问：他是与西方同走一条路而迟钝不及呢，抑另有他的路向态度与西方不同呢？我们就来看他一看：其物质文明之无成就，与社会生活之不进化，不但不及西方且直不如中国。他的文化中俱无甚可说，唯一独盛的就只有宗教之一物，而哲学、文学、科学、艺术附属之。于生活三方面形成了精神生活的畸形发展，而于精神生活各方面又为宗教的畸形发达，这实在特别古怪之至！所以他与西方人非一条线而自有其所趋之方向不待说，而与中国亦绝非一路。世界民族盖未有渴热于宗教如印度人者，世界宗教之奇盛与最进步未有过于印度之士者；而世界民族亦未有冷淡于宗教如中国人者。”[④]正因为印度数千年一直生活在“发

---

① 梁漱溟：《东西文化及其哲学》，载《梁漱溟全集》第一卷，山东人民出版社1989年版，第462页。

②④ 同上，第393页。

③ 同上，第360页。

达”“奇盛”[①]的宗教之中，所以“印度人既不像西方人的要求幸福，也不像中国人的安遇知足，他是努力于解脱这个生活的，既非向前，又非持中，乃是翻转向后，即我们所谓第三路向”[②]。故梁漱溟认为印度文化的“生活意欲”本质上是以反身向后为其根本精神的。

西方的“要求幸福”，中国的“安遇知足”及印度的“解脱生活”，不同的生活态度代表了不同的“生活意欲”，养成了不同的文化精神——科学精神、艺术精神或宗教精神。而在人类历史上，则又代表了不同的三种文化路向。而这三种不同的文化路向，同时也代表了人类文化发展的三个阶段。当然，在梁漱溟看来，西方、中国及印度这人类三大代表的文化并非一开始就各自选择了不同的文化路向。至少在西方和中国并非如此。就西方而言，西方在明确这第一路向的问题上，曾经走过曲折且可以称得上是十分艰难的道路。他说：

西洋文化的渊源所自，世称“二希”——希腊（Hellenism）、希伯来（Hebrewism）。罗伯特生（Fredrick Robertson）论希腊思想有数点甚为重要：（一）无间的奋斗；（二）现世主义；（三）美之崇拜；（四）人神之崇拜。可见他们是以现世幸福为人类之标的的，所以就努力往前去求他。这不是我们所说的“第一条路向”是什么？而希伯来思想是出于东方的——窃疑他与印度有关系。他们与前叙希腊人的态度恰好相反，是不以现世幸福为标的——几乎专反对现世幸福，即所谓禁欲主义。他们是倾向于别一

① 梁漱溟说印度宗教的“渴热”“奇盛”“发达”，有些道理。但是说印度宗教的“最进步”，则不无商榷之地。从人类宗教的发展历史看，宗教唯有不断顺应时代潮流加以改革，才能进步，如今日之世界基督教、佛教等。宗教的目的或功能是给人以生前的寄托和死后的解脱。生命短暂且又苦难重重的现世人类一旦获得这种拯救的希望，生命之意义才有可能凸显出来，超越自然生命之短暂及生物之层次。从这个意义上说，宗教不断依现世人类的希望加以改革，应是必然的结果，也是进步的需要。当然，梁漱溟想要证明的是宗教代表了向后的路向，并证明他的人类最终是没有希望的理论。但宗教的目的如上所述是要给人以希望，无论是未来的或是来世的，并非是要人类走上绝路。所以梁的说法是不正确的。佛教自12世纪后迁移到别的国家和地区去发展，除了政治上的原因外，印度文化本身缺乏宗教进步的必要条件，应该也是一个重要因素。

② 梁漱溟：《东西文化及其哲学》，载《梁漱溟全集》第一卷，山东人民出版社1989年版，第394页。

世界的——上帝、天国，全想出离这个世界而入那个世界。他们不顺着生活的路往前走，而翻身向后了——即是我们所谓“第三条路”。西方自希腊人走第一条路就有许多科学、哲学、美术、文艺发生出来，成就真的是非常之大！接着罗马顺此路向往下走，则又于政治、法律有所成就，却是到后来流为利己、肉欲的思想，风俗大敝，简直淫纵、骄奢、残忍、纷乱得不成样子！那么，才借着这种希伯来的宗教——基督教——来收拾挽救。这自然于补偏救弊上也有很好的效果，虽然不能使那个文明进益发展，却是维系保持之功实在也是很大。然而到后来他的流弊又见出来了。一千多年中因为人们都是心系天国不重现世，所以奄奄无生气，一切的文化都归并到宗教里去了。于是哲学成了宗教的奴隶；文艺、美术只须为宗教而存；科学被摈，迷信充塞，乃至也没有政治，也没有法律。这还不要紧，因为教权太盛的缘故，教皇教会横行无忌，腐败不堪。所以历史称为中古之黑暗时代！于是有“文艺复兴”“宗教改革”的新潮流发生出来。所谓“文艺复兴”便是当时的人们因为借着研究古希腊的文艺，引起希腊的思想、人生态度。把一副向天的面孔又会转到人类世界来了。而所谓的“宗教改革”虽在当时去改革的人的意思或在恢复初时宗教之旧，但其结果不能为希伯来的路向助势，却为第一条路向帮忙，与希腊潮流相表里。因为他是人们的觉醒，对于无理的教训，他要自己判断；对于腐败的威权，他要反抗不受，这实在是同于第一路向的。他不知不觉中也把厌绝现世倾向来世的格调改去了不少。比如在以前布教的人不得婚娶，而现在改了可以婚娶。差不多后来的耶稣教性质逐渐变化，简直成了第一路向的好帮手，无复第三路向之意味。勉励鼓舞人们的生活，使他们将古希腊文明的旧绪，往前开展创造起来，成功今日的样子。而一面教权封建权之倒，复开发近世国家政治、社会组织之局面。总而言之，自文艺复兴起，人生之路向态度一变，才产生我们今日所谓西方文化。[①]

① 梁漱溟：《东西文化及其哲学》，载《梁漱溟全集》第一卷，山东人民出版社1989年版，第383—385页。

如此看来，西方也不是始终走着文化的第一路向的，它经过了漫长的中世纪的转折，而后才通过文艺复兴重新确认了古希腊所走过的道路。

中国的道路“既非西洋，也非印度，而自成其为第二路向”，盖只因有孔子为历史发展的中流砥柱，“孔子以前的中国文化差不多都收在孔子手里，孔子以后的中国文化又差不多都由孔子那里出来”[①]。不过在孔子的时代，路线的问题也曾经是一个大的问题。先秦诸子百家各唱各的调，全不听孔子的指挥，搞得第二条路向岌岌可危。如墨子的思想态度就是一个典型的反对例子。“大约这个态度问题不单是孔墨的不同，并且是中国西洋的不同所在。而墨子则西洋适例。”[②]“墨子事事都问一个为什么，事事都求其用处。其理智计较算账用到了极处；就把葬也节了，因为他没用处；把丧也短了，因为他有害处；把乐也不要了，因为他不知其何以为。这彻底的理智把直觉、情趣斩杀得干干净净。”[③]墨子的学说注重理智的研究，讲求事事寻根究底，因此梁漱溟认为这同西方的讲求理智科学的路向相一致，而与孔子的讲求直觉和情趣相对立。他认为，在先秦诸子中，与孔子同趋文化的第二种路向的是老子的学说。不过孔子的学说较为积极。“所谓第二路向固是不向前不向后，然并非没有自己的精神，而只为容忍敷衍者。中国人殆不免于容忍敷衍而已，惟孔子的态度全然不是什么容忍敷衍，他是无入而不自得。惟其自得而后第二条路乃有其积极的面目。亦惟此自得是第二条的唯一的恰好路线。我们说第二条路是意欲自为调和持中，一切容让忍耐敷衍也算自为调和，但为自得乃真调和耳。”[④]不仅孔子学说在先秦时期受到种种挑战，它的路线在秦汉以后也未得到很好的实行。孔子的人生哲学，虽“为中国文明最重要之一部，却非即中国人所适用之文化。中国人所适用之文化，就历史上看来，数千年间，盖鲜能采用孔子意思者”[⑤]。“数千年中国人

①⑤ 梁漱溟：《东西文化及其哲学》，载《梁漱溟全集》第一卷，山东人民出版社1989年版，第472页。

② 同上，第460页。

③ 同上，第461页。

④ 同上，第480—481页。

的生活，除孔家外都没有走到其恰好的线上。”[①]看来孔子的理想虽经数千年的教化，实现起来也还是相当的困难。不过话说回来，“孔子的人生，既未实现，于是我们要看中国人生大概是怎样的呢？大概言之，却都还是我们所谓的第二路向”[②]。只是走得别别扭扭，远不如孔子所想象的那么潇洒闲适、那么情趣盎然罢了。那么为什么中国文化会走上这第二路向上去呢？梁漱溟承认除了因为不同的地理人文条件外，他认为还有一个更为重要的因素，那就是中国文化最初的创造者是大大的天才，他们已经把一切都创造好、准备好了，后世的人只需按照孔子的中庸、调和的办法优哉游哉地去做，不用像西方人那样苦心劳命地去创造、去发明。他说：

> 我有一个私意……中国之文化全出于古初的几个非常天才之创造，中国从前所谓“古圣人”，都只是那时的非常天才。文化的创造没有不是由于天才的，但我总觉得中国古时的天才比西洋古时的天才天分更高一些，即此便是中国文化所由产生的原故。我总觉得墨子太笨，我总觉得西洋人太笨，而中国自黄帝至周公、孔子几个人太聪明。如果只有平常的天才，那么，道理可以一点一点地接续逐渐发明，其文明可以为积累的进步不已；若开头是个非常大天才，其思想太玄深而致密，后来的天才不能出其上，就不能另外有所发明，而盘旋于其范围之中。西洋是前一个样子，中国是后一个样子，你看西洋文化不是积累起来的而中国文化不是一成不变的吗？所以一成不变的原故，根本在中国古圣人由其观察宇宙所得的深密思想，开头便领着大家去走人生的第二路向。到老子孔子更有其一盘哲学为这路向作根据，从此以后无论多少聪明人转来转去总出不了他的圈；而人生的路向不变，文化遂定规成了这等样子不能再变。又且周公孔子替我们预备了的太周到妥帖，愈周到妥帖，愈维持的日子久，便倒不能进步了。如其不周到妥帖，则非掉换一个不可，所掉换的维持一时，又非掉换一个不可，

① 梁漱溟：《东西文化及其哲学》，载《梁漱溟全集》第一卷，山东人民出版社1989年版，第480页。

② 同上，第477页。

那么就进步了。所谓孔子太周到妥帖的，不是别的，就是他那调和的精神；从这精神出来的东西是最能长久不倒的，却由此就耽误了中国人。中国文化只是由于出了非常的天才，没有什么别的原故。[①]

印度走上第三条路向，在梁漱溟看来较为一帆风顺。之所以如此：

大约印度当时因天然赐予之厚，生活差不多不成问题，他们享有温热的天气，沃腴的土地，丰富的雨量，果树满山，谷类遍地，不要怎样征服自然才能取得自己的物质需要，而且天气过热也不适宜于操作；因此饱足之余，就要问那最高的问题了。[②]

在梁漱溟看来，印度是因为其地理环境的条件得天独厚，且又在创始时未曾出过如中国那样的不世出的天才，所以一开始就在文化上进入了第三路向。当然释迦牟尼则另当别论，梁漱溟把他看作与孔子可相提并论的天才，也正是这位天才，将印度文化导入了真正的第三路向上来。所以他又说：“我们说印度其实是指佛教，因为唯佛教是把印度那条路走到好处的，其他都不对，即必佛教的路才是印度的路。这条路最排斥理智和直觉——他们所谓比量。”[③]总之，印度的走入第三条路向全在于宗教，尤其是后来产生的佛教。

既然西方的科学、中国的艺术及印度的宗教，代表了人类文化发展的三个阶段，那么，这三个阶段或者说这三种文化所代表的三条不同的路向之间的相互关系是如何的呢？首先，这三个阶段反映了人类文化不同层面的需要，这些需要是有高低之分的，所以具有阶段性，应该是依次递进的三个阶段。梁漱溟认为，科学要求的理智及其由理智的运用而积累起来的知识，满足的是人类文化的低阶段时对物质需求及由此而来的征服自然的需要，因此代表了第一个阶

① 梁漱溟：《东西文化及其哲学》，载《梁漱溟全集》第一卷，山东人民出版社1989年版，第481—482页。

② 同上，第439页。

③ 同上，第487页。

段；此时艺术所反映的情志方面虽亦因此而转强，但不过是一时的现象。随着物质的需求日益满足，“情志方面之不宁，将日多，日大，日切；因为到后来人类的问题都解决的时候，就是文化大进步的时候，他就从暗影里现到意识上，成了唯一的问题”。[①]

这时便有精神的问题亟须解决，于是便需要以艺术的直觉来调节情志，而孔子之道正是这样一种以直觉调和情志的学说。（在这个意义上，梁漱溟不赞成简单地把儒学看作是一种道德哲学，因为情志问题不只是一个道德的问题。）[②]到了此时，西方文化代表的第一路向也就翻转为中国文化代表的第二路向，而当孔子儒学所代表的中国文化取代了西方文化大畅其道的时候，人类文化也就进入了较高级的第二个阶段。此正如梁漱溟所说，人类首先要解决的是基本生存如穿衣吃饭的问题，之后才轮到解决情志或意识层面上的问题：

> 我们当奔走竞食的时节，问不到很高的问题，像前面所叙托尔斯泰以及印度人所问的，必要低的问题——生活问题——都解决了，高的问题才到了我们眼前。所谓低的问题都解决的时候非他，即理想的改造后之社会也；到那时候人类文化算是发达的很高了，则其反面的出世倾向也就走到他的高处。[③]

---

① 梁漱溟：《东西文化及其哲学》，载《梁漱溟全集》第一卷，山东人民出版社1989年版，第440页。

② 梁漱溟从哲学的角度对西方、中国、印度的文化于情志或精神上的差异作了十分详尽的分析，最后归结为“（一）西洋生活是直觉运用理智的；（二）中国生活是理智运用直觉的；（三）印度生活是理智运用现量的”（同上，第485页）。意思是说，西方重科学，是理智压倒一切，“乃至艺术为直觉之事，而亦成了科学化。”中国是“其所依以为生活之一切学术莫非玄学化，艺术化”，故可说是以理智来调节直觉，虽是理智为先，却是以直觉为主。一切社会之发展、礼乐之制度都是以理智运用直觉而进行，即便是科学，也是艺术化的。印度则是排斥理智和直觉的。按照佛教唯识论的说法，理智是比量，感觉是现量，直觉是非量。以理智运用现量，即是说以理智运用感觉。佛教唯识家虽也排斥理智，但并不排斥理智的运用，如因明学即是一例。不过却主张完全排斥直觉，因为直觉是既虚且妄的。限于篇幅，我们这里无法全面展开梁漱溟关于三种文化哲学的分析，尤其是关于佛学的分析。

③ 梁漱溟：《东西文化及其哲学》，载《梁漱溟全集》第一卷，山东人民出版社1989年版，第439页。

因此，尽管数个世纪以来，一直是西方领导了世界文化的潮流，但是中国文化代表的第二路向取而代之则也是必然的。不过，这还并不算完，因为情志的问题在西方运用理智时固然是胶柱鼓瑟，愈敛愈张；然在中国运用直觉以调和，也不能够真正解决。因为在梁漱溟看来，世界不可知，宇宙无常，“宇宙不是一个东西而是许多事情，不是恒在而是相续”[①]，无常即是相续，即是不能恒久。包含在人类情志深处的对于自身命运的无常的悲哀和恐惧，既无法照着西方那样寄希望以科学进步征服天行来解决，也不可能按照中国儒家返归内心自得自乐的办法来最后摆脱。因此，人类文化在情志上最终要向印度佛教文化出世的道路走，从而由中国文化的第二路向不可避免地转入印度文化的第三路向：

> 我且来不及同你讲人类生活的步骤，文化的变迁，怎样的必且走到印度人这条路上来。我只告诉你，这不是印度人独有的癖情怪想，这不过是人人皆有的感情的一个扩充发达罢了。除非你不要情感发达，或许走不到这里来，但人类自己一天一天定要往感觉敏锐情感充达那边走，是拦不住的。那么这种感想也是拦不住的，会要临到大家头上来。我告诉你，你莫以为人类所遇到的问题，经人类一天一天去解决，便一天从容一天，所谓问题的解决，除掉引入一更难的问题外，没有他义，最后引到这个无解决的问题为止……我们遇到这种不可抗的问题没有别的，只有出世。即是宗教到这时节成了不可抗的必要了。[②]

宗教是人类文化发展中与生俱来的产物，同时也是人类文化发展到最后阶段的必然诉求。人类的早期文化无论是印度、西方还是中国，都经历过宗教阶段，只不过在离开了原始宗教之后，西方文化转入了第一路向，而中国文化转入了第二路向而已。照梁漱溟看，儒学当然不是宗教，西方的基督教也不是真正意义上的宗教。因为宗教的真实意义在于“超绝”，真正目标在于“出世”，

---

① 梁漱溟：《东西文化及其哲学》，载《梁漱溟全集》第一卷，山东人民出版社1989年版，第431页。

② 同上，第432页。

而基督教既不超绝，也不教人出世。它只教人求得今世的解脱。因此，唯有佛教才是真正的宗教。

这三个阶段是必然一步一步走的，不能跨越。当然这是就整个人类的文化发展而言，如就中国或印度各自的文化而言，并没有像西方那样，先走完第一路向，再走其他，而是早早拐入了第二甚至第三路向，梁漱溟将这现象称之为文化上的“早熟”。总之，对整个人类文化来说，应是如此，一种路向如没有走完，没有“碰到这极硬的钉子上，撞到一堵石墙上”，就不会“翻转”，并改变去走下一个路向。而人类的最终结局，则是“翻转过来走入不要生活一途，以自己取消问题为问题之解决。此非他，即我们前面所列人生之第三路向是”[①]。

以上是梁漱溟世界文化三期说的大概。用他自己归结的话来说：

> 人类文化有三步骤，人类两眼视线所集而致其研究者也有三层次：先着眼研究者在外界物质，其所用的是理智；次则着眼研究者在内界生命，其所用的是直觉；再其次则着眼研究者将在无生本体，其所用的是现量；初指古代的西洋及在近世之复兴，次指古代的中国及其将在最近的未来之复兴，再次指古代的印度及其将在较远未来之复兴。[②]

不过，梁漱溟尽管以印度的佛教文化作为人类文化最高的阶段，或者说是最后的结局，但是他认为人类文化近期的未来必将是中国文化的复兴，并在《东西文化及其哲学》一书中给予充分的肯定及重视，则是确定无疑的。从他的这部著作中关于西方、中国及印度这三种不同的文化路向的阐述和分析来看，虽然他说这三大文明无所谓好坏，都是同样的有成绩，亦“都是对人类有很伟大的贡献”，[③]但是，无论从全书论证的重点来看，还是从书中反映出来的他的内心深处的情感来看，都表明他最终想要证明的是近期的未来所必然要到来的

① 梁漱溟：《东西文化及其哲学》，载《梁漱溟全集》第一卷，山东人民出版社1989年版，第440页。

② 同上，第504页。

③ 同上，第526页。

儒学复兴。梁漱溟的《东西文化及其哲学》分为五章，前四章全部用来分析论证西方、中国及印度所代表的不同的三种文化路向，以及何以会是如此的原因，三种文化各自的生活态度、学术思想等方面的相互差异。而在这四章完事后的结尾，他过渡说：“以上是三方面生活的解释，以下我们所要说中国化要复兴的，即因为我们看来世界人的生活要成功为以理智调理知觉的那样子。”[①]接下去的最后一章标题为“世界未来之文化，与我们今日应持的态度”，在详尽罗列分析了西方近代工业化生出的种种问题后，指出未来的路就是从孔子的路来“扫空一切问题”。因为这是文化发展之必由之路，顺乎天理之自然。所以明确强调了我们中国人今日对于文化的发展应持的态度是：

> 第一，要排斥印度的态度，丝毫不能容留；
>
> 第二，对于西方文化是全盘承受，而根本改过，就是对其态度要改一改；
>
> 第三，批评的把中国原来的态度重新拿出来。[②]

梁漱溟认为，从孔子的路来扫空一切问题，是当务之急，因为当前的问题根源在于私欲，而这正是西方科学发展急功近利的恶果。所以要批评地把中国原来的态度拿出来。但这“批评”不是对孔子的批评，而是对中国文化过去偏离孔子方向的批评。此外，还有一个当务之急，就是对西方文化的“全盘承受”，即无条件地接受和引进西方的科学精神和民主精神。他说：“其实这两种精神完全是对的；只能为无条件的承认；即我所谓对西方文化要‘全盘承受’。怎样引进这两种精神实在是当今所急的；否则，我们将永此不配谈人格，我们将永此不配谈学术。你只要细审从来所受的病痛是怎样，就知道我这话非激。”[③]中国文化虽然早熟，但是由于未能很好地走过第一路向，所以文化一直

① 梁漱溟：《东西文化及其哲学》，载《梁漱溟全集》第一卷，山东人民出版社1989年版，第487页。

② 同上，第528页。

③ 同上，第533页。

停滞不前，以至于今日竟然落到了被西方文化步步紧迫的地步，如果再不努力，发愤图强，就有亡国亡种之虞。在梁漱溟看来，这正是中国的当务之急之一。而首要的态度，便是补上西方化这一课。不过看得出，梁漱溟的“全盘承受”，同当时的“全盘西化论”的观点是有着很大的不同的。梁漱溟一方面指出，西方化是人类文明发展的一个必然路向，故不必惊为洪水猛兽。正是在这样一个问题上，我们以往的观点和认识要从根本上“改一改”；另一方面，既然西方文化的这第一路向目前已经出现了问题，因此，中国人也不要盲目跟风，追着西方文化的屁股后面跑；更不要沾沾自喜，以为彼邦今日（指第一次世界大战之后）已经斯文扫地，人类文明的无上荣光尽在我邦。两种文明本无优劣之分，只有路向、阶段之差异。因此中国人在学习西方的科学精神和民主精神的同时，亦须深切自我检省，把孔子的态度重新拿出来，从而推动世界文化“翻转”的那一天到来。对于印度的文化，梁漱溟的心情则是矛盾的。一方面，他认为，佛学的路向是人类文化最后必然要走的路向，这是人类命运的必然结局，犹如悲剧必然要落幕一样（喜剧当然也要落幕，但还有希望下文，或峰回路转，或乐极生悲，总之，留下悬念，可以再编排出新的篇章。悲剧则一切了账，肉身元神俱灭。再有翻身出头，也与悲剧者无干），人类最终也要走上出世一路，这是无法避免的。他不无沮丧地说：

> 我并不以人类生活有什么好，而一定要中国人去作；我并不以人类文化有什么价值，而一定要中国人把他成就出来；我只是看着中国现在这样子的世界，而替中国人设想如此。我很晓得人类是无论如何不能得救的，除非他自己解破了根本二执——我执、法执。①

另一方面，他却并不希望倡导佛教于今日，尤其是倡导佛教于今日之中国，因为这不仅无助于解救处于水深火热之中的中国人民，对于中国文化乃至世界

① 梁漱溟：《东西文化及其哲学》，载《梁漱溟全集》第一卷，山东人民出版社1989年版，第535页。

文化的发展，也是十分有害的。理由在于：第一，因为印度的路向，是一个未来的过程，如果这个过程还未到来，倡导也没有用：

却是我没有法子教他从此而得救，除非我反对大家此刻的倡导。因为他此刻拿这个去倡导，他绝不会领受。人类总是往前奔的，你扯他也扯不回来。非让他自己把生活的路走完，碰到第三问题的硬钉子上，他不死心的。①

第二，中国人尚且生活在水深火热之中，求生存尚不可得，怎能劝其出世？正如我们上面已经指出的，梁漱溟反复强调今日的中国人首先要确立一个正确的“图谋此世界的生活之态度”。他说：

在此处只有赶紧采取西洋态度，那屈己让人的态度方且不合用，何况一味教人息止向前争求态度的佛教？我在《唯识述义》序文警告大家，“假使佛化大兴，中国之乱便无已”。就是为此而发。我希望倡导佛教的人可怜可怜湖北遭兵乱的人民，莫再引大家到第三态度，延长了中国人这种水深火热的况味！②

他又说：

怎样促进世界最近未来文化的开辟，是看过四外情势而知其必要；但这是第一路文化后应有的文章，也是唯他所能有的文章；照中国原样走去，无论如何所不能有的，何况走印度的第三路？第一路到现在并未走完，然单从他原路亦不能产出；这只能从变化过的第一态度或适宜的第二态度而得辟创；其余任何态度都不能。那么我们当然反对第三态度的倡导。③

①② 梁漱溟：《东西文化及其哲学》，载《梁漱溟全集》第一卷，山东人民出版社1989年版，第535页。

③ 同上，第536页。

总之，第三条路是较为邈远的事。佛教不是为那些求生不得的人来解脱生死的，“佛教是要在生活美满之后才有他的动机”[①]。所以“我们非把人类送过这第二路生活的一关，不能使从佛教而得救，不能使佛教得见其真，这是我的本意”[②]。可见，梁漱溟尽管在内心情感深处放不下佛教，并为人类最终必走向这一以“取消问题为问题的解决”的路而深深地感到痛苦，理性的抉择也是以佛教路向作为人类命运未来的终结，但是，他的现实关切是即将到来的儒学文化的复兴，这是确定无疑的。

综上所述，我们可以总结出梁漱溟的世界文化三期说有以下几个特征：第一，因为他主张的是人类文化近期的未来必将全面翻转为以儒学为代表的中国文化，因此，这是一种主张儒学全面复兴为世界文化的学说。第二，这一学说的目标对于中国人来说则是有条件的，即这一翻转必须等待西方文化的路走完，而且中国自己亦须补课，对西方化来个“全盘承受”——当然，补课的方法是不能走西方的“原路”，而是必须洞悉西方思想文化、人生态度的“变化”，并结合自身的文化体验来加以“辟创”，从而与世界一道走完这一路程。这与胡适先生倡导的“全盘西化”不同，我们暂不评论。第三，这一目标不是永久的，未来的世界儒学文化终将会为世界佛学文化所取代。

梁漱溟是现代儒学人物中首先提出复兴儒学为世界文化的人物。他在20世纪20年代，当梁启超倡导东西文化互补（参见梁启超1918年发表的《欧游心影录》）以及张君劢鼓吹科学与人生观并重的时候，就提出了这一“中国文化复兴为世界文化”的思想。马一浮的“儒学统摄一切学术”的儒学思想如前所述，正式发表于20世纪40年代浙大讲学之时，尽管他的这一思想早在20世纪20年代末就已经由思想上的归心儒学而初步形成，但梁漱溟仍是最早的。不过，梁漱溟虽然是现代新儒家里面最早提出这一思想和理念的人，但是，他的“世界文化三期说”却显得十分的怪异，无论是第一代人物熊十力、马一浮乃至冯友

①② 梁漱溟：《东西文化及其哲学》，载《梁漱溟全集》第一卷，山东人民出版社1989年版，第536页。

兰等，还是第二代人物牟宗三、唐君毅等，都不会接受这样的观点。他的儒家文化复兴为世界文化的思想的确令现代新儒家们感到振奋并引起深深的共鸣，可是如果要复兴传统，首先得回归传统，现代儒学的思想也只能从儒学的传统承继中展开。我们若将梁漱溟的“世界文化三期说”的思想与马一浮的关于“儒家六艺统摄一切学术”的思想相比较，可以看出两者之间是有某种关联的。首先，马一浮的思想应该是受到梁漱溟思想的某种启发的。由于梁漱溟很早就提出了这样的思想，并且他的思想对学术界造成巨大的影响，因此，无论在主观上还是在客观上，都会使马一浮这样的学者在思想上产生相应的反响，或者说受到某种启发。其次，马一浮的思想应该有对于梁漱溟思想的某种校正的意味，至少也是某种回应。

此外，尽管马一浮的思想与梁漱溟相比较显得不够创新，缺乏某种想象力，甚至某种程度上不如梁漱溟的深刻，但是，他的只是将传统捡起来再说一遍，并只是给予某种褒扬、寄予某种希望的做法，却是复兴传统所需要的。而且，马一浮关于以儒学会通西方学术的提法较之梁漱溟关于人类文化的第二条路的提法，应该更容易为后来的新儒家人物所接受，尤其是马一浮对于儒学的原汁原味的阐释，对于现代新儒学的发展，具有更重要的意义，我们从现代新儒学以后的发展看，实际的情形也是如此。

第二节　牟、张、唐、徐的《宣言》中的思想

现代新儒学在进入了20世纪50年代以后，由于中国政治环境的变化，以及国际政治局势和意识形态格局的改变，尤其是现代新儒学的开创人物及中坚力量马一浮、熊十力、梁漱溟、冯友兰、贺麟等在文化上的逐渐沉寂，其发展也开始转移到港台地区以及海外，并进入了一个新时期。这一时期，主要以现代新儒学的第二代人物牟宗三、唐君毅、徐复观、钱穆以及方东美等人为主，他们继续着马、熊、梁等人开辟的复兴儒学的工作。他们秉持着儒家道统观念，以儒学的道统传人自居，这一点和马一浮尤其相似，而较之于梁漱溟、熊十力更甚。其中特别是牟宗三，明确提出了儒学发展的“三期论”，以现代的儒学作

为儒学发展的第三期。这不仅是对儒学发展历史的一个看法，更可以看作是学派意识的觉醒。早期的新儒学代表人物马一浮、梁漱溟、熊十力等虽然都已明确以复兴儒学为己任，但是并未有学派的概念。不过，如果说他们在思想上“还理不出清晰的统续”[①]，则似乎欠妥。马、梁、熊这现代新儒学的“三圣”中，除了梁漱溟的学说文化哲学的意味稍重，而儒学的意味不足之外，马一浮、熊十力都可以说是真正承续道统的儒者。从主观上讲，马一浮是自命为承续道统的；熊十力则自诩为是批判道统的，其对孔子以下整个儒学的发展，批判可谓不遗余力。但他又极力推崇孔子，并以孔子儒学源头的接引者自居。而从客观上看，马、熊同样忧心世道不古，儒学衰微，而欲复兴儒学于当代。马一浮因此上叙孔孟暨群经大义，下阐宋明儒学道统，判明三教，融通儒佛，以起敝兴衰、匡复绝学为己任，自不待言；熊十力则以无量的愿力，平章华梵，翕辟成变，推倒历史，创造思想，希冀通过融会儒佛的思想精髓，改造传统，自创一种新的学说，其重振传统儒学思想魅力的决心也是不遑多让的。究实而言，马、熊、梁三人中，马一浮的道统意识最为强烈，而对于儒学亦完全持主观信仰的态度。相比之下，梁漱溟对儒学暨中国的文化传统的态度则较为客观。胡适于1923年曾写过一篇《读梁漱溟先生的〈东西文化及其哲学〉》，批评梁著的笼统和武断，指出梁著是“主观的文化哲学”，这话也是不错的。梁漱溟的“世界文化三期论”的确显示出一种主观随意的编排，虽然其中也不无透露出天才预测的灵光，但是客观的论证明显不足，至少今日人类文化的发展尚给不出事实来证明第二与第三期文化的到来。按照胡适先生所信奉的实证论的观点，只有事实能够证明的才是客观的。不过，胡批评的是梁的学说的内容而非其态度。梁漱溟虽然同熊十力一样，赞扬孔子而对其文化的后来者微词多多，认为后人将孔子的第二条路向弄得走了样，但是他在文化的思考上，对孔子儒学的态度更多的是用理智，而不是用感情。他是理智地将儒学文化置于客观的位置上来对待的。儒学文化并不构成他的精神生命的全部，这与马一浮很不一样，

---

① 景海峰：《当代新儒家·编序》，载《当代新儒家（港台海外中国文化论丛）》，生活·读书·新知三联书店1989年版，第2页。

而更多的是他文化研究的一个客观的对象。因此，如果说他的文化研究的结论较为主观，那也是没有办法的事，这与他的主观的情感无关。事实上，从他的《东西文化及其哲学》中明显可以看出，梁漱溟反倒对佛学充满主观情感，因而极大地影响了他的文化上的客观的评价。总的说来，马一浮基于主观的信仰，作了对传统儒学忠实的宣扬工作；熊十力基于创新的意识，在传统儒佛的基础上，做了创造新理论学说的尝试；梁漱溟则基于文化史的观察，对儒学做了文化发展的反思与评价。他们的努力是在不同的方向上的。而文化的反思，儒学道统的继承与宣扬，以及基于新时代的理论上的创新，这也正是现代新儒学“返本开新”、复兴儒学所必须做的工作，三者缺一不可。现代新儒学的第二代人物正是整合了这三位大师的努力，并将之纳入同一个方向，从而推进并完成了现代新儒学的理论架构，而学派意识的成熟恰恰是这种理论的整合与推进的必然结果。关于马、熊、梁三位大师的思想工作的差异以及牟宗三等第二代新儒家人物对三位大师的学术方向的理论的整合与推进，我们将在下面的有关章节里做进一步的分析与介绍。既然这三位大师的努力均体现为儒学复兴之必然，那么就不能说他们与传统儒学之间缺乏“清晰的统续”，新时代的儒学必定是以新的面貌出现的，宋明儒学是如此，现代儒学更必定是如此。

1958年元旦，活跃于港台及海外的现代新儒学的第二代的中坚人物牟宗三、唐君毅、徐复观会同现代新儒学的先驱张君劢先生，共同发表了题为《为中国文化敬告世界人士宣言》（简称《宣言》）的长文，从“我们对中国学术研究及中国文化与世界文化前途之共同认识”的角度，全面阐述了现代新儒学关于儒学所代表的中国传统文化今日的处境及未来的命运、其学术的前途、政治的前途和文化的前途，以及在世界文化中应处的地位等看法，表明了他们基于“根本认识”的共同的态度。这可以说是一个学派的宣言，是学派思想统一及成熟的标志。从宣言的内容看，其中所表达的思想不仅全面整合了马、熊、梁的学术方向，并且有形上学方面的重大推进，反映了牟宗三、唐君毅等人在新儒学研究方面的哲学思考与重要成就，同时由于张君劢的加入及影响，使得现代新儒学的文化哲学的观念，在继承马、熊、梁的基础上，发生了重要的变化。这变化主要表现在基于东西文化互补的新儒学思想，并且以马一浮的儒学会通西方学术的思想作了某种深入的修正。

《宣言》表达了对于中国文化未来的深深的“忧患意识”。“忧患意识”这一概念据说为徐复观先生所明确提出，是现代新儒学心理的出发点。不过这“忧患意识”的内容无论是在梁漱溟、马一浮等早期现代新儒家人物之间，还是在早期现代新儒家与第二代新儒家之间，都有所不同。如梁漱溟与马一浮虽然同样“忧患”的主要是人类未来的命运，但侧重已有实质的不同。梁漱溟悲叹的是人类生存之不长久，未来生命之不可救；马一浮痛心的则是世道偏颇，人心陷溺，道德沦丧。尽管梁漱溟认为儒家文化在不久的将来便会翻转为世界文化，但是他对儒家文化的信心底气不足，认为人类最终的结局是佛家的出世，因而他在思想上根本是一个悲观主义者；马一浮虽感觉人类的康济之途尚远，暂时看不出有出苦之日，但是他在思想上则一直坚信儒家学说最终会会通一切学术，不仅儒学是有前途的，中国乃至整个人类也是有前途的。因此，他体现了真正的儒家的本质，是一个乐观主义者。第二代的现代新儒学人物的思想则又有所不同，他们是一群悲观的希望者，对生存及中国文化的现状十分悲观，而对儒学的未来又充满希望。他们的理论缺少梁漱溟、马一浮、熊十力等第一代新儒学人物的磅礴大气，但是较前人却更理智、更实际。他们设身处地首先“忧患”的是中国文化自身的前途与未来，特别是儒学自身的命运。他们一方面，恳求西方对于中国文化给予稍多的同情、敬意与了解；另一方面，又能认真地检视中国文化的优缺点，同时引进张君劢的东西文化互补的思想，在儒学复兴的旗帜下，于充分强调儒学对于人类世界未来的至关重要性的基础上，给世界文化多元予以同样敬意的认同。

《宣言》正是在这样一种忧患意识下，全面阐述了现代新儒学的基本思想：首先《宣言》要求人们特别是西方的学界和思想界给予中国传统文化某种同情，以及由此同情下所产生的敬意和了解。《宣言》认为，世界人士特别是西方人士对于中国文化缺乏真正的同情、敬意和了解，是由来已久的。历史地看他们对于中国传统文化的认识可以分为三个时期、三种动机及三种观点。一是三百年前的耶稣会人士将中国学术文化介绍入西方。他们对于推动中西方文化交流的功绩虽然极大，但是由于他们的主要动机是传教，因而他们对于中国文化的关切主要集中在中国古儒尊天敬神的宗教思想上，其观点是在“援六经及孔子之教，以反对宋儒，反对佛老”[①]。此种观点当以利玛窦之《天主实义》和孙璋之的《性理真诠》为代表。二是近百年来，世界对中国文化的研究。“此时西方人士研究中国文化之动机，实来自对运入西方及在中国发现之中国文物之好奇心。”[②]如斯坦因、伯希和之流发现敦煌文物所引起的敦煌学，并由中国文物的考古，进而扩大到中国地理、历史、方言、文字、语言之特性等的一连串的研究，此种研究由其动机而注重文物材料的考证，与清代的治学方法相类似，以后便成为国外汉学研究之正宗。三是最近一二十年之世界之对于中国文化学术之研究，此时的研究兴趣主要在中国近代史，这种兴趣乃由中日战争及中国大陆建立了共产党的政治所引起。其主要动机在于“与中国政治社会之现实的接触，及对中国政治与国际局势之现实的关系之注意”[③]，这三种观点虽均来自对中国文化的兴趣，但是动机不同，研究的角度、注意的问题也不一样。然而这三种观点有一个共同之处，即都不能了解中国文化的活的精神。第一种观点由于本身的目的即是不在于了解，只是要以中国的典籍来证明上帝的存在，因此，尚谈不到对于中国文化的了解；第二种观点只是好奇于中国文化历史遗留的文物，而非历史所呈现的活的民族文化生命，活的文化精神，因此对于中国文化的了解极其浅薄；第三种观点虽然与第二种只注重对于文物的纯学术的研究动机看似相反，其现实的动机“亦似较易引起人去注意活的中华民族之诸问题”[④]，但是基于现实政治之考量以及个人实际的政治思想感情和态度，又极易陷入个人一时一地之偏见，从而于事实上产生对于中国学术文化之过去与未来的误解。可见，这种观点政治的色彩甚浓，与当时时代意识形态对立及世界冷战格局确立的情势下思维方式及思考的态度有关，对于中国问题的看法，当然也不能够真正地做到从容与客观。

---

① 牟宗三、徐复观、张君劢、唐君毅：《为中国文化敬告世界人士宣言》，载《当代新儒家（港台海外中国文化论丛）》，生活・读书・新知三联书店1989年版，第4页。

② 同上，第5页。

③ 指20世纪40年代至50年代，笔者注。

④ 牟宗三、徐复观、张君劢、唐君毅：《为中国文化敬告世界人士宣言》，载《当代新儒家（港台海外中国文化论丛）》，生活・读书・新知三联书店1989年版，第5页。

其次，《宣言》对于什么是中国文化活的精神，从中西文化比较的角度作了深入的阐述。它指出，中国文化是中国民族之客观的精神生命的表现，而这精神生命的核心，则体现在中国人的思想或哲学的道统之中。中国文化与西方文化的差别主要在于，西方的学术思想重独创，而中国的学术思想重承继道统。西方文化与中国文化的这一差别与各自的文化历史有关。西方的文化在历史上，其来源是多样化的，它的科学、哲学来源于希腊，法律来源于罗马，宗教来源于希伯来。这使得西方的文化学术之内容非常丰富，并且有极明显的分门别类，而且也使各种学术乃至各门各类的研究方法、目标和态度也各不相同。在这种情形下，学者多以自成天地、自造一思想为时尚。中国的历史文化五千年为一贯，虽然政治上有分有合，但是总以大一统为常道，其文化自三皇五帝以来一脉相承，有内在的统续相传，并无间断，中国的科学与宗教、政治、法律、伦理、道德亦无不同的文化来源。《宣言》称之为“文化的一本性”。文化的一本性，在哲学上，是为道统；在政治上，则为政统；而在学术上，则为学统。其中，有其道统的哲学作为文化的核心。因此，中国的学术十分注重道统的相续，“而中国过去，亦并无视一个人哲学之思辨，可自成一天地之说。更无哲学说必须一人自造一思想系统，以全表之于文字著作中之说”。[①]这样的哲学，虽然“疏于界说之厘定，论证之建立”，但却“极丰富而极精深”。如树之干支，千条万叶，一脉相连。

那么，贯穿于中国文化道统之中并由哲学表现出来的这种活的精神到底是什么？《宣言》认为主要有两大内容，即中国文化中的伦理道德与宗教精神，这两个方面均包含在儒家发展起来的心性之学中。而对于这两大精神及心性之学，过去的许多中国乃至世界的人士都存有不同程度的误解。《宣言》指出这误解主要表现在：第一、对于中国文化中的宗教精神，过去“有一普遍流行的看法，即以中国文化，是注意人与人之间之伦理道德，而不注重人对神之宗教信仰

---

① 牟宗三、徐复观、张君劢、唐君毅：《为中国文化敬告世界人士宣言》，载《当代新儒家（港台海外中国文化论丛）》，生活·读书·新知三联书店1989年版，第12页。

的”[1]。这种看法原则上不错，但是若在实际上因此而认为中国文化中没有“超越的宗教感情”和“缺乏内心之精神生活”，便是大错特错了。他们认为有这种看法的人，一是外国的传教士、商人、军人、外交官等，他们来中国的目的并非是为了真正地了解中国，因此，只在外表注意到儒学及中国伦理道德作为伦理规范及礼教仪节可以规范人民的生活风俗、现实社会政治秩序等实际效用的方面，却看不到它也是中国人内心的精神生活之依据，并且也同样包含了宗教性的超越感情的一面；二是近代中国的学术界，自清末到五四运动时期的学者，他们都不愿意信仰西方宗教，亦不重视中国文化中之宗教精神。还有就是五四运动时期的领导思想界的一些主张打倒旧道德的思想家们，他们在哲学上或是信奉实用主义、唯物主义、自然主义，或是主张无神论。因此“更不愿见中国文化精神中之宗教性的成分，而更看不见中国之伦理道德之内在的精神生活上的根据”[2]。上述这些也是中国的心性之学数百年来一直遭受西方思想界忽视的主要原因。中国的心性之学由于只言心性不言上帝，且主张性善论，与西方基督教的性恶论观念相反，所以未受到早期西方传教士及学者的重视。早期西方只有来布尼兹等少数学者对中国心性之学作过零星的介绍，甚不得其系统。而且多是将其等同于一般的西方之理性主义、自然主义或唯物主义看待。以后西方则又大多将心性之学当作一种认识论形上学之理论或一种心理学的理论来看待。直至今日，心性的“性”在西方总是被译为Nature，人性则译为Human Nature，通常使人想到人的自然心理、自然本能和欲望，这种从与超自然主义相对的自然主义的观点方面去解释中国的心性之学，也是非常片面和错误的。

《宣言》认为，中国的心性之学与西方的认识论、心理学等的学问有明显的质的不同。“西方近代所谓科学的心理学，乃把人之自然的行为当作一经验科学研究的对象看。此是一纯事实的研究，而不含任何对人之心理行为，作价值的估量的……西方之认识论，乃研究纯粹的理智的认识心，如何认识外界对象，而使理智的知识如何可能的。西方一般之形上学，乃先以求了解此客观宇宙之

① 牟宗三、徐复观、张君劢、唐君毅：《为中国文化敬告世界人士宣言》，载《当代新儒家（港台海外中国文化论丛）》，生活·读书·新知三联书店1989年版，第13页。

② 同上，第5页。

究及的实在与一般的构造组织为目标的。”[①]中国的学问则并非这样一种客观求知的学问，而是以人的道德实践为基础，由实践而觉悟到心性，又由心性的觉悟而生实践：

> 然由先秦之孔孟以至宋明儒，明有一贯之共同认识。共认此道德实践之行，与觉悟之知，二者相依互进，共认一切对外在世界之道德实践行为，唯依于吾人之欲自尽此内在之心性，即出于吾人心性自身之所不容自已的要求；共认人能尽此之内在心性，即所以达天德，天理，天心而与天地合德，或与天地参。此即中国心性之学之传统。今人如能了解此心性之学，乃中国文化之精髓所在，则决不容许任人视中国文化为只重外在的现实的人与人之关系之调整，而无内在之精神生活及宗教性形上性的超越感情之说。而当知在此心性学下，人之外在的行为实无不为依据亦兼成就人之内在的精神生活，亦无不兼为上达天德，而赞天地之化育者。此心性之学乃通于人之生活之内与外及人与天之枢纽所在，亦即通贯社会之伦理礼法，内心修养，宗教精神，及形上学等而一之者。[②]

可以说，中国的心性之学是合人的生活外在的知识追求、道德实践、人际关系及社会礼法，以及内在的精神修养、道德觉悟、宗教信仰及形上学（不同于西方一般认识论的形上学）的思考为一的。这同马一浮的关于儒家六艺之学是内外一辙，本末全赅的看法完全相似。只是加上了超越的宗教感情的内容，从中我们可以看到马一浮和《宣言》思想上的某种联系。总之，东西方文化代表的是两种截然不同的学问，西方的学问是“用人之理智的理性，去对各种自然社会人类历史，作客观的冷静的研究”的学问；中国的学问则是“把人类自身当作一主体的存在看，而求此主体之存在状态，逐渐超凡入圣，使其胸襟日益广大，智慧日益清明，以进达于圆而神之境地，情感日益深厚，以使满腔子

① 牟宗三、徐复观、张君劢、唐君毅：《为中国文化敬告世界人士宣言》，载《当代新儒家（港台海外中国文化论丛）》，生活·读书·新知三联书店1989年版，第20页。

② 同上，第21页。

是恻怛之仁与悲悯之心的学问”。[①]

其三，《宣言》对于中国文化尤其是作为它的思想的代表儒家心性之学的长处和不足作了深入的探讨。《宣言》先从中国文化的不足开始，认为中国文化之不足，主要是在“中国文化的历史中，缺乏西方之近代民主制度之建立，与西方之科学，及现代之各种实用技术，致使中国未能真正的现代化工业化”。《宣言》将此称之为未能获得“理想之伸展”。也就是说，中国文化的理想本可以开展出这些东西的，因为理想之中本已包含了开展出这些东西的可能性。只是由于理想之中缺乏某种东西，使得本来的理想无法“尽量伸展”。这种东西，就是西方文化开展出的“科学之精神”。《宣言》认为，中国文化素来有形上之道，见之于形下之器的思想，注重“正德”“利用”“厚生”。这种思想，使中国的古代文化，在注重道德实践的同时，一向较注重使用的技术。中国古代丰富与灿烂的关于器物制造及工农业技术上的知识，充分证明了这一点。不过，由于过于注重使用的活动，以及道德实践的活动，亦使中国人往往不能“超越我们对于客观事物之一切利害的判断，与道德价值之判断，而让我们之认识的心灵主体，一方如其所知的观察客观对象，所呈现于此主体之前之一切现象；一方顺其理性之运用，以从事纯理论的推演，由此以使客观对象世界之条理，及此理性的运用中所展现之思想范畴，逻辑规律，亦呈现于此认识的心灵主体之前，而为其所清明的加以观照涵摄者”[②]。也就是上升到理论科学的层面，形成“科学的精神”。而中国先哲缺乏此种科学精神的症结所在，关键就在于中国思想太过重视道德的实践。一切的活动均必须做出利害的判断，道德价值的判断，因而妨碍了人们去做出超越利害判断及道德判断的、完全客观的、为求知而求知的、纯理论的活动与思考。有趣的是，《宣言》的这一观点与梁漱溟的关于中国文化是不计较利害得失的看法截然相反，与马一浮关于西方学说偏重情计、执着物有的说法也迥然相异。其实，倒是梁漱溟和马一浮的说法更为准确地反映了儒学的特点，因为实际上道德的判断恰恰是与利害的判断相互对立并且是超

① 牟宗三、徐复观、张君劢、唐君毅：《为中国文化敬告世界人士宣言》，载《当代新儒家（港台海外中国文化论丛）》，生活·读书·新知三联书店1989年版，第49—50页。

② 同上，第28页。

越利害的判断的，孔子说过“正其谊不谋其利”，利害的判断从一开始就是儒学所极力要排除的东西，不知第二代新儒家人物从何做出这样的结论。也许是由于理论阐述上的逻辑完整性的需要吧，但也因此离儒学的实际越远。《宣言》还认为，正是在“正德”与“利用”“厚生”之间，缺少了这样一个理论科学知识的扩充，使得中国人的“利用”“厚生”的活动，不能尽量地伸展，其结果是无法使实用技术的知识得到进一步的扩充，而上升为科学的理论，从而使中国人由道德的主体兼成为一“认识的主体”和“实用技术的主体”；同时，由于缺乏科学的精神，亦不能使中国人开展出现代的政治，自觉地成为一“政治的主体”。《宣言》认为，宋明理学虽然使人进一步觉悟了道德主体，这是他们的成就——“然而亦同时闭塞了此道德主体之向外通的门路”[①]。因此，中国人在现代急需弥补自身的不足，向西方学习，接受西方或世界之文化，发展出“科学的精神”，从而“使中国人在自觉成为一道德的主体之外，兼自觉为一定政治的主体，认识的主体及实用技术活动的主体”。[②]总之，中国人应在数千年的传统之道德性的道统观念之外，建立起一纯理论的科学知识之世界，也就是建立一学统，这也是中国文化的道德精神自身的完成与升进所要求之事，毋庸置疑。

不过，与中国文化的不足相比，《宣言》认为，中国文化的长处尤为重要。一方面，中国人固然需要学习西方乃至世界文化之优点，用《宣言》自己的话来说，就是“自觉成为一认识之主体”，这其中的困难，是要暂时忘却自己为一道德主体，但是，暂时忘却并非是完全抛弃，而是让道德主体暂退于认识主体的背后，“并主宰认识主体自身之进退”，其作用仍是在主导的地位。中国文化讲求“仁”“智”双全，仁为主导，智为其用。舍仁求智，是错误的。因此，中国人应始终坚守自己的道德目标，以及中国文化乃至整个东方文化中的优秀的东西。另一方面，西方文化也可以从中国文化及东方文化的长处或优点之中，学到许多有益的东西。那么，西方文化到底应该从中国或东方学习哪些东西呢？《宣言》认为，西方所应学习于东方的智慧者，至少应包括以下五个方面：第

---

①② 牟宗三、徐复观、张君劢、唐君毅：《为中国文化敬告世界人士宣言》，载《当代新儒家（港台海外中国文化论丛）》，生活·读书·新知三联书店1989年版，第29页。

一，学习东方“当下即是”的精神，与“一切放下”的襟抱，因为西方人主张无限的追求，易蹈入空虚，不似东方人的圆满具足，真实平易。第二，学习东方文化圆而神的智慧，以克服西方思想直、方、固执之缺陷。第三，学习东方文化温润而恻怛或悲悯之情，西方人忠于理想及为社会服务的精神有余，而对于人的热情与仁爱不足。在西方，上帝之道与人心之魔可以俱生并长，而在中国，则主张对人需爱敬同行，去其权力意志和占有意念。第四，学习东方如何使文化悠久的智慧。《宣言》认为，中国文化是世界上唯一历史长久的文化，其主要原因是中国人有能上通千古、下通万世的心量。此心量来源于中国人注重宗祀、文化长久保存与延续的历史意识，以及宽闲从容、处处有余不尽的生活态度，而这正是中国文化之所以长久之智慧。西方文化则不然，西方只有上帝的永恒，并没有自身文化真正长久之道。西方近代文化只追求效率的快速，带着人类向前奔驰，甚至希望乘火箭到星球世界。可见，“人并不能安居乐业于此世界，到星球中，亦不可久居”。《宣言》因此指出，“这中间正有一大问题存在”。第五，西方应向东方学习的是“天下一家之情怀”。儒家讲仁爱、平等、天下一家，还有道家讲人与人相忘，墨家讲兼爱，佛家讲慈悲，都是对天下一家的情怀的贡献。而西方的基督教则说人有原罪，需要拯救，这与儒家的人本性善、与天地合德的思想明显冲突。《宣言》认为，与其依赖基督教思想，不如更多的依赖儒家思想。

最后，《宣言》提出了对于世界学术思想的期望，认为人类应该培植出“大的情感”，这便是“皆应以孔子作《春秋》之存亡继绝的精神，来求各民族文化有价值方面之保存与发展，有此以为各种文化互相并存，互相欣赏，而互相融合的天下一家之世界之准备”。在中国，则是要继续作为道德主体的同时，努力兼成为一认识主体和政治主体，完成民主建国及科学现代化。在西方，则是要在给予东方同情、敬意和理解的同时，学习中国文化立人极的学问，克服西方文化的弊端，在追求客观世界存在的知识时，不断反省自己，认识到主体的存在才是真正的存在。

第三节　梁漱溟、马一浮与《宣言》思想之异同

以上是《宣言》的全部思想。我之所以要在这里作如此详细的介绍，如同我在上面介绍梁漱溟先生的思想那样，正是为了对作为一个学派的现代新儒学，它的第二代人物乃至以后的发展，同前辈的人物的思想之间的某种承继的关系，某种相互之间的连接、某种差异以及某种发展，作一分析。尤其是马一浮先生的思想与后来者之间的联系，以及他在现代新儒学思想的发展中所处的地位。从我上面的介绍里，可以清楚地看出，《宣言》中的思想有以下几个特点：首先，他们同马一浮、梁漱溟等一样，是世界主义者。不过比较而言，《宣言》的世界主义更为明晰，它是真正从未来的人类文化之逐渐一体化和世界化来看问题的。当然，这都源于孔子的"天下一家"的大同理想，所有的儒家包括现代新儒家也都不例外。其次，《宣言》在展望中国文化未来的理想的开展及世界人类文化的发展时，表达了东西方文化互补的思想，在中国便是要在道统之外再建设一学统，以求内外兼顾之效；在西方便是要对中国文化产生同情、敬意和真正的了解，向东方学习。总之，人类要实现"天下一家"的理想，必须充分融合东西方的两种学问：关于理智的学问和关于主体存在的学问。其三，《宣言》在对于人类文化的未来进行设计时，尽管主张东西方文化的相互并存、相互融合，但本意并非是主张二者简单的相加，实质上是有主有从的。而这一占主导地位的文化或学问，便是中国的文化或学问。《宣言》在谈到中国文化的未来时，说"我们今天不采加添法以扩大中国文化之理想"，而是要看中国文化本身应该伸展出什么，要求在兼成为认识主体及政治主体时，始终不忘道德主体的主宰；在谈到世界文化的未来时，则主张"中国之所谓立人极的学问"是这个时代人类首先应当认识的"一种大学问"，因为唯有"人极立而后人才能承载人之所信仰，并运用人之所创造之一切，而主宰之"。[①]这一思想，正是现代新

---

① 牟宗三、徐复观、张君劢、唐君毅：《为中国文化敬告世界人士宣言》，载《当代新儒家（港台海外中国文化论丛）》，生活·读书·新知三联书店1989年版，第51页。

儒学的共同的理想和信念。从梁漱溟的儒家文化翻转为世界文化，到马一浮的儒学统摄一切学术，再到这些第二代人物（张君劢除外）在共同的宣言中，呼吁以孔子“立人极”的学问来主宰未来世界的人类文化，我们可以看出，现代新儒学的儒学复兴的理想目标，都是希望儒学的思想文化在人类未来的文明发展中重新发挥重要的作用，并且占有主导的地位。梁漱溟是一种预见，或者说，是一种预测，儒学未来将复兴为世界文化，当然是完全的主导；马一浮则是一种信念，儒学作为一切学术的主导，是题中应有之事，本来事情即是如此，也必然是如此；牟宗三等第二代人物则更多的是一种期望，虽然不无信念的支撑。他们在承认未来的世界文化多元并存的同时，亦期望相互间的融合，从而最终实现“天下一家”的理想局面，而在这理想的未来中，儒学代表的文化理念，将成为人类存在的主导理念。因此，他们的思想，也完全可以看成是一种大儒学主义的思想。

除了这一共同的理念之外，《宣言》所表现出来的第二代新儒学人物的思想，在哪些方面同前辈人物的思想——特别是有着相对完整的文化观的梁漱溟和马一浮的思想之间——存在具体的联系呢？首先我们可以十分清楚地看到，《宣言》的思想同梁漱溟的文化思想是有着很大的差异的。梁漱溟的世界文化三期说，是一种关于文化模式更迭的理论，《宣言》则是关于一种多元文化相互融合的观点。不过，《宣言》同梁漱溟的思想仍然有着某种必然的联系，不可否认的是，现代新儒学的理想目标——儒学复兴并且将成为一种世界性的主导文化的观点，恰是梁漱溟最先以较为明了且具有现代意义的方式提出来的，他应该被看作是关于当代儒学复兴为世界化的主流文化的思想的始作俑者。此外，《宣言》对于儒学的宗教性意义的诠释，一方面固然体现出明显的对于西方文化的基础基督教的宗教思想的让步与兼容（这种西方的思想因素在儒学中是早已有之的思想，完全是从马一浮的儒学该摄一切学术的思考方法而来），另一方面，也同梁漱溟一样，体现为对于宗教对人类文化之重要性的强烈的重视。人类存在的矛盾与困惑，最终或者在终极的层面上，是否需要依赖宗教的方式来解决，或者更为准确地说，如何认识及如何解决，是否有出路以及出路何在，正是千百年来的人类的几乎所有的哲学以及形形色色的各种形上学所思考的问题。当然，哲学本身乃至形形色色的各样形上学并不能真正给出解决的具体方案和办法，他们只是给出思考的观念和方法。这是对生存本质的思考，历史上有各种各样的宗教的出现，并非是偶然的。儒学自然也不能例外，它也必然要对这个问题做出思考，但是它的思考，正如许多哲学的思考一样，并非是宗教的思考。思考宗教的问题（这是哲学的一个主要的任务），同宗教的思考（这是神学的主要任务），是两回事，这个问题不难明白。当然，宗教的问题其实就是哲学的问题，生存的问题只有一个，思想的方法和结论则各有不同。牟宗三等第二代现代新儒学人物，为了证明儒学自我理想的开展及世界化而能兼容东西方两种不同文化的能力（或许也同他们具有的反对唯物主义的政治情结有关），"发掘"出了儒学超越宗教性的一面，这虽然是对于儒学诠释的一种创新，但也可能成为理论上的一大败笔。[①]这个问题恰恰同他们将注重利害的判断给了儒学一样，应该也只是出于自己理论上的逻辑完整性的需要而已，同儒学的实际已经毫不相干。儒学在他们这些自认为承继慧命的后学人物手里，也成了任人打扮的小姑娘，真不知马一浮、梁漱溟和熊十力这些前辈读了之后会做何感想。

其次，《宣言》同马一浮的思想之间，则明显表现出有更紧密的联系，与梁漱溟同《宣言》中的思想有很大的差异这一点不同的是，从牟宗三、唐君毅、徐复观以及钱穆等代表的整个第二代新儒学人物的思想看，他们的思想同马一浮之间，则存在有许多相似之处。这种相似之处，我总结为三个方面：

第一，他们同马一浮一样，是传统儒学的全盘继承者，不仅承继儒学的全部情感，也同样承继儒学的全部历史，从孔子、孟子直到宋明理学，都是他们

① 儒学应该是不具有宗教性的。在当今世界上三个最大的仍具有广泛的影响力的文明——基督教文明、儒教文明和伊斯兰教文明中，只有儒教文明最不具有宗教性。对于一种学说是否具有宗教性的直接的和本质的判断，是看这种学说是否具有一个主宰的神。此神或者是虚幻的物（异物、异象）而人格化，或者是现实的人而神格化。总之是想象中或者说理想中的超人，是现实存在背后的至高无上的、唯一的绝对存在。如中国古代文化中的玉帝、基督教的耶和华、佛教的释迦牟尼、以及伊斯兰教的穆罕默德等。儒教则不同，没有这样的神。孔子及其学说虽然同样受人敬仰和信奉，但是他在人们心目中是圣人而不是神人；其差别即在于孔子虽然伟大，但却又同常人一样平凡，他在中国人的观念中，是死去的人，一个历史的人物，虽然他的精神和思想永存；而神则是复活的人，如耶稣基督这位耶和华之子；或者是超生的人，如释迦牟尼。

的思想来源。他们有着强烈的道统观念，同时对于历史上的儒学各派的思想，乃至中国文化中的所有学派尤其是儒、释、道三家的思想，他们有评价、有取舍、有侧重，但并无忽视和抛弃。如在第二代现代新儒学人物中，最有代表性的两位人物牟宗三和钱穆，学界多认为前者宗"陆王"，后者扬"程朱"。但是，与其说这是一种主观的思想倾向，不如说是一种客观的评价态度。

当然，现代新儒学作为一个颇有特色的思想流派，其中的学者尤其是第一、二代人物，他们与其他的研究中国文化的学者有很大的不同，他们并不是把儒学当作一个纯客观的、外在的研究对象，而是投入了全部的情感。从而有别于客观的历史文化的、思想的学术研究，成为一种精神的遥契和生命的观照。这当然不是说其他的学者在研究中国文化时缺乏情感，很多学者在研究中国文化过程中也是充满情感的，特别是中国的学者。不过，新儒学学者对儒学的情感较之其他的学者更强烈一些，之所以如此，是因为他们不只是一个儒学学术乃至中国文化的研究者，他们首先是以承继慧命自居，以接续和弘扬道统为己任的。在第一代现代新儒学人物里，马一浮的道统观念最为明确和强烈，而梁漱溟严格地说并没有道统观念。因此，第二代新儒学的儒学道统观念，应该说是受到了马一浮的影响。但是，现代新儒学的道统观念与古代的道统观念有实质的差别。所谓道统观念，在古代的儒学，是带有宗派倾向性的看法。儒家明确的道统说，最早成说于韩愈作《原道》。韩愈在《原道》里，仿照佛教的宗教传法统系，正式提出儒家的传授系统之说，以尧、舜、禹、汤、文、武、周公、孔、孟为儒家的正统传系，而真正接续这一系统的则是韩愈自己。这启发了宋儒开始注重创建自己的道统，如朱熹建立的道统便是下承周敦颐、"二程"（程颢、程颐），上承孟子，而以自己接续，丢开了道统观念的始创者韩愈。道统说在韩愈那里，主要是指文化的正统。他痛感于当时的社会，周道衰微而文化迷失。人们论及道德仁义，不是入杨入墨，便是出入佛老，而对于儒家代表的三代以来的正统的中国文化以及道德仁义学说，却不甚了了，早已无从得知。韩愈作《原道》的目的，就是要申明道统，使人们对于中国文化之正统，重新获得一个正确的认识。因此，道统从其本意上讲，即是关于文化正统的某种看法，尤其是关于儒学相较于道家与佛家而言是为中国文化之正统的某种看法。不过宋儒以后的种种新的道统说，已经逐渐偏离韩愈的本意，除了辟佛老宣扬儒学是中国文化之正统的本意外，也含有在儒学内部争取正统之意义，演变为关于儒学内部何人何派是为儒学之正统的种种看法，之所以说具有宗派的倾向性，是由于前者是与佛、老之间的宗派之争，后者则反映了儒学内部的派别之争。

道统观在中国文化的历史上，有积极的意义。其积极的意义主要就在于它首先是强烈的中国文化民族意识的集中体现，其次才是它的宗派性的缺点，它对于保持中国文化的纯洁性及自身的特征，以及维系中国古老文明的延续，对于凝聚中国人的民族文化意识及思想观念，一直起着极为重要的作用。当然，道统观念所具有的宗派性的缺点也不容忽视，因为道统的宗派性使传统文化思想带有严重的排他性，从而也就大大地妨碍了思想的开放、进步和自由。《宣言》认为宋明理学“虽能使人更体悟到内在的道德主体之尊严，此心此性之通天德天理——此即宋明理学的成就——然而亦同时闭塞了此道德主体之向外通的毛病”[①]，因而遭到明末王船山、顾亭林、黄梨洲等人的批评。这一观点，只是过分强调了宋明理学理论的执着一面，但并不全面。因为理论上的执着并不必然地妨害理论的开放性，宋明理学在理论上不能向外通的毛病，归根结底除了过于追求内在的道德主体外，还有一个致命的原因，即宋儒的强烈的道统观念。执着自己的理论以为正统，排斥其他的理论，不许任何人越雷池一步，这才是中国后期思想上的最大悲哀。宋明理学中造成这一悲哀的主要原因是程朱理学，因为程朱理学的道统观念最为强烈，兼且程朱理学以后成为官方的道学，因而对于中国后期思想的发展，起了极大的阻碍作用。一种理论乃至一种文化，若不再具有开放性及包容性，那么它的生命活力就会逐渐消失，最后被历史无情地淘汰。马一浮与《宣言》的作者们主张一种大儒学的道统观念，过多地强调儒学的优越性以及希望儒学在未来的人类思想中占主导的地位，这样的一种新的道统观念，在民族文化价值的重建之时，尽管有振衰起敝、振聋发聩的效果，但是对于人类文化之未来是幸与不幸，也是难以预料的。人类历史上的不

---

① 牟宗三、徐复观、张君劢、唐君毅：《为中国文化敬告世界人士宣言》，载《当代新儒家（港台海外中国文化论丛）》，生活·读书·新知三联书店1989年版，第29页。

幸多是由文明的优越感而造成，无论是来自西方的还是来自东方的。

第二，《宣言》作者基本接受的是马一浮以儒学会通西方学术的思想。宣言主张中国文化之重建，在儒家注重伦理道德的道统之外，进一步吸纳西方文化的长处，建一更注重科学知识的学统，注重宗教的神统，注重现代民主政治的政统。看得出，第二代新儒家遵循的是马一浮会通并统摄一切学术的路子，而不是梁漱溟先走西方的路，再回头走中国的路的路子。当然，第二代新儒家的思想与马一浮的思想只是较为接近一些，本质还是有着很大的不同的，马一浮的关于“世界人类一切文化之最后归宿，必归于六艺”的思想只是一个信念，而《宣言》作者的思想对于儒学的复兴为世界文化是有创造性和建设性的；马一浮未涉及儒学理论上的现代化改造，而《宣言》对于儒学适应于现代化的理论改造，有一套完整的方案。从这一方面看，熊十力在《新唯识论》中表现出来的对于儒学的理论创造上的努力，对《宣言》所代表的第二代人物的思想则是更富有启发性的。

第三，严格说来，马一浮在理论上没有什么新的创造，更没有想对儒学作改造的想法，他只是忠实地阐讲儒学，将儒学固有的生命力及精髓展示给人们，这一点与熊十力以及第二代新儒家的理论创造的路子的确有很大的不同，但是，也恰恰在这一点上，马一浮对于第二代新儒家的思想以及他们为重建儒学所作的努力，产生了十分重要的影响。我们前面已经在一些地方谈论到马一浮的思想同牟宗三等人的思想上的内在的联系，很难想象，如果没有马一浮对于儒学的精醇的阐释，没有马一浮这样一位纯正的儒者站在古代儒学与现代儒学之间，现代儒学会发展成什么样子。马一浮作为经典儒学的一个现代代表，对于现代新儒学的本质具有某种示范乃至校正的作用。更重要的是，马一浮在推行儒家思想文化教育方面所做出的孜孜努力，对于第二代新儒家在从事儒家思想文化教育方面的工作，其实际的影响及意义也是十分巨大的，关于这些方面的题目及内容，我们将在下面的章节里，再作进一步的探讨。

第十章 梁、熊、马“三圣”与儒学价值的重建

现代新儒家的思想及学派的产生，既是中国现代文化发展之客观必然，也是许多人物主要是该学派中的人物主观努力的结果。因此，如果要考察学派中的某一个人物如马一浮对于该学派的思想以及学派的成长所起的作用和所做的贡献，势必不能脱离学派产生的时代以及学派发展的过程。此外，现代新儒家也是中国现代文化思潮中的一个较为特殊的现象，他们的思想主流是传统的，却又是传统被推翻之后的一个必然结果；他们的思想虽然产生于现代（20世纪）的中国，却似乎只有可能在后现代（21世纪）的中国才会产生较大的影响。关于这一点，20世纪后半叶以儒学文明为代表的东亚文明的重新崛起及兴盛，特别是东亚的经济以及其特有的经济文化模式的发展，已经提供了某种证明。尤其重要的是，儒学文明的故乡——中国的腾飞及发展，为儒学文化的复兴，创造了愈来愈多的可能性。笔者之所以对现代新儒家在21世纪的影响不十分肯定，是因为尽管在21世纪随着中国的日益强盛和东亚经济文化的进一步发展，古老的儒学文化必将全面复兴，重新焕发出青春的光彩；但是新时代儒学复兴之后的文化是否会按照现代新儒家的理论模式来量身定做，则还有待实践来证明。从理论与实践的关系的角度来看，21世纪中国的文化模式最有可能或者应该只能是从20世纪中国的文化实践里产生，而儒学的复兴作为中国传统文化复兴的主要内容，以及作为21世纪中国文化发展的一个重要的组成部分，其采用的理论模式以及复兴的方式、方法及途径，也将由今后实践的进程来决定。

不过话又说回来，现在有一点认识已经越来越清楚了，那就是将传统的儒学文化重整或重建为现代中国文化中的主要内容，不仅对于中国文化本身具有重要的意义，对于整个人类21世纪的文化发展，也将具有重要意义。因此，无论现代新儒家是否能够在21世纪获得进一步发展，以及他们的理论是否能够获得时代的一致认同，他们的复兴儒学的目标及其理论仍然是有价值的，这价值便在于儒学价值重建理念的提出，以及他们为此理念所做出的种种努力。换言之，儒学价值的重建不会是20世纪的绝响，恰恰相反，它必将会是21世纪的中国文化发展中的一个愈来愈重要的理念。

第一节　儒学价值重建的提出

从价值论的角度看，历史总是以某种价值的背离为一终点，同时也是以价值的重建为一起点。现代新儒学关于儒学价值系统重建的概念的明确阐述，是来自20世纪50年代后的第二代现代新儒家，但是儒学价值重建的理论上的起点，却是20世纪20年代的东方文化思潮。

1919年，发生了一场中国现代文化历史上堪称伟大的文化运动——五四运动，这场运动的结果是影响了整个20世纪的中国文化的进程。五四运动同近代以来的所有的改革乃至革命的运动一样，开始于反帝反封建，但其引发促动的却是一场前所未有的文化大思潮。五四运动是辛亥革命的延续，它不只是一场运动，而是一个时期的标志，一个时代的开端。在五四运动前后的这段时期里，几乎所有中国文化中可以称得上是现代的或者应该说是20世纪的东西，都是从这个时期发生或开始的，白话革命、文学革命、思想革命，乃至政治革命，等等，不一而足。五四运动时期是中国现代思想文化的各种新的思潮的冶炼场和大舞台。“打倒孔家店”、“全盘西化”、“儒学文化复兴”、无政府主义、三民主义、社会主义以及共产主义等各种思潮、思想、主义及派别，都在这一时期纷纷亮相和登场。撇开意识形态及政治的判断标准，纯粹从文化发生的角度看，所有这些思潮、思想、主义、学派，都具有其发生乃至存在的必然性及合理性，是自19世纪西方列强入侵中国的鸦片战争以来中国人于逆境中探索近现代文化发展道路的一个延伸。而五四运动的一个主要的内容及特征，便是对近代西学东渐以来中国文化所走过的道路的反思，以及这一反思所表现出来的结果。五四运动以前，中国的文化曾经经历及尝试了张之洞的“中体西用”，康有为的改制维新，以及孙中山的“辛亥革命”，中国的近代化道路一步步由缓进而激进，改良而革命，不过，无论是缓进还是激进，改良还是革命，在近代化道路上的目标都是相同的，那就是学习西方，走西方的近代化道路。尤其是严复的《天演论》出版后，学习西方文化成为时尚，已逐渐成为国民的普遍心理和追求目标。王韬所谓“吾知中国不及百年必且尽用泰西之法，而驾乎其上”，亦逐渐成为全体中国人的理想信念。直至20世纪末，虽然中国人在“用泰西之法”上，于理论方面有过形形色色的构想，于实践方面也历经了种种的探索、反复、变化及磨难，但是对于“驾乎其上”的理想及追求，则痴心不改，且随着岁月的推移，日益强烈。从早年的“强国保种”，到孙中山的“光复中华”“民主建国”，从毛泽东的建设社会主义的新中国，到邓小平的建设有中国特色的社会主义现代化，最终都是为了实现同一个目标，即在经济和文化上追赶及设法超越西方的现代文明，从一个饱受西方列强欺侮、侵略、一直处于被动挨打的弱国，转变成为一个世界一等的强国。这是中国人整个20世纪的梦想，但由于文化道路上的探索十分艰难和曲折，中国人遭受了无数的挫折和痛苦，这一世纪的目标也并未如预期的那样顺利实现，从而推延到下一个世纪，进一步成为中国跨世纪的理想和目标。

五四运动时期是思想解放的时期，而在这前后发生的思想文化运动也是对中国的近代化道路反思的开始。从文化哲学的角度看，文化史上的任何一次较为深刻的大规模的思想解放与文化反思，唯有在历史翻过了一页时，才是真正可能的，古今中外，概莫能外。辛亥革命前的思想界在观念上存有两大障碍：一是来自传统的观念的束缚，由于传统的政治基础和社会基础的存在，人们在运筹改革及设想强国之路时，观念上无法完全摆脱传统的影响；二是来自西方文化的束缚，西方文化挟坚船利炮在极短的时间内席卷中国，使中国人只看到西方文化优越的一面，换言之，人们在这相对较短的时间内，对于西方文化的认知，还只是处于朦胧的、感性的认知方面，对于如何面对这种突如其来的世界化趋势以及被强力所加诸的西方与中国的不正常的关系缺乏有效的应对，对于中国未来的文化发展道路也缺乏深入与成熟的思考。辛亥革命以后出现的思想的解放与文化的反思浪潮正是趋向解决这些问题。

第一是思想的解放。辛亥革命的胜利，推翻了数千年的君主制度，从而破除了束缚人们思想的物质与精神两个方面的枷锁，使社会的思想面貌发生了翻天覆地的变化。而其进一步的结果则是以“打倒孔家店”的口号为代表的对于传统更为猛烈而彻底的批判以及关于新文化、新思想、新社会的革命及创造。辛亥革命前的改革，受着传统的社会制度和社会基础的制约，人们对于传统文化尤其是作为其代表的儒学的批判，总是欲说还休、缚手缚脚，任何触及传统文化社会基础的改革，不仅困难重重、十分危险，甚至要付出血的代价。张之洞、李鸿章的洋务运动，康有为、梁启超、谭嗣同等人的戊戌变法，不是以破产告终，就是以流血结束。他们的努力，不能说是失败，因为毕竟这些努力推动了中国近代化改革的进程。当然他们的改革还只是改良，不是革命。客观上讲，人们在传统的社会尤其是旧的体制尚未打破的环境下，是不能够充分意识到彻底推倒传统对于摧毁它的社会基础以及批判它的思想观念的重要性的。

孙中山先生领导的辛亥革命，也是在“驱除鞑虏，恢复中华”的口号下进行的，而如果它的这个口号纲领仅仅限于此的话，那也只不过是前明王朝的忠臣孽子、遗老遗少们多少年来朝思暮想的“反清复明”的最后一个翻版而已。孙中山当然有借这个口号来鼓动民族情绪以推动革命从而达到推翻帝制的目的。他的口号纲领里还有“建立民国，平均地权”这两条，其中“平均地权”这一条也不十分像是新时代的口号，数千年前的农民起义军就提出过这样的要求。由于中国自古以来就是一个以农为本的国家，所以土地的再分配问题历来就是社会矛盾的焦点，对于王朝兴替、国运盛衰有着头等重要的意义。不过这也是孙中山的成功之处，因为新的时代总是从满足旧时代不能满足的社会的合理要求开始的。“建立民国”是孙中山对于现代中国所做出的第一大贡献。正是这一惊世骇俗的口号纲领的提出，特别是辛亥革命的胜利及共和制度的建立，使得中国人突然意识到，中国人也可以像西方人那样，每个人头顶一片天，用不着在一个天子的脚下讨生活。过去多少年中国人都是这样过来的，即便是历史上最叛逆的人，也不会想到这一点。这也正是孙中山先生为同时代的人所不及的伟大之处。不过，正如我们在前面提到的那样，新时代的思想必须在一个新时代的社会基础已经大体上具备时，才能真正产生。孙中山的贡献也仅仅是到推翻帝制、建立民国而已，对于民国如何来建立，建立后的社会体制又是如何，如何去建设一个适应现代潮流发展的、安定、繁荣、民主的新中国，他只有预见，却没有较完善的思想和方法。当然不是他不想，只是他想不到那一步。

中国的现代革命先天不足，是在世界的潮流的逼迫下开始的，不像西方文化那样，有了中世纪晚期开始的文艺复兴，以及随之而来的工业革命，逐步发展的科学及工业，有了兴旺的商业城市、资本市场和日益强大的工业阶级（资本家、工人等），以及有培根、斯宾塞、斯密、卢梭、孟德斯鸠等一大批思想家所做的理论上的准备。这是新的社会观念的基础，是近代革命的必要条件。中国的辛亥革命在所有这些方面的准备——社会的、经济的、政治的、理论及思想观念上的准备都是缺乏的。因此，近代乃至现代的革命在西方是水到渠成，在中国则是盲人摸象，摸索着去做，走一步算一步。不仅孙中山先生的国民革命是如此，后来的革命的继承者如毛泽东等，也是如此。辛亥革命只是推翻了清朝的统治，由社会基础到人的思想观念传统的东西并未受到很大的触动。辛亥革命以后有袁世凯的复辟以及军阀的割据与混战，中国社会的政局十分的黑暗与混乱，恰恰说明了这一点，也的确有力地说明了五四运动时期思想解放以及更为彻底地批判传统的必要性。

第二是对于中国近代化道路的文化反思。文化上的反思论其原因则更为深刻和广泛得多，不仅来自对于辛亥革命之后的国内政局混乱及黑暗的反思，同时也体现为对于中西文化之关系的重新审视，对于过去所走过的文化道路的一个总结，也就是说，它不仅是立足于政治社会问题的层面，而且更进一步，是立足于人类文明关系的层面。人类各种文明在经历了数千年甚至更久远的相对隔绝之后，随着近代西方文明的借科学之力向外围世界的不断扩张，老子所描述过的那种人类各个文明之间“鸡犬相闻，老死不相往来”的局面为之打破，至20世纪，这个人类所赖以生存的星球上，已经不再有封闭隔绝的世外桃源，西方世界已经成功地将整个人类文明纳入西方文明的轨道。因此，所有非西方民族都面临着两大艰巨任务：一是发展民族的政治、经济，以尽快地摆脱落后的局面；二是尽量维护乃至尽可能复兴衰落的文明传统，以防止自身的文明被西方文明所吞噬或同化。这两个方面实际上是相互连接不可分开的，鸦片战争以后中国的有识之士所提出的“强国保种”的口号和目标，实际上已经反映了对这两个方面的认识和要求，只是当时的这一认识和要求较为初步、朦胧和直观而已。因此，五四运动时期文化思想运动的一个极其重要的方面就是针对自近代以来主要由西方推动的全球化的趋势以及在此趋势中中西方乃至整个东西方文明所处关系的思考，也是对近代以来中国文化在此趋势下所走过的文化道路的反思。当然，中国文化的反思首先需要思想的解放开道，这一点也是毫无疑问的，但是它的结果以及它所确立的任务及目标又不是光靠思想的解放就可以解决的。中国在辛亥革命以后确实需要通过进一步解放思想，唤起民众的批判与革命的热情，来扫除一切障碍，荡涤一切尘埃。但是中国文化的道路下一步如何走，如何重建推翻了封建旧社会的新中国文化，这就不能只是靠革命与批判的热情，而应该从理性的高度，从整个人类文明关系的范畴进行考量。

所以说，从大的范围看，文化的反思含义确实较之于思想的解放更为宽泛，或者可以说，辛亥革命以后特别是五四运动前后的思想解放，是包含在更为宽泛的文化反思里面的，它构成了文化反思的大思潮的一个组成部分。如孙中山的新三民主义纲领，《心理建设》中的思想；如文学革命、白话革命以及其他种种文化、思想、社会的革命；如各种社会主义思潮及中国共产主义运动的出现，这些代表了当时思想文化主流的东西，无不既体现了对于传统的更为彻底的革命与批判，同时也体现了对于辛亥革命乃至整个中国近代所走过的文化道路的反思，或者说是这一反思的进一步的结果。我们所说的贯穿了五四运动前后的作为整个五四运动之表征的文化反思思潮，既包含了整个社会的思想解放这一面，但是与思想的解放又不是一个东西。一方面，我们刚才说过思想的解放构成了文化反思的一个部分；另一方面，站在今日的高度，我们可以看出，五四运动时期这场文化上的反思虽然对于中国这个时期的文化、思想以及社会等方面的革命、批判和创造产生了极其重要的影响，然而同时它的某些方面也为文化上的批判与革命所掩盖，成为批判与革命背后的东西。整个20世纪的情况可以说都是如此。这其中最有代表性并且最具有过去与未来两种特征的便是辛亥革命以后逐渐发展起来的东方文化思潮以及由这一思潮演化而来的并且也正是在五四运动呐喊中出现的现代新儒学。

所谓的“东方文化思潮”，是指五四运动前后出现的鼓吹东方文化以及要求返回传统的一股思潮。这股思潮一方面是中国思想界对于辛亥革命以后的中国文化道路问题的一种反思，另一方面也是对当时西方文化出现了重大问题的一种回应。当时的欧洲发生了一场由于各国列强在分配世界利益方面的矛盾无法调和而爆发的战争，这就是历史上的第一次世界大战。这一场惨绝人寰、史无前例的世界大战，惊醒了世人的西方之梦，使人们看到了西方资本主义丑陋的一面，从而对西方的文化道路产生了失望与怀疑。如梁启超曾经对于这种失望与怀疑的心理有过十分形象的描述，他说：

> 一百年物质的进步，比之从前三千年所得还加几倍；我们人类不惟没有得着幸福，倒反带来许多灾难。好像沙漠中失落的旅人，远远望见一个大黑影，拼命往前赶，以为可以靠它向导，那知赶上几程，影子却不见了，因此无限凄惶失望。[①]

西方文化自从16世纪文艺复兴以后，靠着对于“科学”与“民主”精神的提倡，逐渐冲决了欧洲中世纪封建的罗网，并迎来了资本主义的新时代。西方的资本主义文明模式，似乎有着十分神奇的力量，竟然在短短的一百多年里，创造了人类历史上前所未有的进步。但是，随着西方文明的飞速发展及其在全世界范围内的迅速扩张，它的社会矛盾以及弊端也日益暴露出来。第一次世界大战是资本主义的矛盾和弊端充分激化的一个结果。西方的资本主义文化固有的内在矛盾很快在西方引起文化反思的思潮，19世纪后半叶至20世纪初有叔本华、尼采、柏格森等为代表的注重生命、直觉的生命哲学，有主张返回宗教道德的新托马斯主义，以及一战以后获得了极大发展的现象学和存在主义等。在

① 梁启超：《欧游心影录》，商务印书馆2014年版。

东方和中国，第一次世界大战的教训同样引起了人们的广泛的反思，开始深入地检讨西方化的道路是否可行之于东方，东西方的文化关系以及人类文化的未来应该如何，以及自己应该选择或开出什么样的文化道路，等等问题。当然，虽然在整个20世纪东方的思想家们不断地在进行文化的反思和文化道路的探索，但是，不可否认西方化仍然是东方各民族现代化发展的基调。造成20世纪东方文化发展的这种态势的原因大致上有这么两点：首先是西方的资本主义文化经历了一系列的自我内部的改革，总结了两次世界大战的教训，在20世纪50年代以后似乎度过了它的最困难的时期，并且在两百年的工业革命和殖民地掠夺所积累起来的巨大财富的物质基础上，借着科技的进步与创造，获得了更加飞速的发展，而且越来越拉开了与原为其殖民地的贫穷落后国家的距离。同时，通过经济乃至政治上的扩张政策，进一步将东方导入他们的文化模式之中。其次，东方国家虽然在经历了两次世界大战以后，民族文化的意识日益觉醒，同时在自身文化道路的问题上都进行了不同程度上的艰难探索，但是为了赶上西方先进国家，早日实现自己民族与国家的现代化，又不得不向西方学习了再学习。事实上，东西方文明在近代化的道路上一开始就处在一个极其不对等的起点上，也不具备相同或者相类似的条件。西方文化在近代的突飞猛进的发展，一方面固然是他们的文化已经具备了上面所说的种种文明的要素，另一个重要的方面是西方文明自中世纪开始的文艺复兴以后，一直是延续着其自身的文明传统——古罗马和古希腊所开辟的道路前进的。其中顺理成章，没有周折，也无须借鉴。而包括中国在内的所有东方的民族则困难得多，如中国近代以及现代的道路已经不能顺利地从自身的文明传统中展开，即是一例。过去一些学者认为中国的近代化不能从自身的文明传统中展开，根本的原因在于自身文化的缺陷，这种观点纯属无稽之谈。世界上任何一种文明都是会有这样或者那样的缺陷的，但是如果没有外力的介入或干涉，也都会按照自己的道路、方式逐步由低级向高级发展，这也是毫无疑义的。

中国乃至东方民族的近现代化道路无法从自身的文明传统中展开，根本的原因是西方文明的侵略改变了人类文明多元的态势，逼迫东方文明不得不转入西方文明及文化为导向的轨道。这也是整整一个世纪非西方民族的文化大步落后于西方的重要原因之一。因为文明道路的转向或调整，是非常痛苦的事，要在借鉴西方文化与维护文明传统之间做出困难的选择与取舍。这是形势的逼迫，形势比人强时就不得不如此。整个20世纪，可以说是一个东方向西方学习的过程，东方民族包括了中国在内，基本上是在学习西方文化以及亦步亦趋追赶西方现代化的过程中，探索自身的文化发展道路的。而在这整整一个世纪的学习过程中，东方国家逐渐失去了许多自身文化上的东西。西方国家借着战争与经济的强力，不断逼迫东方国家成为他们的经济与文化上的附庸，同时，西方文化也随着西方列强所推动的政治与经济的全球化而逐渐渗透到实际的各个角落，影响到非西方民族的社会生活乃至文明精神与理念的各个方面。无论如何，整个20世纪东方文明在探索自身文化、经济发展的道路时，为了能尽快赶上西方文明，早日实现现代化，不得不时常依照西方文化的游戏规则做出调整，20世纪东方文化的西方化趋势已是历史的事实。当然西方文明在20世纪特别是后半叶也的确显露出了它潜在的优点，值得东方文明去学习。不过，虽然西方化趋势是事实，但是这种单极化的文明发展趋势并非是大多数非西方民族所需要的，东方文明向西方学习只是为了“借尸还魂”，他们一刻也未曾放弃探索自身的文化发展道路的努力。而这种努力，又总是同民族文化的反思紧密联系在一起的。

我们说中国文化现代意义上的文化道路的第一次反思，是在辛亥革命以后的五四运动，其间所产生的各种思潮，可以说是数不胜数，颇为壮观。而其中最具有反思的代表意义的，应数社会主义思潮和东方文化思潮。社会主义思潮是西方资本主义批判的产物，辛亥革命以后逐渐传入中国，当时曾出现过很多各种各样的社会主义思潮。1917年的俄国社会主义革命，为中国送来了马克思主义。五四运动中，主张和宣传马克思主义的中国共产党开始出现，先是在1919年前后陆续成立了一些共产党的小组，1921年7月在共产党小组的基础上，最终成立了中国共产党，这也是对于20世纪的中国影响最大的党派。正是这个党派，后来开创了中国历史的又一个新纪元。它领导了中国的社会主义革命，并且在20世纪后期逐步探索出了一条中国特色的社会主义现代文化发展的道路。在五四运动中，它是站在思想解放的最前列的，是20世纪中国思想解放的突出代表。五四运动中，以中国共产党人为代表的社会主义思潮的兴起，本身也是对于近代中国的改革以及辛亥革命所做过的文化道路的反思的一个结果，是对西方化的资本主义文化道路的一个拒斥。而差不多同时兴起的东方文化思潮，则是表现为对于西方资本主义文化道路的另一种拒斥。

东方文化思潮作为一股要求回归传统的思想潮流，实际上亦可以称为传统文化思潮。这股思潮自辛亥革命以后渐次形成，并逐渐分化为复古的和开新的两个流派。过去学术界往往将这股传统文化思潮称为或者定性为复古主义和保守主义，事实上这股思潮中确实有复古或保守的一面或一支。复古主义的一面主要是以严复、康有为以及他的学生陈焕章、麦孟华等人为代表。其中严复的思想最能反映这种复古主义的文化观念。如他说：“不佞垂老，亲见脂那七年之民国，与欧罗巴亘古之血战，觉彼族三百年之进化，只做到利己、杀人、寡廉、鲜耻八个字。回观孔孟之道，真量同天地，泽被寰区。”[①]因此，严复认为：“即他日中国果存，其所以存，亦恃数千年旧有之教化，决不在今日之新机。”[②]严复早年留学英国，学习海军，归国后积极投入洋务运动，提倡新学，并赞同康、梁的维新变法。他是中国近代历史上最出名的翻译家和思想家，正是严复以一人之力将西方近代政治、经济、科学、法律等赖以确立的思想，系统地翻译介绍进来。[③]要说严复是对中国19世纪末20世纪初的思想界最有影响的人，并不为过。然而也正是这样一位对于西方思想的了解在当时可以说是无以匹俦、且对于中国人了解和学习西方近代最先进的思想文化做出了同样是无以匹俦的巨大贡献的人，在辛亥革命后不久，即转向保守：提倡复古的主张；参加筹安会，拥护袁世凯称帝（也许这并非是出于他的本意）。实际上他的思想并不只是主张倒退那么简单，因为主张回归传统并不必然意味着倒退。严复的思想显然也是出于某种深刻的反思，西方文化以及那样一种进化的结果已经令他感到深深的失望，但他又看不到中国文化新的出路，故内心的情感转向传统，希望传统仍旧能够成为中国人的安身立命之地。事实上严复并不在乎谁做皇帝，传统的礼

---

① 严复：《与熊纯如书》第七十五函，载《严复集》第三册，中华书局1986年版，第692页。

② 严复：《与熊纯如书》第四十八函，载《严复集》第三册，中华书局1986年版，第662页。

③ 严复翻译的《天演论》《原富》《群学肄言》《法意》《群己权界论》《穆勒名学》《社会通诠》等著作中的思想，正是西方近代文明赖以确立的思想基础。

制、传统的道德、传统的文化以及传统的生存方式，也许这仍然是中国人所唯一需要的东西。康有为的主张复古，也许在某些方面如政治的立场和观念上与严复有所不同；但是在文化上，他们的主张及实质是一样的。

从人类的历史来看，在传统的问题上，复古与传统的开辟新路，往往只有一线之隔。而且，可以十分肯定地说，历史上也从未有过真正复古的情形出现。人类的历史包括中国的历史，会出现短暂的退步，甚至会有较长时期的退步，但是即使退步决不会完全回到原来，况且退步本身也已孕育了进步的要求，是进步的某个必然的阶段，以及是进步的某种开始。这正如整个生物界亿万年前的恐龙灭绝一样，生物界并非完全打回从前，而是孕育新的生命的开始。而思想界主观上的看似复古的要求，恰恰也是社会在客观上对于传统复兴的要求的某一方面的反映而已，人类社会的传统文化的复兴要求，从来都是朝着新的目标的，古今中外，概莫能外。因此，传统的复古与开新，不仅只有一线之隔，而且也存在着相互的牵连及转化的契机。

东方文化思潮也的确是如此，它很快就从复古的情结中走出来，成为一股前瞻的、主张传统开新的文化思潮。而在这其中主张传统开新最有影响的先行者，则首推梁启超。梁启超早年追随康有为，是康有为的学生，并与康有为一起成为推动清末光绪皇帝改革的改革派的领袖之一。不过他的一生的思想的发展，却与康有为不同。他曾自诩与康有为最为不同的方面是康有为的思想不求发展，而他自己则“数十年日在彷徨求索之中”[①]。正是这种不断求索的精神，使他在戊戌变法失败后，逐渐与坚持保皇立场、鼓吹复古的康有为分道扬镳，转而赞同辛亥革命，拥护共和制度。辛亥革命后，他反对袁世凯复辟帝制，并且对于中国的前途表现出极大的忧虑，认为中国的情势“正如孤舟以溯丛滩，滩滩相衔，愈溯愈险”[②]。在这种忧患的意识下，梁启超对于过去中国所走过的道路以及中西文化的关系，做出重新的审视与深刻的反思。

梁启超于1918年去欧洲考察，这是导致他于文化上进入更深刻之反思的真

---

① 梁启超：《清代学术概论》，东方出版社1996年版，第81页。

② 梁启超：《痛定罪言》，载《饮冰室合集》之三十三，中华书局1989年版，第3页。

正开始。欧洲之行，他原希望“把西洋文明带些回去”①，结果目睹欧洲战后哀鸿遍野、残垣断壁，一片秋风萧瑟、人间地狱的悲惨景象，以及耳闻西方人有关“西洋文明已经破产”的悲观论调，这使他对于中西文化的看法发生了根本性的变化。回国以后，他陆续发表了包括《欧游心影录》在内的一系列文章，鼓吹东方文化救世的思想，不断深入阐述他对中西文化关系、中国文化前途以及整个人类文化前途的新看法。梁启超首先从中西文化差异性的比较出发，对中国近代所走过的西化道路做出反思，提出中国文化道路特殊论的思想。他指出，过去一味效法西方，“恨不得把人家的组织形式一件件搬过来，以为但能够这样，万事就有办法了”②。这种做法是行不通的。中国与西方的文明，存在社会、政治、国民性等方面的差异，“其固有精神与中国不同，故中国不能效法”③。其次，梁启超自从欧洲之行以后，开始对于中国文化的看法由悲观转为乐观，认为“中国固有之基础，亦最合适界之新潮”④。主张以中国固有之文化去矫正西方资本主义文化的弊端。其三，梁启超提出中西文化调和与开新的见解。他认为对于整个人类文化的前途而言，由欧洲的大战已经得到充分的证明，如果按照西方文化的这种模式走下去，是没有希望的。人类需要从西方文化模式的神话的梦魇中摆脱出来，重新认识东方文化的价值，以及设法使中西方文化“化合起来成为一种新文明”⑤。对于中国文化之前途，他认为“今后但当善用我国民性之所长，别开新路”⑥。而关于这个“新路”应该如何去开展，梁启超也提出了自己的想法，认为首先“要人人存一个尊重爱护本国文化的诚意”，然后在综合本国自己的文化的基础上，借西方文化的补助化合而“成了一个新的文化系统”。⑦中国人最终可以借着这一新的系统去对人类文化做出自己的贡献。

梁启超的上述思想是20世纪20年代中国鼓吹传统文化以及鼓吹东方文化的

---

① 梁启超：《欧游心影录》，商务印书馆2014年版。

② 梁启超：《五十年中国进化概论》，载《饮冰室合集》之三十九，中华书局1989年版，第39页。

③④ 梁启超：《在中国公学之演说》，载《东方杂志》第17卷，第6号。

⑤⑦ 梁启超：《欧游心影录》，商务印书馆2014年版。

⑥ 梁启超：《历史上中华民国事业之成败及今后革进之机运》，载《饮冰室合集》之三十六，中华书局1989年版，第34页。

思潮中最具有前瞻性和最具有深刻性的思想。辛亥革命以后鼓吹东方文化以及回归传统的思想人物除了严复、康有为等还有辜鸿铭、杜亚泉等人。辜鸿铭的思想与严复相似，并且对于严复的思想有一定的影响。严复曾说："渠生平极恨西学，以为专言功利，致人类涂炭。鄙意深以为然。"[①]如杜亚泉则认为，"吾国固有之文明，正足以救西洋文明之弊，济西洋文明之穷者"[②]。又说："现时代之新思想，可为戊戌时代新旧思想之折衷。"[③]杜氏不像严复、辜鸿铭那样以中学排斥西学，以旧传统排斥新思想，而是主张新旧调和、东西互补，在当时也曾产生一定的影响。尤其是主张东西方文明互补的思想，在辛亥革命以后逐渐成为许多思想家的共识，在中国，持这种观点的还有梁启超，以及后来成为共产主义者的李大钊等一些著名人士；在国际上，西方则有帕格森、蒲陀罗、倭肯，东方则有印度的泰戈尔等一批思想家。而在国内当时主张东西文明互补的思想家里，应数梁启超和李大钊的思想最具有前瞻性。李大钊认为东西方文化如车之两轮，鸟之两翼，缺一不可。在对待中国文化现代建设的问题上，他主张的是传统的改造，其目光注视的是西方的马克思列宁主义，主张借鉴列宁俄国革命的道路；而梁启超主张的则是传统的开新，其目光注视的是西方资本主义，主张吸取西方近代以来资本主义文化发展的经验教训。

如果我们能够对梁启超与李大钊的文化思想作一详细的比较的话，就一定能够发现，他们的思想之间有着许多相似之处。他们都强调东西方文化各自有其特殊性，存在着文化特质上的差异。他们对于中国文化现代道路的发展，也都主张向前看，并且主张撇开西方近代化的文化道路模式，寻求一条中国自身的文化发展道路。但不同的是，李大钊以及后来主导了中国文化命运的中国共产党的思想家们，从现实的可能性出发，借鉴了西方近代文化中产生出来的最具有革命性的思想——马克思主义，来指导中国现代的社会革命与文化的发展，当然是按照中国的方式；而梁启超及其后来的现代新儒学的思想家们，则主张由原来的学习西方掉转头来，重返传统，当然也并非是如严复、康有为那样，

① 严复：《与熊纯如书》第二十三函，载《严复集》第三册，中华书局1986年版，第623页。

② 杜亚泉：《静的文明与动的文明》，载《杜亚泉文存》，上海教育出版社2003年版，第338页。

③ 杜亚泉：《新旧思想之折衷》，载《杜亚泉文存》，上海教育出版社2003年版，第402页。

一味地要求回转，而是寄希望于在借鉴西方文化的基础上，由中国传统本身或者不如说是经由传统自家的力量来开出一条通向现代的文化道路。在20世纪初的中国特别是辛亥革命前后到五四运动期间，中国的思想界产生出来的最具有影响力的思想统系有三家，一是孙中山先生的三民主义，一是以李大钊、陈独秀、毛泽东等中国共产党人为代表的中国马克思主义，此外就是以梁启超、梁漱溟为先驱的主张儒学现代复兴的传统文化学派。这三派思想在20世纪20年代都是十分有影响力的派别，前两种思想引入了社会的改造与社会的革命实践，先后成为对于中国社会与文化的发展有决定性影响力的思想流派，而后一种思想则始终停留在学术与文化哲学的领域，成为20世纪中国有影响的一个学术派别。这并不是说他们没有社会的目标与实践，他们的社会目标与实践只是停留在文化的层面上而已。如梁漱溟二三十年代搞的乡村文化建设即是一例。

从20世纪中国文化的发展道路的实际情况看，孙中山的辛亥革命虽然功绩丰伟，彪炳千秋，但是他的非常西方化的三民主义以及非常资本主义化的社会制度与文化建国思想，在当时的中国实行起来就显得有些困难，在那个时代，并不符合中国的国情；相反中国共产党的中国马克思主义以及中国特色的社会主义革命却获得了巨大的成功；至于主张儒学文化复兴的传统文化学派，则一直是在现代中国文化发展的背后发生着影响，虽然无论是在中国大陆，还是在港台地区都往往在扮演着不合时宜的角色，而且常常表面上同中国社会的主流思想特别是同中国马克思主义的思想相矛盾乃至于相冲突，但是实际上这一学派的思想同中国马克思主义的思想在某些方面如文化的自主以及传统的认同等方面也往往是相辅相成的，同时在20世纪的中国几次重大的文化反思的运动中，如20世纪20年代、40年代和80年代这几次发生在中国文化思想界的影响巨大的文化反思运动中，这个学派以及它所提倡的儒学复兴的思想，都扮演了非常积极的角色并且产生了相当重要的影响。20世纪的中国，是一个充满激情的中国，中国人以前所未有的气魄，批判过去的一切，迎接未来。但是在探索中国文化自身的发展道路时，也经历了许多的挫折，有许多经验和教训。挫折之后便是文化的反思；此外，中国人在迈向现代化的进程中，需要不断地学习和借鉴西方文化的经验，但同时又要注意不能盲从西方的文化经济发展的模式，无论是西方社会主义的，还是西方资本主义的。就这一点而言，同样需要对于中西方的文化及其文化发展的道路不断地做出反思。在这些问题上，处于20世纪中国主流思想背后的传统文化学派——以梁启超为代表的主张传统文化开新的东方文化思潮及后来形成的现代新儒学的关于重建传统的主张，一直在起着（虽然是在中国社会主流思想的背后）并将继续起着积极的作用，这一点现在可以说是毋庸置疑。

五四运动前后的东方文化思潮为以后现代新儒学的思想发展做了文化上的初步定位，现代新儒家的学术思想基本上是立足于中国文化本位，一方面弘扬中国传统文化特别是儒家文化，另一方面则希望通过吸收西方文化之精华以充实儒家传统文化，从而获得“儒家思想之新开展”[①]，并且将这看作是“民族文化复兴之新机运”[②]。对于现代新儒家这种中国文化本位的思想，以及所追求的传统文化返本开新的文化方向，梁启超有导其先路的功绩。

五四运动中成为东方文化思潮的首领人物的除了梁启超之外，还有在当时大大出了风头的梁漱溟和张君劢二人。梁漱溟与张君劢都是现代新儒家的重要人物，我们前面对于这两个人尤其是对于梁的思想有详细的介绍。这两个人也是东方文化思潮的巨擘，在五四运动中都扮演了十分重要的角色。五四运动从文化的角度看，最重要的内容也是最精彩的部分就是当时先后发生的三大文化论战：社会主义论战、东西文化论战和玄学与科学论战。中国的早期共产主义运动正是从社会主义论战开始的，这一点自不待说；梁漱溟、张君劢两人也正是各自借了东西文化论战及玄学与科学论战一举成名。

梁漱溟早年曾经参加过辛亥革命，但是从民国以后，他逐渐感到一切都与他原来的理想相悖。因此，开始对于人生“不胜其怀疑烦闷”，并由此走上“倾慕出世，寻求佛法”的道路。[③]他曾经专研佛学数年，1917年他因一部研究佛学的《究元决疑论》受到北大蔡元培的赏识，被聘为北大哲学系教席。梁漱溟先是在北大开讲《印度哲学》，以后陆续发表一些有关东西文化的见解。1920

①② 参见贺麟：《儒家思想的新开展》，载《文化与人生》，商务印书馆2006年版。

③ 参见梁漱溟：《人心与人生》，上海人民出版社2011年版。

年，梁漱溟在北大开讲《东西文化及其哲学》，在国内引起极大的轰动，并引发了举世闻名的东西方文化论战。这时的他思想上也开始从佛家转向儒家。关于这一段历史经过的回忆，梁漱溟这样说：

> 我既从青年时便体认人生唯是苦，觉得佛家出世最合我意，茹素不婚，勤求佛典，有志学佛。不料竟以《究元决疑论》一篇胡说瞎论引起蔡元培先生注意，受聘担任北大印度哲学讲席。这恰值新思潮（五四运动）发动前夕。当时的新思潮是既倡导西欧近代思潮（赛恩斯与德谟克拉西），又同时引入各种社会主义学说的。我自己虽然对新思潮莫逆于心，而环境气氛对我讲东方古哲学的无形中有很大压力。就是在这压力下产生出来我的《东西文化及其哲学》一书。这书内容主要是把西洋、中国、印度不同的三大文化体系各予以人类发展史上适当的位置，解决了东西文化问题。
>
> ……《东西文化及其哲学》一书，在人生思想上归结到中国儒家的人生，并指出世界最近未来将是中国文化的复兴，这是我从青年以来的一大思想转变。当初归心佛法，由于认定人生唯是苦（佛说四谛法：苦、集、灭、道），一旦发见儒书《论语》开头便是“学而时习之不亦乐乎”，一直看下去，全书不见一个苦字，而乐却出现了好多好多，不能不引起我极大的注意。在《论语》书中与乐字相对待的是一个忧字。然而说“仁者不忧”，孔子自言“乐以忘忧”，其充满乐观气氛极其明白；是何为而然？经过细心思考反省，就修正了自己意向的片面看法，此即写出《东西文化及其哲学》的由来，亦就伏下了自己放弃出家之念，而有回到世间来的动念。①

梁漱溟的《东西文化及其哲学》的主要内容我们前面已经介绍过，这里不再赘述。他以印度文化作为世界文化的最高阶段，这与他早年“归心三宝”的经历有关。虽然他后来自云从悲观走出到乐观，但是悲观思想心态也不是一下

---

① 梁漱溟：《我的自学小史》，载《梁漱溟全集》第三卷，山东人民出版社1990年版，第698页。

就可以消除了的，这也从他的这本书里可以看得出来。不过这本书也确实体现了梁漱溟思想上的一个转变。现代新儒学的早期人物的思想大都契心佛学，以平章华梵、融通中印之学为其宗旨，并最终归结于儒家。从上面我们所引的梁漱溟的自述也可以看出，梁漱溟在写此书时，他的思想已经开始由佛家转向儒家。梁漱溟自己也说他的“这本书的思想差不多是归宗儒家”[①]。尽管这一“归宗”此时还不是十分的彻底。

梁漱溟的《东西文化及其哲学》以及这本书所引发的东西文化论战，是辛亥革命以后逐渐兴起的主张回归传统的东方文化思潮终于发生重要影响的一个结果，梁漱溟的关于儒学复兴并且将在不久的将来翻转为世界文化的思想，正是梁启超所提出的关于传统文化开新的一个延续和继承，这两个人物的思想之间是有着内在的逻辑上的连续性的。梁漱溟自己谈到对于他的早年的思想有过重要影响的人物时，也说在这些令他“倾慕钦佩的人物”里，“梁任公先生当然是头一个”。[②]也正是关于传统文化开新、儒学复兴等具有前瞻性、创造性意义的思想为当时因为主张回归传统而看上去显得十分的不合时宜的东方文化思潮注入了生命力和影响力，并且使得这个世纪初的思潮成为一个在整个世纪里虽不彰显却富有活力的思想派别——现代新儒学的开端，而不仅仅是一个世纪初的插曲。梁漱溟此后又“由东西的研究收缩为中西的研究”，“由中西的比较研究过渡到中国传统的发扬”，[③]认为自己“有一个最大的责任，即为替儒家做一个说明，开出一个与现代学术接头的机会”[④]。唐君毅曾说，梁漱溟在这方面的努力，使他成为现代新儒家的重要代表和“开启者”。

张君劢早年追随梁启超，1918年曾随同梁启超赴欧洲考察，欧洲大战造成的文明的破产同样给他留下了深刻的印象。回归后不久旋又赴德国从倭铿和柏格森学习哲学。张君劢在哲学上主要受到倭铿和柏格森的影响，在文化观上则

---

① 梁漱溟：《东西文化及其哲学》自序，载《梁漱溟全集》第一卷，山东人民出版社1989年版，第26页。

② 梁漱溟：《我的自学小史》，载《梁漱溟全集》第三卷，山东人民出版社1990年版，第695页。

③④ 韦政通：《梁漱溟的一生和他的文化理论》，载《中国哲学思想论集》（现代篇2），台北牧童出版社1978年版，第171页。

主要受到梁启超的影响，所以后来曾有学者指出，是“梁启超的科学非万能以及物质破产的说法，影响到张嘉森（君劢）有人生观的演讲”[①]。张君劢1923年发表《人生观》一书，在当时的思想界引发了另一场大论战：玄学与科学论战。张君劢的《人生观》的基本思想主要是认为，中西文化的差异关键在于前者侧重于人生观，后者侧重于科学。中国自孔孟以后，文化上侧重内心生活之修养，故其结果为精神的文明；西方则三百年来侧重以人力支配自然界，故其结果为物质的文明。他指出，正如科学无法解决人生观的问题一样，西方物质文明也无法解决中国的精神文明的问题。而且西方自欧洲战争以后，思想界对于科学与工商是否是为正当的人生观以及是否是为正当的文化，已成为一大疑问。因此，不仅今日西方的问题需要从人生观方面加以补救，即便是今日中国文化的发展也应从人生观方面入手。因而人生观可以说是中国文化“转移之枢纽”。

张君劢的《人生观》引发的玄学与科学的论战，其实平心而论，应该称之为人生观与科学的论战。20世纪20年代的中国思想界的主流是提倡科学与民主，可以说是在科学与民主的口号下对近代中国走过的学习西方的文化道路做出初步的反省。这个时代是最富激情的时代，同时思想界亦非常的情绪化，那些对科学与民主持怀疑态度甚至反对态度的思想都被称之为“玄学”，反对科学与民主的人也因此被称为“玄学鬼”。这是当时时代的特征，我们这个时代当然不能继续沿用那个时代情绪化的说法。这场论战也可以说是梁漱溟掀起的东西文化论战的延续和深化，首先它从东西方文化的讨论进一步集中到中西文化的讨论；其次，它在更实际的层面展开讨论玄学（哲学）救国抑或是科学救国的问题；其三，它引发了对于哲学物质与精神之关系的讨论。在这场论战中，东方文化学派、全盘西化学派、中国马克思主义学派等几乎当时思想界所有的学派都参加了讨论。

张君劢关于中西方文明的差异一为精神文明、一为物质文明的说法其实是

---

① 张朋园：《梁启超对社会主义的认识及中国现代化的见解》，载《中国哲学思想论集》（现代篇1），台北牧童出版社1978年版，第179页。

从梁启超那里得来，这也是当时包括中国马克思主义者如李大钊等人在内的相当普遍的看法，因此并无新鲜的东西。而他绝对的析分科学与人生观为二的思想和贬低科学的态度，也多少偏离了东方文化思潮的立场，曾经遭到梁启超的批评。但是张君劢对于人生观问题的重视与凸显，将之看作“文化转移的枢纽”，这无疑对于现代新儒家思想的形成，起到了定位的作用。40年后，当张君劢、牟宗三、唐君毅、徐复观四人在香港发表《为中国文化敬告世界人士宣言》时，一致主张以中国传统文化中的“立人极之学问”，来作为“这个时代”世界文化的“一种大学问”，可以清楚地看到张君劢对于后世的现代新儒学的某种影响。现代新儒学自奉的一种使命，即在于对中国文化的人生哲学，特别是儒家的人生哲学的显扬。张君劢在发表了《人生观》10年以后，又有《科学与哲学之携手》一文，纠正了自己原先偏激的立场。

五四时期是现代新儒家学派的思想酝酿与定位的时期，东方文化思潮可以看作是现代新儒家思想形成的准备阶段，而梁启超、梁漱溟、张君劢等则是为现代新儒家的思想定位的启蒙者及前驱人物。五四时期东方文化思潮中除了这几个人之外，还有许多重要的人物，如与梁启超同为研究系的张东荪、以《学衡》为主要阵地的章士钊、吴宓、梅光迪等人，以及还有冯友兰等。其中特别是张东荪和冯友兰，他们都对东方文化思潮的发展起到过重要的作用和影响。张东荪在1920年前后的社会主义论战中扮演过重要的角色，冯友兰也曾经在当时努力介绍过柏格森的东方文明救世论和泰戈尔的东方文化本位论的思想。尤其是冯友兰，他与梁漱溟、张君劢一起继续沿着五四时期东方文化思潮开启的道路前进，成为20世纪40年代现代新儒家创立思想体系的重要人物。

第二节　儒学价值的重建与现代新儒家三圣

所谓新儒家三圣，当然就是指对于现代新儒家学派的开创作出了主要贡献的三位代表人物——梁漱溟、熊十力和马一浮。现代新儒家后来将这三位人物尊奉为现代新儒家的“三圣”，一方面表示了他们的崇敬心情，另一方面也间接说明了他们的思想与“三圣”有着直接渊源。上面说过，五四运动的一个重要的意义是对于中国近代走过的文化道路开始反思。

近代的中国自鸦片战争以后由于受到西方文化全面的逼迫，中国思想界的有识之士一直在不停地进行着关于自己的文化道路的思考。不过，在数千年一贯的封建制度和文化传统的束缚下，这样的思考是十分困难的，也是十分痛苦的。辛亥革命打碎了封建制度，使得思想界在一个解放了的、开放的环境下进行真正的思考成为可能。五四文化运动的出现，各种人、各种思想、各种思潮以及各种派别开展各种各样的讨论、争论、论战乃至由此而带动的各种社会改革与革命运动，都是辛亥革命造成的结果。以往学界一些观点低估辛亥革命的意义，并常常脱离辛亥革命来谈五四运动以及后来的中国共产党领导的新民主主义革命和社会主义革命，似乎不妥。这样说当然不是否定辛亥革命的局限性，也不否定孙中山先生的局限性，我们上面都已经提到过，这里是题外话，我们姑且不谈。总之，五四文化运动既然是因辛亥革命的成功而发生的，也是接着辛亥革命而来的，正是辛亥革命为后来的文化发展打开了广阔的空间，因此，辛亥革命对于五四文化运动必定造成极重要的影响。我们知道，中国的辛亥革命不同于日本的明治维新，它是一场真正的革命，推翻了清王朝的封建制度。数千年的传统体制一旦被打破，中国人面临的任务便不再是文化改良（或者是像康有为当初设想的那样），而是文化重建。所以，五四文化运动深层次的目标是文化重建，对于中国近代文化道路的反思，是以新时期在打碎了旧传统、开辟了新纪元之后如何重建中国文化的最终目标为根本的内容的。

当然，辛亥革命虽然推翻了清王朝统治，推翻了封建社会制度，但并没有完全摧毁数千年根深蒂固的封建社会结构，以及深入骨髓、顽固不化的封建传统观念。我们说五四的反封建、打倒孔家店等正是辛亥革命的任务的一个持续，也可以说整个20世纪的大部分时间中国都在继续着这一未完成的任务。这是一个两难。一方面，辛亥革命打碎旧传统的任务并没有完成，需要继续革命，无论是孙中山本人还是后来的中国共产党人都是这样看；另一方面，新的纪元已经开辟，文化的重建又迫在眉睫。两者之间孰轻孰重，如何平衡，如何取舍，又如何处理相互之间的矛盾，成为20世纪中国人面对的一个重大难题。

我们前面所说的文化的反省和文化的批判与革命同时出现，又存在于文化的批判与革命的背后，就是指的这个难题。这个难题磨了中国人整整一个世纪，到了今天也许仍不算完。19世纪后期，日本通过明治维新顺利地转入了经济的发展，远在大洋彼岸的美国，也开始在北美西部的不毛之地寻找黄金，修筑贯穿东西的铁路。当时的中国与这两个国家相比，经济上并不落后。尽管当时的清朝已经没落，但论综合国力仍要比这两个国家稍强一些。此后的20世纪，这两个国家的经济一直持续发展，但中国在经济上越来越落后。究其原因虽然有许多条，但是中国人一个多世纪来不能一门心思搞经济建设，而是长期在文化的革命与文化的重建之间夹磨，应是一个十分重要的原因。

当然，话说回来，19世纪末的中国，洋务、维新不成，转而走向革命，这也是客观的选择，历史之必然。而且，这也决不能说是一件坏事。百年沧桑，在人类的历史长河中只是短暂的一瞬，龟兔赛跑，最终的结果谁能预料得到呢？而且更重要的是，中国在20世纪最后的20年里已经逐渐摆脱了革命的夹磨，如今的中国人已经由乌龟变成了跑得飞快的兔子。可见，半个多世纪的革命并非无功。革命不仅使中国人摆脱了帝国主义的欺凌和压迫，而且解除了五千年文明对于中国人的束缚，解放了几代中国人的思想。五千年的文明，用一个世纪的时间来清算，时间上并不算长久，这的确是中国文化所需要的。唯有革命得彻底，才会有重建的辉煌。

当然，我们已经说过，革命并非目的，目的是文化的重建。革命只是为了扫除文化重建道路上的障碍。因此，文化的重建始终伴随着革命而来。不过有一点今日已经愈来愈清楚了，那就是文化的重建并非只是经济的发展和国力的增强，文化的重建的一个非常重要的方面，就是传统的复兴和辉煌再现。一个国家和民族在现代化的过程中，丢掉传统是不可取的，20世纪的中国对于传统的批判，只是权宜之计，只是一段插曲。中国的发展，主旋律最终应该是中国传统的发展，而不应该是别的什么东西。尽管各种思想和派别对于中国文化的重建和传统的复兴会有不同的思路，对于中国文化之于人类未来也有不同的设想，但是文化的重建和传统的复兴的目标应该是相同的。对于当今的世界，中国这样的有着古老文明的文化的重建和复兴，是有着非常重要的意义的，我们自己首先应该对此加以重视。

中国文化的重建，在现代新儒家看来便主要是儒学文化传统的重建，或者按照现代新儒家第二代人物的说法是儒学价值的重建。而说到儒学价值的重建，除了要从东方文化思潮的源头说起之外，主要的应该提到梁漱溟、熊十力和马一浮，他们三位被后来的现代新儒家们尊奉为现代新儒家的“三圣”，并非偶然。东方文化思潮作为时代对于回归传统的某种呼吁和要求，只是现代新儒家形成的一个氛围，一个基础。一个学派的真正出现，还需要形成共同的理念，以及围绕这一理念所进行的理论的阐述、理论的创造和思想的教育传播实践。儒学价值的重建的概念虽然是第二代人物提出来的，但是“三圣”代表的第一代人物，其中也包括了张君劢、冯友兰以及贺麟等，都已经在基本的方面作出了重要的努力，特别是梁漱溟、熊十力、马一浮三人，分别在这些方面各自作出了开拓性的贡献，从而为这个学派的发展奠定了基础并且规定了方向。下面我们就对这三位人物在儒学价值重建方面所作出的开拓性的努力和贡献，分别作一叙述。

一、儒学复兴的文化理念与梁漱溟

我们在前面一章里已经介绍了梁漱溟的“世界三期说”中的思想以及他在其中所提到的儒学复兴为世界文化的观念。虽然他的这一学说立论十分大胆，并不曾为学术界所接受，而且也可以看出具有浓重的悲观主义和厌世主义成分，不过这些方面的问题对于现代新儒学来讲并不重要，重要的是梁漱溟首先提出了现代新儒学的文化理念。这个理念，就是他所提出的儒学复兴为世界文化的观念。因此，虽然我们前面提到梁漱溟在东方文化思潮中的表现，但是说到现代新儒学就不能不再次提到他。唐君毅先生说梁漱溟先生是现代新儒学的“开启者”，实际上学术界已经广泛认同这个看法，承认梁漱溟对于现代新儒学学派所起的开创性的作用。关于这一点，台湾学者韦政通在他的《梁漱溟的一生和他的文化理论》一文中说得更为明白。他说：

在中国现代思想上，它（指梁漱溟的《东西文化及其哲学》）代表创造性的一个起点，后来研究中西文化的人，多少都会从这里得点启示。我还可以指出来，在现代思潮中目前渐有抬头之势的新儒家，就正是朝着梁先生所指示的方向在前进的。梁著中有一个最主要的问题，就是："东方文化可否翻身成为一种世界文化？"他认为："如果不能成为世界文化，则根本不能存在；若可以存在当然不能仅只用于中国，而须成为世界文化。"因此他预测"现在是西洋文化的时代，下去便是中国文化复兴成为世界文化的时代。"从这里可以看出他的意愿，和他对中国未来文化的构想，和四十年以后的新儒家的看法，几完全一致。

使中国文化复兴为世界文化，或者更加确切地说，使儒家文化复兴为世界文化，这一最先由梁漱溟提出来的思想，40年以后几乎成为现代新儒家"完全一致"认同的思想理念，这正是梁漱溟对于现代新儒学的一大贡献。

儒学复兴，在20世纪是一个颇有争议性的思想。如果说，儒学复兴或许逐渐可以成为现代中国许多思想学派、学者的共同的理想，但是儒学复兴为世界文化，则基本上是现代新儒家的理想，具有特殊的意义。而现代新儒家的这一思想的开山始祖，正是梁漱溟。当然，梁漱溟对于现代新儒学的贡献，并不只是提出了一个理念那么简单。他的《东西文化及其哲学》一书中的思想观点，除了主张儒学复兴的观点获得现代新儒家的认同，其他的观点尤其是核心的观点——"世界三期说"并不受到新儒家的欢迎。但是，梁漱溟的贡献并不只是限于一部《东西文化及其哲学》。梁漱溟后来去搞乡村建设，20世纪40年代又发表《中国文化要义》一书，阐述中国文化儒家伦理本位的思想。这些努力，无论是对于现代中国文化的建设，还是对于现代新儒家学派思想的发展，客观上都起到积极的影响与推动的作用。

二、儒家哲学的理论改造与熊十力

与梁漱溟首先提出现代新儒学的理念之贡献不同，熊十力对于现代新儒学的主要贡献，是在于他首先开始了对于传统儒学的现代意义上的哲学理论创新和改造。这种创新改造的主要成果，就是他的《新唯识论》。

熊十力于1913年发表指斥佛学的文章而与梁漱溟打笔墨官司，两人由此结下长期的友谊。1920年因梁漱溟的介绍，熊十力去南京内院从欧阳竟无大师学习佛学。1922年又经梁漱溟介绍并受蔡元培的邀请，去北大接替梁漱溟讲授

“佛学讲座”。从1922年起，他在北大开讲“唯识学概论”。1923年，熊十力的《唯识学概论》在北大印刷，但不久他便对佛家的唯识学产生怀疑，于是“毁弃前稿，开始草创《新唯识论》”[①]。《新唯识论》历经十年，数易其稿，最终以“明宗、唯识、转变、功能、成色上、成色下、明心上、明心下”八章构筑其体系架构。

《新唯识论》的问世，在当时的学术界引起广泛的回响，并由此奠定了熊十力在现代新儒学中的崇高的地位。尔后他的思想虽有所前进，但是基本不出《新唯识论》的窠臼。熊十力的努力主要集中在哲学的方面。我们说熊十力对传统儒学作了现代意义上的理论创新，主要指的就是这一方面，《新唯识论》可以说是现代新儒学的第一部哲学著作。不过，说熊十力对于传统的儒家的哲学作了现代意义上的理论创新，以及说《新唯识论》是现代新儒学的第一部哲学著作，并不是说他的《新唯识论》本身已经是一部相当现代的著作。平心而论，《新唯识论》无论语言文字还是思想内容，都是非常传统的。一方面，《新唯识论》实际上主要是对于他所学习过的唯识学进行清算，而且理论上主要是承继宋明儒学的余绪，重拾宋明儒学的方法；另一方面，它的内容与现代中国文化所需要的哲学也相去甚远。换言之，《新唯识论》中的哲学，还远不是一种现代的中国人可以在其中安身立命的哲学。我们说熊十力对于传统儒学作了现代意义上的哲学理论的创新，不是说他创造了一种新的时代的哲学，更不是说儒学在他的创新下已经有了全新的面貌。熊十力的哲学对于现代新儒学的价值及贡献在我看来主要表现在两个方面：

第一，提出突破旧学创造新学的思想，并且为实现这一思想的理论创新先行一步。我们知道儒家学说自孔子以降，一直以孔子的“述而不作”作为文化思想延续的传统。西方汉学家也大都认为，以儒家学说为代表的中国文化比较注重文化思想的延续性，而不注重文化思想的创造性。如当代西方的一位著名汉学学者Roger T.Ames（中文名安乐哲）曾经指出，中西文化思想的一个重要的差异即在于中国的文化是一种“连续性”的文化，而西方文化则是一种“非

① 郭齐勇：《熊十力思想研究》，天津人民出版社1993年版，第9页。

连续性”的文化。中国文化的这种“连续性”即是说历史上的每一次文化的创新都只是对于传统的重新解释，而西方文化的“非连续性”则相反，是说每一次文化思想的创新都不同于传统，乃至是对传统的否定。例如，中国文化的历史演变近代以前一直是在儒家传统的框架内进行的，而西方文化每个时代甚至每个人物的思想都相对独立，自成体系，如牛顿与爱因斯坦的思想体系即是如此。①这样的看法虽然很有道理，但是并不能完全说明中国思想文化的发展历史，当然也包括儒家传统的历史。中国儒家思想文化虽然以“述而不作”为传统，但是历史上也有创造的时代以及理论的创新出现，并非每一次文化及思想的创新都只是对于传统的重新阐释，理论上的创新或创造与重新的阐释还是有很大的不同的。孔子以来的儒家的历史也许没有独创性的理论，但是肯定有理论上的创新或创造，这些创新或创造是超越纯粹的阐释或解释的，并且在主客观上都不同程度体现出某种突破旧学创造新学的特点。历史上，儒学的理论创造或创新往往是同儒学的复兴时代及复兴要求相联系的，如宋明时代和宋明儒学。近代以后儒学因西学的冲击而衰落，但同时也因西学的挑战而再次触发新的生机。传统复兴的要求总是同民族振兴的渴望相伴随，这正是儒学复兴最本质的一面，我前面所说的要求复兴传统并不能简单定义为复古和守旧，也盖因为此。于是又有理论创新的出现，近代在哲学上对于儒家哲学进行理论上的创新或创造的典型例子，就有谭嗣同的《仁学》、章太炎的《訄书》等著作。谭、章的著作对于儒学的创新并非只是一种新的解释和阐释，而确确实实是理论上的创新，并且采用的是理论创造的方法。现代新儒学既然提出儒学复兴和重建儒学价值的目标和理念，那么，理论上的创新就不可避免。熊十力的《新唯识论》就是这样一种创造或创新的哲学。对于这一点，熊十力本人一开始就是十分清楚的，他说：

有问：“此书非佛家本旨也，而以《新唯识论》名之，何耶?”曰：“吾先研佛家唯识论，曾有撰述，渐不满旧学，遂毁夙作，而欲自抒己见，乃

① 参见安乐哲：《主术——中国古代政治艺术之研究》，滕复译，北京大学出版社1995年版。

为《新论》。夫新之云者，明异于旧义也。异旧义者，冥探真极，而参验之此土儒宗及诸钜子，抉择得失，辨异观同，所谓观会通而握玄珠也。”①

熊十力的目的正是要以这本书“笼群言而成一家之学”。这种突破传统创造新学的思想，正是复兴儒学、重建儒学所需要的。新时代儒学的复兴与重建，不仅需要理念，更需要有突破传统进行新的理论创新的勇气和实践，要有成一家之学的学术气概。这种哲学上的创造与创新，在熊十力之前也已经有人进行了尝试，如我们上面提到的谭嗣同、章太炎等，但是对于现代新儒家而言，熊十力可谓先行者。当然，熊十力的创造新学与西方哲学上的独创理论还是有相当大的不同的，他不是在儒学和传统之外创造一种全新的哲学理论，他的创新恰如宋明儒学所做的那样，只是会通传统，扬弃旧学，通过对于传统诸学之异同、得失的参验和抉择，以及通过理论的创新，进一步重新把握传统之真谛。此即熊十力的所谓“握玄珠”的真正含义。而从熊十力的《新唯识论》的内容来看，尽管他的哲学思想及架构并未真正实现对于传统和旧学的突破，但是他在著作中正如他自己所说过的那样，尽可能地运用了一些新的概念，并且处处体现出理论创新的思想意图，并且有构造自己的哲学体系（一家之学）的强烈意向。

第二，以易学为体，折衷儒、道、释各家，申明体用，阐发儒家内圣外王的思想。熊十力的思想并非三言两语可以阐述，这也不是本书的任务，熊十力的哲学理论总体上来看，最大的特征是以易为体。所谓以易为体，并不是说《新唯识论》以阐述易学为主，而是说以易学的精髓统贯、架构其哲学，如他在《初印上中卷序言》一文里说：“……中卷申明体用，因评判佛家空有二宗大义，而折衷于易。易者，儒道两家之统宗也。既已博资群圣，析其违乃会其通，实

① 熊十力：《新唯识论全部印行记》，载《新唯识论》，中华书局1985年版，第239页。

亦穷极幽玄，妙万物而涵众理。”[1]熊十力的研究者郭齐勇在他的著作里也十分清楚地指出：“熊十力的本体论和方法论，来源于易学，尤其是宋明易学。熊先生之学，号称‘新易学’，他本人常以‘归宗《大易》’自豪。”[2]在易学精髓的统贯下，熊十力的《新唯识论》表现出三个方面的内容特点。一是融儒入佛，以佛解儒。马一浮曾说过：“熊十力自悟唯识，宗归般若，斯乃义学耳。”他是从佛学唯识入手，以儒学来改造唯识学，并且通过佛教唯识学来阐述、丰富以及会通儒家思想，看得出他改造唯识学的意图十分明显。[3]二是以易统宗儒道，评判佛家，构筑他的新儒学的哲学体系，因此，佛为其表，儒为其里。三是折衷佛家空有二宗，辨明体用，并由此展开和阐扬儒家的内圣外王的思想。

熊十力以易学的思想方法来突破旧学、架构新学，对于新儒学的价值重建有着十分重要的意义。古《周易》本是一部关于占卜算卦、预测吉凶的书，通过原始神秘的算术方法，并结合对于客观世界各种事物及变化的观察和内心的感悟，来推测天道人事的变化，以作为生产和生活的指导和依据，具有强烈的实用性或现实性，以及充满了创造性和辩证法。这种方法在由简驭繁的同时，也特别强调心灵的感悟之作用，同时，它的简易直观也使其理论成为一种开放性的架构。这是一部中国早期的充满神秘色彩的智慧书，可以说是中国文化的智慧之源。孔子述六经，遂有《易传》问世，并充分利用了《易经》的开放性的理论架构来演绎儒家的思想。[4]《易传》在哲学上，一方面充分阐释和发展了《周易》切于民生日用的思想，主张“明于天之道，而察于民之故，是兴神物以前民用”[5]，另一方面则将儒家的伦理道德观借易学的思想方法作形上的发挥，

①② 熊十力：《初印上中卷序言》，载《新唯识论》，中华书局1985年版，第240页。

③ 熊十力的哲学创造是从《新唯识论》开始，也是以他的《新唯识论》为代表，他是在佛学唯识论的框架内融入了儒学的思想，可见他最初的本意是要以儒学来改造佛学唯识论，建立起一种新的佛学，从这个意义上讲，他的哲学首先应该叫作新佛学。不过，熊十力对他的新唯识论的哲学多次修改，不仅数易其稿，而且特别添加了《明心》上下二章，到《新唯识论》完稿之时，其思想的重心与核心已经转为儒学，因此，他的融儒入佛的初衷也因此变成了以佛解儒，以及融佛入儒，而他的新佛学事实上同时也成了一种新儒学了。而无论是新佛学还是新儒学，恐怕都不是熊十力的本意，他的本意是重建传统，成一家之哲学。

④ 尽管后人多有考证，认为《易传》并非孔子本人所作，但这部著作应该与孔子有关。

⑤ 《易·系辞》。

认为昔者圣人作易，“立天之道曰阴与阳，立地之道曰柔与刚，立人之道曰仁与义”①，主张体天地之撰，通神明之德，而顺性命之理。结合上述的两个方面亦可以归纳为一句话“穷理尽性”。正是在易学的思想基础上，儒家建立起了它的天人合一的哲学本体论学说，以及由此而开出的实用之学和伦理心性之学。

中国文化自汉代以后，儒学的每一次变革，几乎都是以先秦之易学为思想的起点，或者是以易学为思想变革的武器的，故中国历史上的易学先秦之后又有汉易学、宋易学等，每个时代新的易学的出现，反映的正是儒学的革新与变化，而易学则每次都在儒学的这种时代的迍邅、演变中起了关键的作用。这其中的原因便是易学的简易的思想及开放性的架构，为儒学的创新和重获生机提供了哲学的方法。熊十力哲学以易为体，希望运用易学的思想方法来重建现代的儒学，他能够突破旧唯识学，建构自己的本体论的学说和力求适应现代社会的内圣外王的思想，正是得益于易学的开放式架构及方法。尽管他的哲学由于受到时代及个人的局限，未能完全脱离宋明儒学窠臼，未能建立起真正适合现代要求的新儒学理论，但是，他的哲学的确充满活力，让人耳目一新。更重要的是，他的哲学向重建儒学价值的理论目标迈出了重要的一步，同时为后来的牟宗三、唐君毅等人进一步对传统儒学作大力的改造提供了一个思想基础。

三、儒学教育的探索与马一浮

马一浮与梁漱溟、熊十力不同，他在整个中年时期，一直过着隐居的生活。当梁漱溟在20世纪20年代的文化论战中激情四射、出尽风头时，当熊十力在北大宣讲《唯识论》并殚精竭虑、苦思冥想，力求有所突破并构造出自己的哲学时，马一浮则隐居在西子湖畔，拒绝了所有外界提供的学术职位的邀请，显得十分的超尘拔俗。不过，马一浮只是隐居，并非出世，他虽然远离社会的喧嚣、文化学术的争论，但是内心并不平静。实际上他与梁漱溟、熊十力一样，都在思考着同样的问题。我们在上一章里曾详细介绍的马一浮的六艺统摄一切学术的思想以及其中包含的关于儒学复兴的思想理念，就是在这同一个时期形成的。虽然马一浮的这个思想理念的形成或许比梁漱溟稍晚，也可能受到梁漱溟的影

① 《易·说卦》。

响，但是他的思想却遵循更为醇正的路子，对于后来的现代新儒学有其不可替代的影响。

在哲学上，大致的情况也是如此。马一浮虽然没有像熊十力那样苦心孤诣来构造一种可适用于现代中国的新的儒家哲学——这对于现代新儒家来讲是十分重要的，但他还是在进行哲学的思考。与熊十力决心想要“成一家之学”的学术目标不同，马一浮的学术目标是“以有生之年，专研六艺”，因此，马一浮的学术目标是更为传统和正统的。大体上，熊十力对于传统哲学，是基于批判的，而马一浮则是基于综合；熊十力是基于创造的，而马一浮则是基于传承。如熊十力对于宋学的批评以及对于晚明新宋学的肯定，以及他对于自家的本体论的建构等，马一浮则只是要在宋明儒学各派之间作出一个“调停”，于儒、释、道乃至中西哲学之间期于一个“统摄”，因此，熊十力的哲学更多地注意传统哲学中适于现代社会的活力的部分以及向着现代社会的思想上的转机，而马一浮的哲学则更注意准确地把握传统哲学的本质。但这并不是说马一浮的思想较之熊十力的思想缺乏活力，哲学上的真正的活力不是来源于思想的批判，而是来源于开放性的架构，尤其是来源于人类精神中那些具有永恒价值的思想。马一浮的哲学也是建立在易学的思想基础之上，关于这一点，我们在下一章专门探讨马一浮的哲学思想时再谈。他们两人在二三十年代里有较密切的学术上的交往，思想上有较多的相互交流和影响。如熊十力在《新唯识论》一书中曾提到，他在写作过程中多次与马一浮“商榷疑义”，并且在《明心》一章的许多地方采纳了马一浮提供的思想和建议。这不仅说明马一浮的思想在当时对于熊十力这样的学者也有某种影响力，同时也说明一个学派的哲学理论的创新亦非一人之功可以成就。当然，马一浮对于现代新儒学以及儒学价值重建的贡献，主要还不是在学派理念的提出以及学派哲学理论创新这两个方面。在这两个方面，应该承认和肯定梁漱溟的先见之明和熊十力的首创之功。马一浮最突出的贡献，是在倡导儒家学说的教育方面，以及他在推行儒家思想教育方面所作的可贵的探索。在这一方面，马一浮的贡献对于现代新儒家来说，是开创性的，并且对于后世的现代新儒家的儒学教育实践产生重要的影响。当然，如果不说对于现代新儒家学派的贡献，而说对于整个中国现代文化的发展和未来儒学传统复兴的贡献，那么，马一浮的思想也是不遑多让的。

马一浮倡导儒家教育，极有特点。中国的文化教育自近代以后，逐渐被新式的学校教育所取代，尤其是民初以后，这种改变已经是根本性的。从古代的旧式教育到近代的新式教育，最大的改变不是形式，而是内容。其中最主要的变化是在儒学教育。儒学教育在古代是教育的主要内容，虽然上至太学下至村塾教育内容亦有分科，但仍以儒家经典的教育为主，其他的分科不过是副科及点缀而已。此外，由于古代的中国以儒学立国，因此，儒家教育不仅限于学堂，而且深入人们的社会生活。此时的儒学是一种活的文化，与中国人的生活乃至生命息息相关。民初以后，新思想、新文化兴起，儒家思想文化在批判中逐渐退出政治社会的舞台，成为传统历史文化的一部分，其活力也仅存在于中国人的生活习俗和生活观念之中，并且在新思想、新观念和新风俗的挤迫下，不断走向衰落。在教育方面，新式的学校教育也开始将儒学的教育归于历史，儒学只成为历史学科教育的一部分内容。对于儒学的这种状况，马一浮甚感无奈。一方面，他对于儒学在学校教育中的地位十分不满，另一方面，他认为当时的学生已经不再重视儒学，他在1930年的一封谢绝北大陈大齐校长邀请他出任研究院导师的信中写道：“方今学子务求多闻，则义理非所尚。急于世用，则心性非所先。”[①]人们只知求知，不知心性。这也正是马一浮不肯接受国民政府教育部的职位以及多次谢绝北大、浙大等教授职位礼聘的最主要原因。马一浮认为，儒学的教育不应该按照现代学校教育的常规之法来进行，不仅不能置于常规的学科教育之下，而且不可当作一种死的文化知识来对待。尤其是对于后一点，他认为十分重要。因此，他在泰和讲学时开宗明义地指出：

> 诸生欲治国学，有几点先须辨明，方能有入：
>
> 一、此学不是零碎断片的知识，是有体系的，不可当成杂货；
>
> 二、此学不是陈旧呆板的物事，是活泼泼的，不可目为古董；

① 马一浮：《书札・致亲戚师友・陈大齐》，载《马一浮集》第二册，浙江古籍出版社、浙江教育出版社1996年版，第516页。

三、此学不是勉强安排出来的道理，是自然流出的，不可同于机械；

四、此学不是凭藉外缘的产物，是自心本具的，不可视为分外。①

儒学是关乎人的身心的学问，其所包含的道理即是每个人生命中都具有的“性德”（德性），它是活的、系统的和自然流出的。虽然时移事异，儒学已经退出政治社会的舞台，但是，儒学作为中国文化的传统，终有复兴的一天。因此，它不应该被当作陈旧历史的古董、当作一种死物来看待。马一浮的这种看法，植根于他将儒学看作是一种生命的学问的思想，同时也包含了对于新式学校教育轻视儒学教育倾向的不满。

从这种看法出发，首先马一浮主张应按照古代儒家书院的方式来开展儒学教育。1938年，他赴泰和受聘于浙江大学主讲“国学讲座”，一方面固然表现了他抛弃隐居的生涯，与同胞共赴国难的决心，另一方面，如同我们在第一章里所说的那样，是浙江大学几次邀请，双方协商的结果。浙江大学最终同意设一国学讲座来接纳马一浮，马一浮自然欣然前往。对于浙江大学而言，此举表明了当时的竺可桢校长对于固执的马一浮先生的莫大的善意，而对于马一浮来说，国学讲座虽然还不是正规的儒家书院，但也与他所不认同的学校之学科教育有别，虽不十分满意，却聊胜于无。不过，马一浮很快发现，主讲国学讲座，只不过是他的一厢情愿。他在给熊十力的一封书信中曾抱怨说：

弟在此大似生公聚石头说法，翠严青禅师坐下无一人，每日自击鼓上堂一次。人笑之曰：“公说与谁听？”青曰：“岂无天龙八部，汝自不见耳。”弟每赴讲，学生来听者不过十余人，诸教授来听者数亦相等。察其在座时，亦颇凝神谛听，然听过便了。无机会勘辨其领会深浅如何。以云兴趣，殊无可言。②

---

① 马一浮：《泰和会语·论治国学先须辨明四点》，载《马一浮集》第一册，浙江古籍出版社、浙江教育出版社1996年版，第4页。

② 马一浮：《书札·致亲戚师友·熊十力》，载《马一浮集》第二册，浙江古籍出版社、浙江教育出版社1996年版，第529页。

门庭冷清、课堂萧索，使他有和尚撞钟的味道。之所以会如此，马一浮认为，关键在于人们对于儒家学说睽违太久，早已“不知自己心性为何事”，现在突然教他们自拔流俗，向内体究，确有些风马牛不相及，此正所谓一曝十寒，焉能为功。这一实际的情形恰好证实了他过去的看法。所以，当有关方面邀请马一浮入川去筹备和主持复性书院时，他一方面表现出对于此事非常热衷，忙着为书院制《简章》、作《缘起》，出谋划策，不一而足，另一方面又一再对入川就职踟蹰不决，他曾对熊十力说，“弟前书谓书院不必期其实现，但简章可留为后法”[①]云云。这其中一个重要的原因就是对国人对于儒学的热情缺乏信心。当然，他之所以心里显得十分矛盾，还有其他的一些原因，如担心当局对于办书院是否会“有头无尾”，是否会真正如魏文侯、齐宣王、姚兴、梁武那样有礼贤下士的雅量，等等。从他在入川之前的一些与友人和有关人士的书信可以看出，他对于复性书院这件事情表现出一种极其复杂的心情：兴奋中隐含着焦虑，犹豫里显示出渴望，有时甚至到了胡思乱想、胡言乱语的地步。譬如，他一会儿幻想书院是否会像丛林禅寺那样熙来攘往，热闹非凡，一会儿又自叹这“实太理想，远于现实”。可以看出书院确是马一浮的最爱，是他朝思暮想的地方。从他后来为书院所付出的辛劳和努力来看，也是如此。所以他最终还是很快辞去浙大讲席，到乐山复性书院走马上任，毕竟书院更能够让他施展抱负，同时也可以避免学生对于儒学课程缺乏兴趣的尴尬。

其次，马一浮认为书院讲课的内容也应该以儒家经典的讲解和修习为主，是原汁原味的，而不是研究和讲论哲学或历史。在马一浮看来，学习儒学同学习哲学、社会科学不同，学习儒学的主要目的是“求道”，而学习哲学、社会科学的主要目的是“求知”，这也正是马一浮认为学校的哲学教育同书院的儒学教育最大的不同之处。当然，马一浮并不否认学校教育也有求道的一面，但是从西方引进的新式的学校教育，求知是其主要的学术目标。这也是马一浮关于中

---

① 马一浮：《书札·致亲戚师友·熊十力》，载《马一浮集》第二册，浙江古籍出版社、浙江教育出版社1996年版，第532页。

西学术的一个重要看法。我们注意到，马一浮在浙大“国学讲座”讲学的课程内容与复性书院的课程内容有很大的不同。他在浙大开的国学课程讲的内容主要是他自己的哲学思想，而不是对儒家经典文义的讲解。虽然阐释的也是儒家的哲学，但这是他自己研究体悟出来的成果，如六艺论、理气知能论、义理名相论等，构成自己的一个体系。这样的课程内容形式基本是与学校的哲学、社会科学的内容形式的要求相一致的。马一浮没有在浙大系统地开讲儒家的群经大义，这或许是为了把自己的研究成果拿出来，但也许只是为了照顾学校的教学形式，以及学校对于课程内容的要求。从马一浮一生不重著述的特点看，后者的可能性更大一些。这也可以看作是马一浮很快辞去浙大讲席入主复性书院的另一个原因，毕竟系统阐讲自己的研究心得以及通过课堂讲论，深化和完善自己的哲学体系，并非马一浮之所长。作为一个醇正的儒者，他更愿意通过讲解儒家的经典来将原汁原味的儒家思想传授给学生。正因为如此，在马一浮看来，以贩卖显学、传授知识为主的新式学校环境显然与之不相适合。如前所述，马一浮在复性书院以“昌明圣学”为宗旨，尽管设立通治门和别治门，通治门兼修儒家群经大义，别治门专修一门经典，并且计划在群经大义一科之外，再设哲学、义学、禅学和西学四科，但是这四科最终只是虚设，并没有真正开课。马一浮在复性书院期间，总共只讲了群经大义一门课程而已，计有《群经大义总说》《孝经大义序说》《诗教绪论》《洪范约义序说》《观象卮言》等，《群经大义总说》里包括《论语大义》十篇。可以说，马一浮基本上将儒家六艺经典全部讲述了一遍。当然，这里说的“全部”只是说每部经典都有讲到，而不是说六艺经典中每篇都作了讲解。马一浮在复性书院实际讲课前后不到两年，后因经费不济以及生员稀少，不得不宣布“辍讲”，并遣散学生，因此没有时间来作更深入细致的讲解，不过总算基本都讲到了。

马一浮讲经，大体上与宋儒同而与汉儒异，不是依文解义，而是借文说理。而且，对于每部经典的讲解都有总说之辞。此外，另有与宋儒不同的是，借释、老之言说经处甚多，毫无忌讳，不似宋儒那样欲说还休，对于释、老仍不能完全撤其壁垒。如马一浮讲《尚书洪范》一篇时即有总说云“今谓《洪范》为尽性之书，箕子所传。盖舜禹之道，王者修德、行仁、事义，咸备于此”①，“故贵德不贵力，乃《书》教要义”②，等等。又如以佛氏之学解说《易传》，如云“《坎》《离》之用，亦不专主视听，用《易》之道，亦存乎其人耳。人之视必有所丽，如火之必丽于薪。听则远近无隔，如火之有燃灭明暗，水则不舍昼夜。此《楞严》所以赞耳根圆通也”，等等。像这种借佛学以及用佛学的语言或者道家的语言来解释儒家经典的地方，在马一浮的《复性书院讲录》里面随处可见，这里我们不一一列举。需要指出的是，马一浮的这种借佛、道来解释儒学的做法，并不影响马一浮对于儒学的醇正的理解和解说，儒、释、道三家学术，尤其是儒、佛两家的思想，在马一浮那里是融会贯通的。

总的来说，复性书院不是一个成功的实践。一方面由于经费的问题，另一方面由于教育方针等问题，书院到了1942年以后就难以为继，处于形存实亡的状态。书院不是为了培养社会有用的人才，学生毕业后书院不负责安排出路，造成来求学的学生稀少，这也是书院不能持久的一个原因。对此我们前面已有详细论述，这里不再重复。不过，正是浙大的“国学讲座”和复性书院的儒学讲论，使马一浮成为现代中国第一位系统开展儒家教育的人。以后第二代现代新儒家人物牟宗三、唐君毅、方东美等都在大学里开设中国哲学的课程，并且在所开设的课程中有意推行儒家思想文化的教育，系统地阐述儒家思想，当然也包括他们自己的心得体悟、自造的思想体系，以及种种关于儒学现代化的设想。尽管一开始也是听者寥寥，兴趣荡然，但是在他们坚持不懈的努力下，儒学的教育终于能够在象牙塔中渐渐立足，而花果凋零的儒学一脉也因此逐渐开枝散叶，有了现代新儒家的第三代乃至第四代。从这个角度讲，马一浮在20世纪40年代大力推行儒家教育，可谓有开创之功。当然，梁漱溟、熊十力等差不多所有的现代新儒家人物都在学校里宣讲过儒学，但是马一浮的儒学教育相比较更为纯粹，目的更为鲜明，也更有特点。最大的差别是，梁漱溟、熊十力常常是讲自己的那一套，特别是熊十力，其哲学有自我构建体系的倾向，虽然不

①② 马一浮：《复性书院讲录·卷五·洪范约义》，载《马一浮集》第一册，浙江古籍出版社、浙江教育出版社1996年版，第329、334页。

似西方哲学那样的有独创性，但已有某种创新性和创造性，因此，尽管相对而言可能比较有现代的特色，但往往会与真正的儒学或传统的儒学产生距离。马一浮虽然也自成一家之言，但是他的讲课总是围绕着儒学的真谛讲，并无自造的概念甚至自创的思想，即使他在浙大“国学讲座”所讲的是他自己的哲学，包括六艺论、理气知能论等，也完全是传统的、醇正的儒学思想，基本上是原汁原味的，尽管他也有自己的体系，但这个体系只是对于儒家哲学的系统的阐释而已，当然也包括他个人的理解、观点和思想。一个自我构造的体系与一个基本是解释性的体系，这是熊十力与马一浮的哲学上的差别，同时也是他们在儒学教育内容上的差别。

理念、理论、教育，这是儒学价值重建的不可或缺的三个重要方面，但三个方面相比较，或许教育以及通过教育传播儒家文化思想更为重要一些。儒学的复兴也许的确需要进行理论上的创新乃至创造，但是理论上什么样的创新与创造能够真正适合现代中国社会与文化发展的需要，却是一个颇费踌躇的事，也不是通过主观努力可以做到的。而且一种理论能否获得广泛的传播及认同，也是未知之事。但唯有教育可以使儒学获得实际的传播，并构成传统复兴的基础。因此，未来的儒学的真正复兴，必然从教育开始。而马一浮原汁原味的儒学教育的方法，可能会在未来的儒学的教育中发挥重要的作用，如果未来的中国将儒学的思想文化教育纳入学校教育以及社会教育的话。

第十一章　马一浮的哲学思想

马一浮哲学思想的基本内容主要见于他的《泰和宜山会语》《尔雅台答问》《濠上杂著》等著作中。《泰和宜山会语》是他在浙江泰和、广西宜山为浙大师生所作演讲的讲稿，其中有《理气》和《知能》共八讲，反映了他的基本哲学思想；《尔雅台答问》有《续编》和《补编》，是他在复性书院讲学时对学生们的答问，以及以书信的形式对院内、院外学者的答复；《濠上杂著》也是他在复性书院时的讲课内容。这些都是他较为重要的哲学著作。此外，从他多年同友人往来的许多书信中，也可以看到他的一些哲学思想。另外，他的极为重要的《复性书院讲录》共六卷，分别是关于儒家经典大义的讲解，这也是他在复性书院讲学的最主要的工作内容的结晶。这些内容不仅表明了他对儒家经典的个人理解，而且也可以从中看到他在哲学上回归原儒的鲜明倾向。我们前面曾经提到马一浮的哲学与熊十力哲学的差异，即在于马的哲学基本上是一种解释性的哲学，熊的哲学则是具有自我建构性倾向的哲学。这并不是说马一浮没有独创性，只是相比较而言。西方哲学与中国哲学相比，西方哲学独创性多一些，中国哲学解释性多一些，但这并不是说西方哲学没有解释性，而中国哲学没有独创性。我们前面说熊的哲学不具有西方哲学的独创性，也正是相对而言之，并不是说完全没有独创性。熊、马相比，则熊的独创性多一些，而马的解释性多一些。马一浮的哲学主要以宋明哲学为基础，这一点与熊十力相似。从内容上看，他同样发挥先秦易学精蕴，以易简之说解理气、知能、义理名相，并引佛学作旁证，以观儒佛之会通。其本体论主理气一元，认识论主知能合一，性修不二。而其哲学的整体特征则无分本体与认识，而是强调“人极”为本，生生为易，理事不二，体用一源，并以华严宗的“总别不二”“六相一如”、天台宗的“止观双运”“定慧双修”，来论证理气与知能、认识与实践、知识与道德的和谐统一。

第一节　理气一元论

理、气这对概念同心、性这对概念一样，是儒家哲学的最基本的范畴之一。这两对哲学概念在先秦儒学中已经有所表述，不过，将这两对概念统合并发展为儒家哲学的核心概念则是宋明儒学的贡献。对于儒家哲学来说，心性是就人而论之，理气则具有形上形下之意义。先秦儒家哲学主要关注的是心性问题，宋儒开始开掘与阐发的理气概念，将基于伦理学、人性论的心性问题完全扩大到世界观、宇宙论的抽象的形而上学层面，从而进一步建立起较为精致，且更具有形而上学及抽象特征的哲学。不过，整个宋明儒学无论何家何派，都是将理气、心性统合在一起加以论述的，并且也基本上都以心性问题的回答为落脚点，这一方面说明了宋明儒学发展了孔孟原儒的哲学，将原儒的哲学推演至天人一体化的层面，很符合孔孟德及万物的圣人理想，另一方面，宋明儒学这种发展，仍然主要表现为伦理学的扩大化，并没有背离原儒心性之学的原则与根本特征。本质上，宋明哲学同孔孟原儒哲学一样，是一种人生哲学，主要以人性的修养以及道德的实践为旨归，对于宇宙万物的真实性及知性意义上的探索缺乏根本的热情。这一点同西方传统以自然为基础的哲学有实质性的不同。不过，宋明儒学不管怎样，毕竟是将儒家哲学扩大到了宇宙论的层面上，因此，尽管他们的哲学旨趣并非探索宇宙的真实性，但是或多或少还是打开了一条通往外部世界的认知通道，这就使得宋明儒学在总体上具有某种“实学”的特征(不仅仅是浙东事功学，程朱理学和陆王心学也不同程度地具有这一特征)；同时，这也是宋明儒学能够冲破汉代儒学的藩篱，具有创造性、现实性和开放性的重要原因。哲学的目光一旦投向更宽广的领域，就一定会产生新的思想。当然，这个具有“实学”特征的哲学与西方传统实在论哲学还是有显著差异的，也各有独到之处；原则上两者并不能相提并论，不能用同样的哲学评判方法或标准（如是否唯物唯心等）去论述，只能作差异性之类的比较。

关于宋明哲学理论上的特征以及有关的中西比较，我们会在其他地方讨论，这里暂且不细说。宋明哲学关于理气概念的看法，各家各派有相当的差异，基本上又可以归为两大类，即“理气二元”论与“理气一元”论。其中宋代的周敦颐、邵雍、二程和朱熹，明代的王阳明、黄宗羲等，都坚持“理气一元”论观点。所谓的“理气一元”论，主要就是认为理即气，气即理，理气是不可分的。马一浮的“理气一元”的观点，首先也是坚持理气不可分，如他说：

> 理气同时而具……就其流行之用而言谓之气，就其所以为流行之体而言谓之理，用显而体微，言说可分，实际不可分也。[①]

又说：

> 邵康节云：“流行是气，主宰是理。”不善会者每以理气为二元，不知动静无端，阴阳无始，理气同时而具，本无先后，因言说乃有先后。[②]

马一浮认为，理气本来是不可分的，人们只是为了言说的需要，才将理气加以分别剖析，但这只是言语表达造成的现象，而并非理气本身实际是这个样子。“不善会者”往往看不清这一点，从而将理气看作是二元的，其实这正是不能领悟（不善会）的表现，是一种错误的观点。马一浮的这一看法很重要，一方面他批评和指出了理气二元论的错误所在，另一方面他所提到的言说与理气关系实质之间的距离问题，不但是他自己反复强调的一个主要思想，而且这个问题也是整个人类哲学史上的一个十分重要的问题。人的认知与所认知的对象之间的关系是什么样子的？人的语言能否准确地表达认知的对象及认知的结果？

---

①② 马一浮：《泰和会语·理气·义理名相一》，载《马一浮集》第一册，浙江古籍出版社、浙江教育出版社1996年版，第39页。

这些问题在中国的古代一直是哲学所关注的主要内容，而在西方直到近代才越来越多地受到关注。其中语言与实理之间的关系，即语言与对象及结果之间的关系，正是近现代西方哲学所关切的问题之一，也就是所谓的诠释学问题。可以说，西方近现代的一些主要流派如现象学、解析学、符号学等，都是在某一方面以诠释学问题作为其认识论的基础之一。关于马一浮这方面思想的探讨，以及中西方哲学中的诠释学问题以及认识论的差异，我们在本章第三节关于马一浮论“义理名相”的讨论中以及在以后涉及中西方哲学的一些比较时再作展开，这里也暂不赘述。

马一浮对于理气一元之关系，以及儒家理气一元论之真实意义，从以下三个方面作了深入的分析和论证：

一、 理气一元即“生生之易”

马一浮认为，理气之关系首先应该放到宇宙生命之运动中加以解释，他说：

> 形而上者谓之道，形而下者谓之器。道即言乎理之常在者，器即言乎气之凝成者也。《乾凿度》曰：“太易者未见气也，太初者气之始也，太素者质之始也，太始者形之始也。”此言有形必有质，有质必有气，有气必有理。未见气即是理，犹程子所谓“冲漠无朕”，理气未分可说是纯乎理，然并非是无气，只是未见。故程子曰“万象森然已具”。理本是寂然的，及动而后始见气，故曰：气之始。气何以始？始于动，动而后能见也。动由细而渐粗，从微而至著，故由气而质，由质而形，形而上者即从粗以推至细，从可见者以推至不可见者。逐节推上去，即知气未见时纯是理，气见而理即行乎其中。故曰：体用一源，显微无间。不是元初有此两个物事相对出来也。①

又说：

① 马一浮：《泰和会语·理气·义理名相一》，载《马一浮集》第一册，浙江古籍出版社、浙江教育出版社1996年版，第38—39页。

> 易有太极，是在两仪，两仪生四象，四象生八卦，故曰：生生之谓易。生之理是无穷的，太极未形之前冲漠无朕，可说是气在理中；太极即形以后万象森然，可说理在气中。四时行，百物生，逝者如斯夫，不舍昼夜。天地之大化默运潜移，是不息不已的，此所谓易行乎其中也。①

理与气并非两物，而是宇宙运动的两个表现方面。宇宙运动由静而动，由细微而具体，动静无端，于是万物而生生不息。理气一静一动，静时虽纯是理，但并非无气，因为此时理中“万象森然已具”，动时亦非纯是气，因为理即行乎其中。故理气同时而具，并无先后，只是言语概念表达时分出先后罢了。因而，对于理气的这种抽象关系，宋明儒学常以“体用一源、显微无间”来加以概括。另外，张载的“互藏其宅于中，无间亦无端无始”的看法，朱子的“理一分殊”的观点等，亦均有这样的含义。

理气是一元抑或是二元的，宋明儒学中有争论。其中孰优孰劣，难以说清，简单的定性也不是好的办法，而思想史的任务则首先是阐明一种思想的特征及目的。笔者认为，理气一元论正是着眼于宇宙万物生生不息的运动，并试图为这一运动作出自我圆满的系统的说明。马一浮继承宋明儒学理气一元的思想，其说理气一元特别强调说明宇宙之生生不息的运动，将理气关系置于宇宙生命运动之含义层次上来加以理解。因此，他不赞成曹月川关于“理之乘气，如人之乘马”的说法，认为这样的话，则人为死人，理为死理，并引黄梨洲的话说：“以理驭气，仍为二之。气必待驭于理，则气为死物。抑知理气之名，由人而造。自其浮沉升降者而言，则谓之气；自其浮沉升降不失其则而言，则谓之理。盖一物而两名，非两物而一体也。”理是活理，气是活气，并不只是两个死概念。理气是“一物而两名”，是宇宙浮沉升降运动的两个方面，气表现为运动过程本身，而理则为运动过程之内在法则。也正是在这一认识上，马一浮特别注

① 马一浮：《泰和会语・理气・义理名相一》，载《马一浮集》第一册，浙江古籍出版社、浙江教育出版社1996年版，第40—41页。

重儒家易学“生生之谓易”的思想。在他看来，唯有以理气一元论，方能圆融透彻地解释宇宙生生不息之运动，而宇宙生生不息之运动，即体现为由不易到变易，再由变易到简易，循环往复，周而复始。他以理为不易，气为变易，并以“全气是理，全理是气”亦即理气合一为简易，来说明宇宙理气一元的运动变化过程，认为对此不能作割裂理解。他说：

> 只明变易，易堕断见；只明不易，易堕常见。须知变易元是不易，不易即在变易。双离断常二见，名为正见，此即简易也。易简而天下之理得矣，天下之理得而成位乎其中矣。[①]

这是说，只明变易或不易，都不是正确理解，唯有合变易与不易，亦即完整把握理与气之内在统一，才能获得对宇宙运动的正确认识和理解。马一浮这里所说的“断见”，是指对宇宙运动中现象的认识，“常见”则是指对宇宙运动中本体的认识，现象即气，本体即理，“断见”只见得是气，“常见”又只见得是理，前者只看到宇宙运动中气化流行、万物滋生的现象，后者只看到宇宙运动中虚静常在之本体，因而是片面的、割裂的，也即是二元的，所以还不是“正见”，而其根本的问题是不能从宇宙的运动中去认识理气，不能把握理气之间的互动的对立统一。马一浮认为，宇宙之生生不息的运动本质上就是一个不断由形上之本体阶段到形下之现象阶段的循环运动过程，宇宙运动之形上阶段并非只有理，形下之阶段并非只有气，而是互相依凭，圆融无间，你中有我，我中有你。因而，只有从理气一元论出发，才能对“生生不息”的宇宙运动作出合理说明。

二、 理气一元之动静、体用、总别、一多

理气之关系既然反映的是宇宙生生不息的运动，因而理气之间首先体现为动静的关系。理是气之静，气是理之动。虽然理气之运动说起来，是从理之静

---

① 马一浮：《泰和会语·理气·义理名相一》，载《马一浮集》第一册，浙江古籍出版社、浙江教育出版社1996年版，第38页。

开始，然后说到气之动，似乎理气之间有先有后，但是实际上是“动静无端，阴阳无始，理气同时而具”的，两者之间本来没有先后，只是言语表达或描述起来才有先后的。但这应该只是言语上的问题，而不是实际的理气之间的问题。

其次，理气虽然在运动中不分先后，但是，理气之间绝对是有主有从的。马一浮完全赞成邵康节（邵雍）所说的“流行是气，主宰是理”的观点，他也常常借体用的关系来加以说明，认为理气之间的主从关系，本质上并非先后的关系，而是体用的关系，理为气之体，气为理之用，理气是“体用一源，显微无间”。马一浮在《太极图说赘言》等著作中，还充分借用佛学华严宗“总别不二”思想对理气之体用关系作进一步论证。他说：

学者须知，此实理者，无乎不在。不是离心而别有，所谓总该万有，不出一心。在华严以法界缘起不思议为宗，恰与此相应。[①]

又说：

已知法界缘起一多相，更须明六相一相义，然后于《太极图说》，方可洞然无疑。六相者，总、别、同、异、成、坏也。一含多德为总相，多德非一为别相。总为别之所依，离总无别；亦为别之所成，离别无总。[②]

理气之体用关系，即华严宗所说的总相与别相之关系，也即一与多之关系。马一浮认为华严宗对这一方面的看法，正与儒家易学思想相应，并包含在易学义中。因为理气之体用在易学义中，即体现为不易与变易之关系。而这种运动之中的动静变化之关系，同时也体现了总别和一多的关系。“即有此理，便有此气，即有此气，便分阴阳，以此生出许多事物。唯其理有许多，故物亦有许多。”一理之运动即气之流行化生万物，而最后则又归结为一理。“《通书》理

①② 马一浮：《濠上杂著·太极图说赘言》，载《马一浮集》第一册，浙江古籍出版社、浙江教育出版社1996年版，第713—714页。

性命章云：'二气五行，化生万物。五殊二实，二本则一。是万为一，一实万分。万一各正，小大有定。'"这也就是"万物一太极"，"物物一太极"。前者是多，即别相，后者是一，即总相。可见，理气之不易与变易之关系，是包含了动静、总别、一多之关系在内的。另外，理气之体用关系也是总别关系之内涵，明了体用之后，便可以分说总别："太极是总，二五是别。若约华严六相义说，则五行阴阳，各具同异二相。各各相望为异，共成一总为同。……实则六相一相，缘起成别，摄归于体，即别是总。故已明体用，更说总别也。"①

从以上论述可见，马一浮论证理气关系，充分运用了儒学与佛学的辩证法。

三、 理气一元与人性

马一浮的理气一元论哲学论宇宙之生命运动，并非仅是自然界生物意义上的，同时也是人的生命意义上的。他秉承宋儒"理即性""性即理"的思想，认为宇宙生命的运动与发展，归根结底是人性的抉示与发展。正是在这个意义上，他十分推崇邵雍、朱熹和周敦颐等人的思想，其中他最为赞赏周敦颐的思想。他说："继六艺而作，有以得易教之精微而抉示性命之根本者，其唯周子之《太极图说》《通书》乎？"②他在以华严宗思想解说周敦颐《太极图说》时特别强调这一点。如他说：

> 太极即法界，阴阳即缘起，生阴生阳，乃显现义。生生为易，故非断非常，义学家判此为邪因、无因，乃知二五而不知十也。又法界有四种义：一、事法界，界是分义，一一差别有分齐故；二、理法界，界是性义，无尽事法同一性故；三、理事无碍法界，具性分义，性分无碍故；四、事事无碍法界，一切分齐，事法一一如性融通，重重无尽故。易教所显如此，《太极图说》所示，正属后二义也。③

马一浮这里所说法界四种义中，事法界是指气之流行而有事物差别分齐之

---

①②③ 马一浮：《濠上杂著·太极图说赘言》，载《马一浮集》第一册，浙江古籍出版社、浙江教育出版社1996年版，第717、710、713页。

现象界；理法界是指宇宙同一于理之本体界，因理即性，故云事法同一性；所以此二法界是就理与气、形而上与形而下分别而言。理事无碍法界是指理气合一融通无碍，体现宇宙生命运动的全过程，同时也是人性的充分抉示与发展，故又云性分无碍。事事无碍法界则是说人性之发展虽说是穷理，但却不离事物现象界，落实于百姓日用与生命实践之中。对事物的不断认识即是人性的不断抉示与显发，故云一切分齐，事法一一如性融通，重重无尽。因此马一浮说周敦颐的《太极图说》所揭示的正是后两种意义，是因为《太极图说》得“易教之精微”，既阐发了“生生为易”的思想，同时又“抉示性命之根本”，其理气一元论最终以人性的抉示为落脚处。

从以上我们可以看出，马一浮的理气一元论是对宇宙“生生为易”之生命运动的某种描述，并最终归结于人的生命意义。之所以如此，是因为马一浮认为理气之一元运动在人的身上得到最高体现。如他说：“万物一理，即万物一体，实理为一切人与物之鼻祖。惟人也得其秀而最恶者。秀以气言，恶以理言。纯粹至善之性也，即太极也。”可见，人是世界生命运动的最终目的。

最后，特别需要指出的是，马一浮的理气一元论尽管主张理在气中，气在理中，理气不可分，尽管他也不断强调理气之可分仅在言说，但实际上两者并非毫无差别的同一，它们之间仍有不易与变易、体与用以及总相与别相之分别。因而他主张“气从乎理”，“由气中见理”，亦即缘起成别，即别归总，从体起用，摄用归体，也即“从变易中见不易，是为简易”。理气关系的这一方面在人的问题上更为明显。马一浮引用《乐记》中一段话说：“人生而静，天之性也。感于物而动，性之欲也：物至而知，然后好恶种种形焉。好恶无节于内，知诱于外，不能反躬，天理灭矣。”这里“天之性”即理，“性之欲”即气。气感而有知觉，并产生好恶种种意念。如不能加以节制，反身内省，显发自性，便不能明理。因此，虽说“理气一元”，但仍然是“主宰是理，流行是气”，因此，太极既是天理，亦即人性，太极即是人极。马一浮的目的正是通过对理气关系的阐述，确立“以性为体”“立人极”的思想（关于太极、人极以及哲学之“本体”等问题，我们在第四节中还要进一步讨论）。也正是在这一目的上，马一浮进一步将其理气一元论贯彻到认识与实践问题中，形成其“知能合一”的认识论思想。

第二节 知能合一论

“知能合一”是马一浮表述其认识论思想的一个最基本的概念。马一浮在其认识论中通过这一概念的展开，不仅将其本体论中理气一元论思想充分贯彻进来，提出了浓厚主体精神与实践精神相结合的“知行合一”“性修不二”的认识论主张，同时也进一步阐述了他的关于“涵养与致知”“止与观”等认识与修养的方法。

一、“性修不二”“知行合一”

马一浮说：

> 人受天地之中以生，凡属有心自然皆具知能二事。孟子曰：“人之所不学而能者，其良能也；所不虑而知者，其良知也。”其言知、能，实本孔子《易传》。在《易传》谓之易简，在孟子谓之良。就其理之本然则谓之良，就其理气合一则谓之易简。故孟子之言是直指，孔子之言是全提。何谓全提？即体用、本末、隐显、内外，举一全该，圆满周遍，更无渗漏是也。盖单提直指不由思学，不善会者便成执性废修。全提云者，乃明性修不二，全性起修，全修在性，方是简易之教。①

又说：

> 性以理言，修以气言，知本乎性，能主乎修，性唯是理，修即行事，故知行合一，即性修不二，亦即理事双融，亦即全理是气，全气是理也。②

①② 马一浮：《泰和会语·知能·义理名相二》，载《马一浮集》第一册，浙江古籍出版社、浙江教育出版社1996年版，第41页。

孟子主“良知”“良能”，“良知”即“不虑而知”，“良能”即“不学而能”，故“知”与“思”有关（马一浮自注曰：虑即是思），“能”与“学”有关。马一浮认为，虽然“理之本然为良”，故良知良能即性，为人心所同具，但不能只讲良知良能，即不能“单提直指”，因为只提良知良能，就有可能会误入“执性废修”的歧途。之所以这样说，在马一浮看来有以下两个原因：

首先，“单提直指”与“理气一元”的本体论思想不合，故孟子的“良知良能”作为一种提法，容易引起“不善会者”的误解，不是圆融的说教，孔子的“学而知之”才是“体用全该，圆满周遍”的说教。在他看来，理气一元体现在认识方面，便是“性修不二”，其中性以理言，修以气言，而知本乎性，能主乎修，故不能以理废气，执性废修。而这里“修”即“行事”，也称“践行”，所以“性修不二”也就是“知行合一”。总之，“知能”必由“思学”，“执性”不能“废修”，这才是儒家“知行合一”认识论的真谛，才能体现“理气一元”哲学的本质。“知行合一”从概念含义上讲也就是“知能合一”，“知是本于理性所现起之观照，自觉自证境界，亦名为见地；能是随其才质发见于事为之著者，属行履边事，亦名为行。故知能即是知行之异名”。[①]从这里看，“知”虽然与“思”有关，但这里所说的“思”并非是指一般对事物或知识对象的思考，它主要含有自我反省、观照，自觉自证的含义，因此“知”是“亲知”，是“自我证悟的”。他说：“此知若是从闻见得来，总不亲切，不亲切便不是真知，是自己证悟的方是亲切，方是真知。”[②]“能”虽然包含“学”的意义，但这里所说的“学”也非一般含义上的“学”，而是包含有自我践履、亲身体验之内容。他说：“此能若是矫揉造作、随人模仿的，无功用可言，必是卓然有立、与理相应、不随人转，方有功用。”[③]可见，“知”必须是亲知，同时必有待行事，即有待于亲身践履与亲自体验，如此方能“卓然有立，与理相应”，也方能做到自证自悟、获得“真知”。这也就是理不离气，理不离事，又称“从性起修，举理成事，全

①②③ 马一浮：《泰和会语·知能·义理名相二》，载《马一浮集》第一册，浙江古籍出版社、浙江教育出版社1996年版，第42页。

修在性，即事成理”。[①]因此，马一浮的“知能合一”或“知行合一”论从理气一元出发，并不过分强调先天的良知良能，而是十分注重后天的亲知亲验。

其次，就其知能的目的和关系来看，亦是如此。他说：“理得于心而失谓之德，发于事为而有成谓之业。知至是德，成能是业也。”[②]又说：“始条理者智之事，明伦察物尽知也；终条理者圣之事，践形尽性尽能也。圣人之学亦尽其知能而已矣。”[③]圣人之学在尽其知能，尽知是明伦察物，即认识人生与自然的道理，成就自己之德性；而尽能则是诉诸躬行，建功立业。尽知只是智之事，尽能才是圣之事，因此，尽知的目的在于尽能，亦即认识之目的在于践行（形）。同时，“性德之所寓者，气也，即此视、听、言、动四者是也，穷理即是尽性之事，尽性即是践形之事”。[④]气关乎修与行，性德寓于气即是寓于行，故只有通过践行才能发现自己之德性，这也即所谓“践形尽性尽能也”。因此，马一浮强调理不离气、性不废修，知不弃行，这就叫“全提”，亦称“易简”。如果单提直指良知良能，必然会导致否定后天的功业修行，否定亲身道德实践。

当然，马一浮并不否定先天的良知良能，在他看来，人是得天地之灵秀者，故孟子以来提出良知良能，主张性理为人之本然所有。当然也不仅仅是马一浮，孟子以后的儒家哲学大多数都重视这一点，因为这是儒学思想的基本观点和立场，是儒学沟通天人的唯一思维桥梁。马一浮只是认为单指良知良能容易使“不善会者”产生误解，这也意味着理论上的不圆满。故他从理气一元论出发，提出“性修不二”“知行合一”的主张。这一思想虽体现出强调后天之知行的色彩，但本质上即是要求以后天知行之努力来扩充先天之性德的，这种思想本质充分体现在他的认识与修养方法中。

二、“涵养致知”与“止观”

涵养与致知是认识的两种方法与途径。马一浮在《复性书院讲录·学规》中说：“今为诸生指一正路，可以终身由之而不改，必适于道。只有四端：一曰

①②③ 马一浮：《泰和会语·知能·义理名相二》，载《马一浮集》第一册，浙江古籍出版社、浙江教育出版社1996年版，第42页。

④ 马一浮：《宜山会语·说视听言动·续义理名相一》，载《马一浮集》第一册，浙江古籍出版社、浙江教育出版社1996年版，第72页。

主敬，二曰穷理，三曰博文，四曰笃行。主敬为涵养之要，穷理为致知之要，博文为立事之要，笃行为进德之要。”这四端均可以归结为“知”与“行”这两件事，而由“知”这一件事来看，马一浮认为又可以分为两种途径，即涵养与致知。这是两种互相补充的认识途径与方法。对于这两种方法及其相互之间的关系，马一浮站在会通传统儒学之立场，并充分吸收佛学思想来加以论述。

其一，涵养与用敬。马一浮说：

> 人心虚明不昧之本体，元是如此，只为气禀所拘，故不免褊小而失其广大之量；为物欲所蔽，故不免昏暗而失其觉照之用。气夺其志，则理有时而不行矣。然此是客气，如人受外感，非其本然。治病者先祛其外感客邪，乃可培养元气，先以收摄，继以充养，则其冲和广沛之象可徐复也。[①]

涵养即养本体之元气，复其本然之生机。宋人讲涵养须用敬，马一浮十分同意这一点，故他强调“主敬为涵养之要”[②]。敬即是涵养之功夫，亦是涵养之目的。主敬即是以志率气，以志率气“即气顺于理”，“心主于义理而不走作，气自收敛，精神摄聚，则照用自出，自然宽舒流畅，绝非拘迫之意。故曰主一无适之谓敬，此言其功夫也。敬则自然虚静，敬则自然和乐，此言其效验也。敬是常惺惺法，此言其力用也”。[③]所谓“常惺惺法”，即是无时不用敬，无事不用敬，这也正是“力用”之所在。而从上面所说的角度看，敬作为道德涵养之功夫，又具有向内悟诚反省本心之特点。因为，“人人自己本具德性之知，元无欠少”，只是由于不敬，故“此心放失，私欲萌生”，“昏浊之气展转增上，通体染污，蔽于习俗流于非僻而不自知”。因此，敬的目的即在于收摄自心，精神内敛，如此，“则气之昏者可明，浊者可清，气既清明，义理自显，自心能为主宰”。[④]

其二，致知与穷理，致知的特点在于进学。马一浮引伊川的话说：“涵养须

---

①②③④ 马一浮：《复性书院讲录・卷一・学规》，载《马一浮集》第一册，浙江古籍出版社、浙江教育出版社1996年版，第108页。

用敬，进学在致知。”[①]故就致知而言，并不排除读书格物，获得外在之闻见。但这并非致知之目的。马一浮以穷理为致知之要，他解释这一点说：

> 今言穷理为致知之要者，亦即是致知在格物也。何不言格物而言穷理？只为从来学者都被一个物字所碍，错认物为外，因而再误，复认理为外。今明心外无物，事外无理，事虽万殊，不离一心。[②]

不言致知格物而言致知穷理是因为“物”不在外，意思即致知的对象并不是外在的。致知的对象是心中之理，目的是识此心中之理。他引象山的话说：“宇宙内事即吾性分内事；吾性分内事，即宇宙内事。”[③]故认识宇宙人生，即认识自己，认识自己心中之理。马一浮这里解释致知，以致良知或致吾心中之理为认识对象和目的，看来受王阳明心学的影响很大。他讲致知不排除读圣旨典籍和明事物当然之则，也不排除外在知识与闻见，但在根本上他认为外在知识与闻见并不是真正的认识对象与目的。获求外在知识与闻见的目的在于穷心中之理，因而必须时时反之身心，不断体认和察识。他说：“读书既须简择，字字要反之身心，当思圣贤经籍所言，即是吾心本具之理。”[④]故须不断体会是否与自己的心灵相应。又说：“无事时体认自心是否在腔子里，有事时察识自心是否在事上。”[⑤]如此才谓致知穷理。因此他批评说：“今时学者每以某种事物为研究对象，好言解决问题，探求真理，未尝不用思力，然不知为性分内事，是以宇宙人生为外也。自其研究之对象言之，则已亦外也。彼此相消，无主可得，而每矜为创获，岂非虚妄中更增虚妄？以是为穷理，只是增长习气，以是为致知，只是用智自私，非所谓穷理致知也。”[⑥]可见，致知之特征虽表现为外求知识闻见的进学方法，但其本质上应是以对外在之认识来察识、体认、证悟内在之理。所谓“穷理为致知之要”者，正是马一浮所说的“从性起修，举理成事，全修

① 马一浮：《宜山会语·涵养致知与止观·续义理名相三》，载《马一浮集》第一册，浙江古籍出版社、浙江教育出版社1996年版，第81页。

②③④⑤⑥ 马一浮：《复性书院讲录·卷一·学规》，载《马一浮集》第一册，浙江古籍出版社、浙江教育出版社1996年版，第111、114、115页。

在性，即事成理”的知行合一的认识论的关键所在。

其三，涵养与致知之关系。归纳起来，这一关系大体包括两个方面。第一，涵养与致知是儒家哲学两种不同的认识途径和方法，但在实质上，此两种方法之认识对象和目的是共同的，没有分别。如他在评判朱熹理学与阳明心学之分歧时说道：“向来先儒说《大学》格物，各明一义，异执纷然，大略不出两派：一宗朱子、一宗阳明。”[①]他认为，依佛学的眼光看，朱子主道问学，主张格物致知，即物穷理，因此比较强调致知的作用，其特点是明先后次第，故是一种“渐教”的方法；阳明主尊德性，主张致吾心中的良知，因此比较强调涵养的作用，其特点是“就自家得力处说”，故是一种“顿教”的方法。但这只是途径的不同，从认识实质上看，朱子释格物为穷至事物之理，致知为推极吾心之知，这并非“打成两橛”，也非“以理为外”；阳明以致良知为格物，亦非“以物为外”。因为“心外无物，事外无理”，“一心贯万事，即一心具众理”，故“即物而穷其理者，即此自心之物而穷其本具之理也”。[②]所以，他们的思想只有顿、渐途径之差别，并无内外实质之区分。他指出，朱子与阳明只在理论的阐释上有所不同，其功夫造诣是相同的。因此，他欲就二者提出“调停之说”。第二，涵养与致知即为顿、渐之不同认识途径，因而二者不能偏废，而是互相依赖，互相补充。马一浮以《易·文言》“君子敬以直内，义以方外”来比喻涵养与致知之关系，他说：

> 主敬集义，涵养致知，直内方外。亦如车两轮，如鸟两翼，用则有二，体唯是一。[③]

主敬与穷理（集义）、涵养与致知是一体而二用之关系。就涵养主敬而言，它教人悟取自性，反身而诚，直下承当，简易明快。但这只有“上根之人”容

①② 马一浮：《复性书院讲录·卷一·学规》，载《马一浮集》第一册，浙江古籍出版社、浙江教育出版社1996年版，第110、111页。

③ 马一浮：《宜山会语·涵养致知与止观·续义理名相三》，载《马一浮集》第一册，浙江古籍出版社、浙江教育出版社1996年版，第82页。

易做到。“上根之人一闻千悟，拨着便转，触着便行，直下承当，何等骏快，岂待多言。但上根难遇，中根最多。”[①]多数人为习气缠缚，“自性汩没，不得透露”，故不经过一番致知穷理的功夫，无法悟识自性。其入手处“只能依他古来已证之人所说，一一反之自心，仔细体究，随事察识，不等闲放过。如人学射，久久方中”[②]。一旦发悟，豁然贯通，之后涵养用敬是保任长养之事，如顺水行船，便易为力。就致知穷理而言，虽然需要外求知识闻见，但不是依样画葫芦，而始终不离自心之主导，并最终达到“自觉自证境界”。“知是知此理，唯是自觉自证境界，拈似人不得。如人饮水，冷暖自知。一切名言诠表，只是勉强描模一个体段，到得此理显现之时，始名为知。”[③]这种致知的境界，超越旁人之窠臼，只有加强自身之涵养才能做到，这也就是伊川所谓“未有致知而不在敬者”。所以，致知穷理亦不离涵养用敬。

其四，“止”与“观”。以佛学证儒学是马一浮思想之一大特色。马一浮以天台宗止观法门来更进一步说明涵养与致知的关系。他说：

> 主敬集义，涵养致知，直内方外，亦如车之两轮，鸟之双翼……言其相随而至，互为因藉，决无只翼单轮各自为用者。故谓伊川此言略如天台所立止观法门。主敬是止，致知是观，彼之止观双运，即是定慧兼修。非止不能得定，非观不能发慧。然观必先止，慧必由定，亦如此言。涵养始能致知，直内乃可方外，言虽先后，道则俱行。虽彼法所明事相与儒者不同，而其功夫涂辙理无有二。比而论之，实有可以互相助发之处。[④]

“止”即“定”之异名，为寂静义。说的是心不妄缘，安住净觉，心体犹如镜子，镜子影像历然，但镜体不动。故“止”是静，是定相。“观”以照为义，

① 马一浮：《宜山会语 · 涵养致知与止观 · 续义理名相三》，载《马一浮集》第一册，浙江古籍出版社、浙江教育出版社1996年版，第80页。

②③ 马一浮：《复性书院讲录 · 卷一 · 学规》，载《马一浮集》第一册，浙江古籍出版社、浙江教育出版社1996年版，第112页。

④ 马一浮：《宜山会语 · 涵养致知与止观 · 续义理名相三》，载《马一浮集》第一册，浙江古籍出版社、浙江教育出版社1996年版，第82页。

照了即动，又称“虑”，但动非散动，观之能持，专注不散，所观之境悉皆谛实，决定不疑，即名之“慧”，又名“正见”。马一浮承继天台宗主张止观双运，定慧兼修，其关系即“非止不能得定，非观不能发慧”。这是对涵养与致知一体二用的另一种表述。不过，他在这两者之关系中，尤其强调“敬”与“止”的作用。他认为心不能止，即堕无记，以散乱心观理，其理不明。他强调说：“无无止之观，无无定之慧，若其有之，必非正观，必为狂慧。故曰：‘未有致知而不在敬者’，敬实双该止观二法。”[1]并结论说：“由此可知，盖心体本寂而常照，以动乱故昧，惟敬则动乱止息，而复其然之明。”[2]因而主敬不仅为涵养之要，也是致知穷理之不二法门，是“成始而成终”之事。

止、观、定、慧可以说是天台宗僧侣佛性修炼的四字要诀，由止而得观，因定而生慧，止观双运、定慧兼修，这正与儒家的涵养用敬、致知穷理的认识方法相吻合。马一浮强调主敬于认识过程中的作用，同其理气一元论中理为气之主宰的思想是一致的。

三、涵养致知与知行合一

首先，从认识角度看，涵养是直接觉悟先天之知的途径，致知是以后天进学之努力觉悟先天之知之途径，故涵养与致知的合二为一，即具有“性修不二”之含义。性即本体，修即功夫，而涵养用敬则强调本体即功夫，致知穷理则是强调功夫即本体。其次，从认识与实践角度看，涵养致知之目的虽是认识觉悟先天之知，却都始终不离后天之实践。马一浮讲为学进道之四端：涵养、致知、博文、笃行。其中前二者属知，后二者属行（马一浮解博文之“文”为“事”）。四端“内外交彻，体用全该”，知不离行，行不离知。如他解“敬”为“诚”，为“忠信”，为“礼之本”，即是强调行对知的规范作用，如他说：“居处不恭，执事不敬，与人不忠，则本心汩没，万事堕坏，安在其能致思穷理邪？”[3]马一浮在说“博文为立事之要”（见《学规》）时，反复强调立事之于博

---

①② 马一浮：《宜山会语 · 涵养致知与止观 · 续义理名相三》，载《马一浮集》第一册，浙江古籍出版社、浙江教育出版社1996年版，第84页。

③ 马一浮：《复性书院讲录 · 卷一 · 学规》，载《马一浮集》第一册，浙江古籍出版社、浙江教育出版社1996年版，第109页。

文的关系，强调行对于知的决定作用。他以学《诗》为例说：

> 今学《诗》者能详其名物训诂矣，又进而能言其义矣，而不达于政，不能事父事君，其为面墙也如故。谓之未尝学《诗》可也。……故言博文者，决不是徒夸记览，徒骋辞说，以炫其多闻而不切于事，遂可以当之，必其闳通淹贯，畜德多而谨于察物者也。[①]

总之，博文之目的在于立事，涵养致知之目的在于实践。犹如学《诗》而不达于实践，便是未尝学《诗》，知之而不行，便不是真知。

从上可见，马一浮关于涵养与致知的整个认识论方法的论述，与其关于“知行合一”认识论基本思想的论述，构成完整的内在逻辑统一，并进一步深入阐明了其认识论主张——以后天之亲知亲行去扩充人之先天之性德的基本思想特征。

第三节　默然不说，其声如雷
——马一浮论义理名相、实理玄言

马一浮在浙大讲儒家哲学的部分，凡八讲，虽然在这八讲里面，主要谈的是“理气”和“知能”，但是马一浮却以“义理名相”为副题，[②]表明他对于“义理名相”问题的重视。马一浮在《复性书院讲录》第二卷《群经大义总说》里，还有《玄言与实理之别》一文，实际上谈的问题也与“义理与名相”的问题密切相关。事实上，马一浮关于义理名相的认识和论述，也出现在他的许多讲论及著作里面。马一浮正是在这个问题下面，进一步阐述了他对于儒家哲学

---

① 马一浮：《复性书院讲录·卷一·学规》，载《马一浮集》第一册，浙江古籍出版社、浙江教育出版社1996年版，第118页。

② 笔者按：八讲中，泰和二讲题目分别是“理气”与“知能”，宜山六讲另冠题目，分别是“说视听言动”“居敬与知言”“涵养致知与止观”“说止”“去矜上”和“去矜下”，但是无论是从标题看还是从内容看，都是对于“理气”“知能”的进一步阐解和论述。此外，宜山六讲的副题为“续义理名相”，可见他对于义理名相问题的重视。

的认识，以及对于儒、释、道三家哲学之异同等问题的看法，当然也包括了他对于西学的一些看法。因此，讨论马一浮这方面的思想，不仅可以帮助我们加深对于马一浮的哲学思想的了解，加深对于儒、释、道三家哲学思想的了解，而且对于我们进一步了解中西哲学之差异，也不无裨益。

一、圣人语默　体认自性——再论儒家哲学的根本特点

所谓“义理与名相”或“实理与玄言”，说的就是事物的“理”的本质与表象以及运用语言符号对于包含了“理”的表象的认识和描述。这里，“名相”即“玄言”，马一浮有时又称作“名言”，也就是“言说”，“义理”即“实理”，是一回事。魏晋人好说玄言，谈名相，正是这两个概念的由来。当然，所谓“玄言”，还不仅仅是运用语言文字符号对于理（实际是表象）的一般的描述，而且说的是下了功夫的那种“玄妙”的表达，亦即指经过了语言的斟酌、文字的推敲，概念的推理、逻辑的分析等之后的言论、文章。下面我们先将马一浮这方面的观点略加分述之，然后再对这一思想的重要性作出分析。

马一浮说：

> 今欲治六艺，以义理为主。义理本人心所同具，然非有悟证，不能显现。悟证不是一时可能，根气有利钝，用力有深浅，但知向内体究，不可一向专恃闻见，久久必可得之。体究如何下手？先要入思维。体是反之自身之谓，究是穷尽其所以然之称，亦云体认，认即审谛之意，或言察识，或言体会，并同。所以引入思维，则赖名言。名言是能诠，义理是所诠。诠表之用，在明其相状，故曰名相。
>
> 魏晋间人好谈老庄，时称为善名理，其实即是谈名相。因为所言之理，只是理之相，若理之本体即性，是要自证的，非言说可到。程子云：“才说性时，便已不是性了。”可以说出来的，也只是名相。故佛氏每以性、相对举，先是依性说相，后要会相归性，这是对的。要学者引入思维，不能离名相。故今取六艺中名相关于义理最要而为学者致知所当先务者，举要言

之，使可逐渐体会，庶几有入。[①]

上面两段话，反映了马一浮关于义理名相论的基本观点。从他的论述看，大致有这样几层意思：

第一，义理是“所诠”，名相是“能诠”。也就是说，义理是所要表达的那个东西，名相是能够用来表达的那个东西，因此义理与名相之关系，义理为名相之体，名相为义理之用。二者作为“所诠”与“能诠”的关系，即是体与用之关系。

第二，在儒家，从根本上说，理还不是最终的本体，理的本体是“性”，“理”若不关涉人性，便只是空言说理，虚妄无物。正如魏晋人谈名理，“其实即是谈名相”，因为他们所说的仍然只是理之相，是理的表面，没有涉及理的本质。所以在马一浮看来，“义理”有时又称作“实理”，是因为它是有实实在在的内容的，而其本质的内容，就是人性。

第三，“性”不是靠言说可以明了的，它是“人心所同具”，故欲求义理，必须向内求证，而向内求证则“非有悟证不能显现”。也就是说，学问的追求，最终须落实在人的身心上，而不能“专恃闻见”，这也正如程子所说的那样，说性时并不是性，只有悟性时才是性。因此，他认为真正的学问正如佛学所说的那样，不能满足于只是“依性说相”，即满足于对人“性”（理性、德性和智性）作出某种合乎“理”的解释，最终是要“会相归性”，即以自己的性（自性）同所了解的义理加以印证，这就是需要自反、自证、向内体究，以求能够深造自得。

第四，儒家并不排斥名相，语言文字可以帮助人思维，正如佛氏以性相对举，儒家同样主张义理不离名相。这清楚地表明儒家是十分重视文化传统的。不过，义理是本，名相是末，义理是体，名相是用，义理是目的，名相是方法和工具。如果过分追求名相的功用，一味沉湎于玄妙的语言、华丽的辞藻、缜

① 马一浮：《泰和会语·理气·义理名相一》，载《马一浮集》第一册，浙江古籍出版社、浙江教育出版社1996年版，第37—38页。

密的文字，便会坠入佛家所说的禅病、文字障，最终离义理越来越远。魏晋的清谈，汉学的考据，结果都是如此。因此，古来圣贤皆不多说，至于著书立说，均为不得已而为之，且为胸中自然流出并身体力行的真实道理。如他在《玄言与实理之别》一文中说："古人垂语，皆本其所自得，见得端的，行得纯熟，自然从胸襟流出，不假安排，以其皆实理也。《乾・文言》曰：'修辞立其诚，所以居业也。'诚者，真实无妄之理，业即是行。居者，止其所而不迁之谓。言君子修治其言辞，与实理响应。此理确立，然后日用之间不更走作也。修者，治也。言有条理，名之为修，非雕绘藻饰之谓。无条理则乱，亦曰莠言。言其乱如莠草，此为条理之反也。如理而说，如量而说。云兴瓶泻，而不为多；片言只字，而不为少。乃至默然不说，其声如雷。到此田地，有言亦可，无言亦可。"①他在1923年致金香岩先生的一封书信中又说："是以诸圣不得已而垂言，终乃寄之于默也。"②

马一浮上面的思想看似简单，但是，其哲学上的内涵确实非常深刻，重要的是他说出了儒家哲学最根本的性征，这就是"体认自性"。这一思想是马一浮整个哲学的出发点和归结点，同时也是整个传统儒学特别是宋明儒学之精髓。

我们说儒学与西方以追求客观真理为目的的哲学最大的不同，便在于儒学主张以人性的提升以及完美回归为直接的和最终的目的。西方的学说尽管也以完美人性为终极的目的，但却是通过不断地满足人的当下的物质欲望来达成的，以儒学的价值来判断，可叫作"追逐外物"。当然，这里所说的"物质的欲望"或"追逐外物"，并不只是纯粹的物质需要，应该看作是人对于客观实在世界的认知的渴求，以及对于这个世界所包含的客观真理的追求，虽然西方人总是以满足无止境的物质欲望的方式来表现这种追求的。西方学说正是要通过这种对于外面世界认知的追求，来实现对于人自身的生命意义的提升与完成。

儒家则不同，要人反身而诚，通过亲身的践履，体验自我心中的本性，宋明儒学在这方面表现得尤其明显。对于外界事物的了解以及学问与知识的扩充

---

① 马一浮：《复性书院讲录・卷二・群经大义总说》，载《马一浮集》第一册，浙江古籍出版社、浙江教育出版社1996年版，第155—156页。

② 方克立、李锦全主编：《现代新儒家学案》上册，中国社会科学出版社1995年版，第696页。

只是认识与完善自我心性的一个借助，过分地追逐外物，与一味地沉浸在对于道德心性的义理方面的解释一样，都是坠入了名相的泥沼，是不可取的，结果只会背离体认自性的目标，从而失去生命的真正意义。当然，这一生命之意义在儒家主要是就道德价值而言的。孔子提倡忠恕之道，主张学问之目的在于为圣为仁，《易传》主张“生生之为易”，孟子提出良知说，主张尽心知性知天，以心性与天对举，再到宋儒合性、理为一，从而将儒学关于伦理心性的学说扩大到整个宇宙生命之层次，形成许多严密的形上学体系，而无论是哪一种体系，其根本特征都是以自我心性之道德扩充和完善为目的的。因此，儒学强调圣人语默，反对追逐外物，反对停留在言论及认知的层面，正是因为这些只是“理”（义理、实理）的表象而已，与人的自我心性中之道德，也就是马一浮所说的“性德”“天德”并不相干。

二、儒、佛、道之分别

马一浮认为，在义理名相关系方面，儒、佛、道三家的学说有许多不同之处，特别是儒、道两家显示了非常大的差别。关于儒、佛之间的差别，如他在1923年的一封致金香岩先生的信中谈到宋儒批评佛学的禅病时说道：

> 从来远道者皆由真实行履，久久精纯，一旦廓落，习惑都尽，故能坐断千差，于法自在。此与守文字、滞见闻固了无干涉，尤非鼓动业识、作弄精魄、只成野狐见解者所能依托。金钥之判，毫厘之隔，自非洞彻，岂免声讹。浮虽游意斯宗，实不敢冒作家居士耳。若云有禅可会，真乃杂毒人心，无绳自缚。……濂、洛诸儒彻骨勘透，知自性原无见少，非但佛祖西来不能增得些子，即尧、舜、禹、汤不生东土，亦不曾减得毫发。故我行我法，绝无依倚。先或借路经过，从门而入；卒乃反求诸己，周匝无余。其贬驳禅教，皆是教人求己，不从他得。非是以矛陷盾，有一毫胜心存乎其间也。若非实到此地，则徒增人我，翻成碍塞。达摩一宗，亦只有这个消息。大抵立教之初，言皆简要朴质，法久弊生，后来旋添得如许络索。非特先生不喜，彼宗亦自少之。此性不落迷悟，无有高下，故执悟者成迷，好高者见下；说禅者是俗，见道者一切平常。……岂有索隐行怪而可以行

道者乎！杜撰禅和妄逞机锋胡喝乱棒者，如稻麻竹苇愿且倚阁，不足多留神虑也。[①]

他在1926年的一封答洪巢林的信中又说：

昔人有问赵州谂："至道无难，唯嫌拣择，是时人窠臼否?"谂云："曾有人问我，直得五年分疏不下。"公若会得此语，则赵州语、如来语一时顿澈，安用费此闲气力。亟亟分疏，转见败阙。[②]

金、洪二人曾经向马一浮请教佛学，尤其是禅宗之学。看得出，马一浮对后世的禅学那套胡乱棒喝、妄逞机锋的参禅方法是持强烈的批评态度的，耽于禅辩，总是在言语边上打转，这正如魏晋的清谈风气，与义理心性毫不相干。不过，马一浮批评的只是禅学风气，认为这是佛学的流弊，而佛学乃至禅学在如来、达摩之时，还不是这样子的，其学说的本意大体上与儒学相同，"皆是教人求己，不从他得"。在这一至关重要的问题上，佛学基本上可以看作与儒学同调。他指出，禅学自达摩立教之初，是简要朴质的，没有那么多废话可讲，棒喝临机也是不得已而偶一为之，况且"自天童密云后三百年来，亦无人更行此令"[③]，参禅说理，情计分疏，原本也不是义学的家珍，都是今时之流弊，何足与议。

当然，马一浮也不是完全反对参禅，不过，他认为，大凡古代有成就的禅家于遍参之前，多周历讲肆，广习经论。"必俟三学赅练，密行成就，始能发悟。未有不明义学，不净毗尼，而可卤莽承当者。"[④]广习经论不是一头钻进书堆，而是一种修行，最终的目的则是"明义学""净毗尼"，以佛学之毗奈耶（毗尼，亦即戒律）约束自性，佛教的修行根本上也是要以佛学的义理为基

① 方克立、李锦全主编：《现代新儒家学案》上册，中国社会科学出版社1995年版，第695—696页。

② 同上，第696页。

③④ 同上，第698页。

础的。

他指出，虽然也有个别人因天赋原因不经过闻修而灵光突现，一时获得了某种“神解”，但是由于自性中德本不厚，所以，过后也会忘记自己偶然的悟识，再想找回灵光闪现时的感觉及思想，往往事过境迁，几乎不太有那种可能。因此，他批评后人浮夸不实的做法，“后人不从因地改之，乃徒诧举悟缘，侈陈机辩。遂致承虚接响，渐即支离；起模画样，益曾系缚”。[①]这种以为可以凭着一时灵感、空言善辩即可获得佛理的胡乱禅，是最要不得的，结果只不过增加了对于自己的束缚而已。

总之，在马一浮看来，闻修与悟性是互为因果的，闻修是悟性的基础，悟性则是闻修的目的。我们在前面曾经提到，马一浮在对待宋明理学方面，是持“调停之说”的，程朱的道问学、陆王的尊德性是不可或缺的两个方面。对于佛学，他也主张合顿、渐为圆，这也符合他的关于“从性起修，举理成事，全修在性，即事成理”的知行合一认识论思想。

不过，最重要的是要着落在自家身上，广习经论的目的也只是要从圣贤的著作中识得义理，并且以此来印证自性罢了。正是在这一点上，他认为儒学与佛学是有差别的。他认为，佛学虽然在要求学者回归自性这个问题上，与儒学所主张相似，但是，源自印度的佛学终究不如中国的儒学简要，“竺土灵文，有同辞赋，剖析名理，语并华赡，故常失之奢。未若中土圣人言皆简实。洛、闽诸儒所以游意以久，终乃求之六经”。[②]简要，简实，这是马一浮对于儒学的最根本的评价，也是一个极高的评价。佛陀、达摩的思想虽然也是简要朴实的，但是由于文化的差异性，与孔子、孟子相比较，还是有一定差距。当然，虽不中也，亦不远矣，马一浮对于佛学还是有着相当多的认同感的。总而言之，儒家学术的目标只有“心性”两字而已，儒家学术的方法也只有“诚意”两字而已，所以没有那么多话好讲，相反，说得多了，反而离题越远。因此，他在给熊十力的一封信中曾经说道：

---

①② 方克立、李锦全主编：《现代新儒家学案》上册，中国社会科学出版社1995年版，第698页。

儒家只说诚意……故慈湖提持绝四之教，濂溪说诚精故明、神应故妙、几微故幽，更不必立心。心所法大抵儒家简要，学者难以凑泊。释氏详密，末流又费分疏。圣凡心行差别，只是一由性，一时由习而已。今尊论固是别出手眼，料简习气正是吃紧。为人处破习即以显性，此点弟于兄固无间然也。[1]

这里马一浮所说的“今尊论固是别出手眼”云云，指的就是熊十力的大作《新唯识论》，看得出，马一浮当时对熊十力的长篇大论虽然有很好的评价，但是对于这种煞费苦心、不遗余力阐述儒学之“大体大用”的做法，多少还是持一些保留态度的。儒学教人的只是“破习显性”四个字，而这些道理从儒家六经中就可以获得，因此，也许不必再“别出手眼”。当然，马一浮也承认，由于儒家的学说，相对简要，可能学者入径会有一些困难（难以凑泊），因此，仍然需要导师们将儒家学说的“破习显性”的道理讲给人们听，所以马一浮对熊十力的“别出手眼”的理论创造虽有保留，但并不直接提出批评，而且也许这也是马一浮放弃了悠游林泉的隐居生活出来讲学的一个主要原因吧。

儒、佛之间虽有差别，但由于佛家也主张“会相归性”，所以马一浮基本还是将佛、儒视为同调。但是儒、道之间的差别，在马一浮看起来却是非常显著的。马一浮在《玄言与实理之别》一文里用佛教的判教法将儒家同道家作了比较和评判，他说：

老庄为玄言之祖，今试取《老子》与《论语》《庄子》与《孟子》比而观之，则可知矣。如“道可道，非常道；名可名，非常名”。此玄言之最精者，初机闻之有何饶益。说有说无，令学者全无入路。《论语》开篇便曰：“学而时习之，不亦说乎?”合下便可用力。《庄子》内篇七篇，诚汪洋自恣矣，以视《孟子》七篇为何如。《孟子》开篇便严义利之辨，其直指人心处，可令人当下悟入。读《庄子》虽觉其文之美，可好说理，为无端崖，

---

① 方克立、李锦全主编：《现代新儒家学案》上册，中国社会科学出版社1995年版，第699页。

令人流荡失据。此玄言与实理之别也。以佛氏之言判之，则知老庄为破相教，孔孟为显性教。一于破相，则性亦相也；一于显性，则相亦性也。

他认为，儒、道之最大差别即一是破相，一是显性。他这里的所谓破相者，是指将事物的一切正面的、表面的现象“破斥无余”，给人看事物的反面，并将事物的正反两个方面都揭示出来。因此，《老子》说“六亲不和有孝慈，国家昏乱有忠臣”，《庄子》说“彼亦一是非，此亦一是非。果且有彼是乎哉？果且无彼是乎哉？”[①]所谓显性者，是指无论事物的正反，只求事物的本性，且着眼点在事物的正面。马一浮认为，这也正是玄言与实理之间的差别之处。老庄的破相令人“无可据依”，“全无入路”。他问道：“试观孔孟之言，有似于此者乎？”孔孟总是从正面说话的，从来不从反面说，他们总是直接将道理明明白白地告诉人们，而不是像老庄那样，以玄妙的语言揭示着事物的两面，却对于正反、是非，以及所有的事物的两面没有一个明确的倾向性的结论，结果虽然语言华美，思想开阔，却让人无从措手。马一浮指出，不仅儒学的真谛不是这样，佛学的本质也非如此：“横渠曰：‘大易不言有无，言有无者，诸子之陋耳。’故在佛氏则必悟一真法界，而后知空宗之为权说；在儒者则必至‘至诚无息’，而后知文章不离性道。”[②]儒家追求性道，佛家追求真法界，都是以实理为标的，因此，佛学的谈空只是权说，儒学的文章也只是点缀，只有到达“至诚无息”的境界，才能真正悟得真法界，把握自性中的实理。

当然，马一浮也不否认老庄同样有对于真理的追求，并且也承认真正的玄言，“亦是应理”。不过，他认为，有言未必有德，而且言多必失，说得越多，可能离实理越远。不仅如此，即便是真正的玄言与理相应，也还是大有问题存在：“盖真正玄言，亦是应理，但或举本而遗末，舍近而求远，非不绰见大体，而不能切近人事。”[③]至于真正玄言之末流，则更是失之弥远。他还对于玄言之末流偏离实理的表现作了简要的归纳和分析，认为大致会有四种情形。他说：

---

① 方克立、李锦全主编：《现代新儒家学案》上册，中国社会科学出版社1995年版，第698页。
②③ 同上，第740页。

“若有言者，未必有德，只是其言亦有中理处，娓娓可听，足以移人，及细察之，则醇疵互见，精粗杂陈，于此实理未当有得，而验之行事，了不相干；言则甚美，而行实反之，此为依似乱德之言；其有陈义，亦似微妙，务为高远，令人无可持循；务资谈说，以长傲遂非，自谓智过于人，此种言说，亦可名为玄言之失。”[①]第一种听起来有些道理，但是却似是而非；第二种话语虽很漂亮，但说话的人却言行不一；第三种应该是玄言的某种代表，言论微妙高远，却令人无章可循；第四种则是等而下之，只是炫耀自己的废话，连玄言也不能算了，最多只能看作是“玄言之失”。

玄言末流乃玄言之失，玄言乃实理之失；破相乃显性之失，而道家亦是儒家之失。马一浮在他的“六艺统摄一切学术”的思想中就曾经论述过道家是得于道而失于道，是为儒家六艺之失。其根本的问题即在于这里所说的只知“破相”，而不知“显性”。其结果，非但不能见识大体，而且不能切近人事。在马一浮看来，不见大体，不近人事，道家与儒家的差别正在于此，佛家与儒家的差距也未尝不在于此。

道家真的“不见大体，不近人事”吗？如果从儒家的角度看，的确如此。但是如果换一种角度看，这只不过表明他们是两种不同的哲学，他们各自对于“大体”和“人事”有着不同的思维角度及考量。对于“人事”，无论是老子还是庄子，都是十分关切的。老子曾经说过：天之道，损有余而补不足，人之道，损不足而奉有余。他对于人类及社会的贪婪之风气作出猛烈的抨击，并且有关于“小国寡民”之理想国的乌托邦式的社会理想以及对于后世非常有效的“无为而治”的治国方略。马王堆出土的《老子》，《德篇》在前而《道篇》在后，与传世的版本截然不同，最确切不过地表明了老子对于社会人事以及道德问题的关切。庄子虽然有浓厚的逃避遁世的倾向，但是《庄子》内、外篇也充满了对于每况愈下的人类社会是非不分的批判，以及对于个性自由的理想的憧憬，这些方面都是十分深刻的关于社会人事的思想。

但是，马一浮对于道家与儒家的差异性的分析，还是很有一些道理。大致

① 方克立、李锦全主编：《现代新儒家学案》上册，中国社会科学出版社1995年版，第740页。

上说，老庄的社会思想更多的是批判性的和情绪化的，而孔孟儒家的社会思想则更多的是理性的和建设性的。尤其是儒家对于重整东周之后崩坏的社会伦理，主张从每个人的个人道德修养做起，以提升人性（显性）作为世界观之“大体”，总结并创造了一整套关于建设社会与文化传统的伦理道德哲学，这是非常了不起的事情。中国此后的两千年文化的繁荣以及中国人特有的注重伦理道德的文明素质的形成，均奠基于此。相比之下，老庄道家愤世嫉俗的自然主义，强烈的出世态度，并不是一个理想的社会所真正需要的，于人类社会的进步，毫无正面的助益。当然，老庄道家的“破相”并非没有价值，它与孔孟儒家的“显性”形成互补。毕竟事物需要揭示其对立的两个方面以推进人的认知，社会需要揭露其丑陋、阴暗的方面以推动其进步，这一点也是毋庸置疑的。马一浮说道家“破相”因而性亦相，儒家“显性”故而相亦性，也是不够辩证的，两者不能完全割裂。“破相”可以“显性”，“显性”不离“破相”，无无相之性，亦无无性之相。某种条件下，性即相，也就是相即性，反之亦然。

下面我们来进一步从哲学的一般意义上探讨有关这方面的问题。义理名相之辩，不仅是魏晋哲人的论题，而且也是整个中国哲学史上一个非常重要的论题。这个论题在哲学一般的意义上，涉及的就是一个认识论上的基本问题，即思维对存在的关系问题。马一浮指出，玄言或名相同实理之间并非是一回事，换言之，“理”与对于“理”的描述之间是有差异和距离的，这在哲学上涉及的正是这个问题。人的认知能否通过语言给予准确的表达？后人能否准确地阐释前人的思想？这些问题的后面还有更进一步的问题：人的认知或思维（通过语言表达的）能否真正地把握这个存在（自我、外物中的实理、常道或真如）？对于这个问题，中国文化的哲学思考几乎同它的辉煌历史一样悠久，并且有着相当独特的思维方式及特点。

儒、佛、道三家从这个角度进一步的研判，虽然各有特点，但也有很多的共同之处，而且这些共同之处也是非常重要的，并且也只是在这些共同点上显示出各自的、重要的差异。我认为，首先，儒家、佛家和道家在这个问题上，都是非诠释论的。诚如马一浮所说，儒家关于这个问题，追求的是“自性”，也就是自我的德性；佛家追求的是“真如法界”，也就是自我的佛性。这两家学说都不反对由思维入手，但是都认为获得德性或佛性的最终途径不是思维所运用的语言或文字，甚至也不是思维本身，这些都还只是“名相”，只是某种必要的借助。总之，儒、佛均主张自性原无缺少，不需从外面寻求。通过语言文字来阐释“理”，以及通过思维来推断“理”，并不能真正获得“理”，因为“理”的本体是“性”，而“性”最终是要通过实践中的“悟”来实现的。换言之，把握存在的根本途径是经过实践之后的“悟”，也就是“体认”。因此，儒、佛哲学的本质是轻视玄言、名相的，也就是非诠释的。在他们看来，认识真理与获得真理并不是一回事，所以应该少说多做，最好不说，不能“守文字，滞见闻”，为外在的言说、文字所束缚，马一浮所谓默然不说，其声如雷，正是儒家的“至诚无息”的一种真实含义所在。佛家在这一方面可谓殊途同归，尽管其末流也走入滞于名相一途。但是儒家之末流亦未尝不是如此。看得出马一浮对于儒、佛两家的思想的把握十分的精辟，也的确有过人之处，但是，马一浮对于老庄道家失于玄言、名相的看法有失公允。老庄学说虽然如马一浮所说有“破相”之特点，其根本的目的恰恰同儒家一样，也是反对滞于“名相”的，“破相”顾名思义，就是“破除名相”，既然破除名相，当然本质上也就反对名相玄言，如老子说“道可道，非常道；名可名，非常名”，又如“大音希声”，等等，都十分明确地表达了老子的关于名相问题的观点：言说以及思想与真实的存在（常道）是有距离的，真正的玄言是不说的。这与儒家的“至诚无息”的思想可以说是异曲同工。真实的存在即实在，在儒家为“实理”（义理），在佛家为“真如”（真常），在道家则为“常道”（恒道）。总之，无论是中国的儒家、中国的佛家，抑或是中国的道家，他们对于名相义理、思维存在的关系的认识，都是基于一种非诠释论的哲学思想。这里还有十分重要的一点是，非诠释不仅包括了对于实理、真如、常道的不可言说，同时也包括了对于名相与义理之差异性及距离性本身的不可言说。换言之，儒、佛、道三家的学说都看到言说对于道理的描述或表达的局限性，思维对于存在认知的有限性和距离性，但是他们的着眼点都不在对此种局限性和距离性所作出的任何认知性的研究、描述、解释、阐释或说明上，尽管这种说明往往也是十分必要的。以道家而论，老子和庄子都试图作出过这样的说明，如老子对于“道”的自认为十分勉强的描述，以及对于“道”之可道（可说）与不可道（不可说）之勉强的分别，等等，这也是道家为马一浮所诟病的地方，不过马一浮亦感觉出道家老庄的本意并不在此，因此他批评老庄道家不说“着相”，而说“破相”。“着相”者，热衷于对“相”的说明，破“相”者则是破除对“相”的说明，毕竟还是不同的，尽管马一浮仍然把道家归于“性亦相”一路。当然，原创学说往往经过学派后继者的发展会走向它的反面，儒、佛、道的学说，到了后来，都不免陷入诠释论的泥沼，如后世儒家的训诂章句，道家的名相玄言，佛家的禅辩机锋，等等，这一方面的确有马一浮所说的“法久弊生”的原因，但是也不尽然。诠释本即是理论的需要，不仅学说的原创者需要对于自己的理论作出诠释，学派的传承、发展也离不开诠释。尤其是对注重对传统的解释、强调学派的思想传承而不是个人思想创造的中国哲学来说，诠释的作用是非常重要的。恐怕世界上还没有哪一个学派有像中国的儒家、佛家和道家那样，有那么多的诠释经典的著作。非诠释论的哲学最终要通过诠释的方法来解释和说明，这虽是不得已使然，却也是中国哲学的一大特色。马一浮不仅批评他人说得太多，而且常常“自觉言语之繁”①，感叹自己也已经说得太多，这真是没有办法的事。此外，马一浮也常常有自相矛盾的地方，如他一边说老子是玄言之祖，另一边又说：“老氏之旨颇与《般若》冥符。但其言简约，未及中观八不义之曲畅旁通、华严六相义之该摄无余耳。”②可见马一浮虽然强调名言诠释不是目的，但是也不得不承认名言诠释对于理论之重要性。

其次，儒、佛、道的学说都源自某种精神论，或者其思想都是以某种非常相似的精神论为基础的。道家哲学是中国文化里第一个具有宇宙论的哲学，对于宇宙运动的认识，主张万物生于有，有生于无，并且最后又归于无。因此，在他们看来，万物之有并不重要，“无”才是最重要的。如老子便认为，只有那个达致于无的境界的“道”，才是宇宙中永恒常存之道，而这个“道”是无形无声（大象希形，大音希声）以及不可言说的，因为它无形无声，所以也就无法

---

① 方克立、李锦全主编：《现代新儒家学案》上册，中国社会科学出版社1995年版，第697页。

② 同上，第705—706页。

言说，不能描述。而可以言说的“道”，就已经不是那个“道”了。至于道而后德，德而后仁，仁而后义，则是每况愈下，因为凭空生出这许多“有”来，便是离“道”愈来愈远。所以他说：“天地以万物为刍狗，圣人以百姓为刍狗。”这句话的本意不是如一些学者所说的那样，是对无情的天地和圣人君主提出批评，而是要说明，代表了宇宙和人类社会之“有”的“万物”及“百姓”，不具备“无”的恒常性。总之，事物的存在是短暂的，虚无的道才是永恒的，因此，人们不应去追求物质之“有”，而应追求道之“无”。当然，真正的“道”之“无”是达不到的，老子也清楚这一点，因此，他要求人们在精神上尽量去追求“无”的境界，要人“致虚极，守静笃”①“涤除玄览”②，最好回到人类婴儿的状态；在物质生活上则要求人们回到原始素朴的社会生活状态。这个状态（无论是精神上还是物质生活上的），恰好是“道”由“无”生“物”的原始自然的状态，老子称之为“朴”，虽然还不能真正地回归虚无的“道”，但已经是人类所能够达到的较理想的状态了。老子的哲学体现了甚至充满了人类对于天道运行的无奈，以及对于物质世界无法超越的悲哀。庄子的哲学承继了老子虚无的精神论思想，同样主张不执于物有，回归自然。不过，他的哲学与老子不同的是，他一扫老子对于天道自然的约束和物质世界不可超越的悲哀，主张人的个性的解放以及对于天道自然的超越。在庄子那里，回归自然不是要返回仍处于天道约束之下的混沌得像婴孩一样的纯朴状态，而是要彻底摆脱天道自然的约束，以达到与天地同游、与自然合一的神人境界，这就是《庄子·逍遥游》中所说的“乘天地之正，而御六气之辩，以游无穷者”。《庄子》里除了“神人”以外，还有“真人”和“至人”，反映了超越的不同层次。真人的境界是《大宗师》里讲的“天与人不相胜”，人虽不胜天，但也不受天的约束；“至人”的境界是《庚桑楚》里讲的“相与交食乎地而交乐乎天，不以人物厉害相撄，不相与为怪，不相与为谋，不相与为事，倏然而往，侗然而来”。与天地同食同乐，超越了世间的物欲纷争和社会的人际纠缠。这种对于物质存在（神人、真人对

① 《老子》第十六章。

② 《老子》第十章。

于自然存在、至人对于社会存在）的超越，正是以后道家乃至道教所追求的生命的最高境界。当然，这种超越不是要求高于天道自然，而是要达到与天道自然的齐一，因而可以称之为超越的回归。不过，道家无论是老子还是庄子，他们对于回归自然的向往，大都出于对人世间的无奈，因此导致道家对于生命境界的追求，具有某种避世的倾向，如老子说“用则行，不用则藏”，庄子说“深根宁极”的“存身之道”，等等，反映的正是这种倾向。另外，道家哲学由于较多的对于天道自然的关注，因而具有比较浓厚的形上学的抽象特征。

儒家的精神论与道家相比较，同样是反对执于物有的，如《论语·子罕》云：“子罕言利，与命，与仁。”孔子是不谈物质利益的，他主张“正其谊不谋其利，明其道不计其功”。最能反映孔子非物质主义精神论的是下面两段话：

> 樊迟请学稼。子曰：“吾不如老农。”请学为圃。子曰：“吾不如老圃。”樊迟出。子曰：“小人哉！樊迟也！上好礼，则民莫敢不敬；上好义，则民莫敢不服；上好信，则民莫敢不用情。夫如是，则四方之民襁负其子而至矣，焉用稼？”①
>
> 子贡问政。曰：“足食、足兵、民信之矣。”子贡曰：“必不得已而去，于斯三者何先？”曰：“去兵。”子贡曰：“必不得已而去，于斯二者何先？”曰：“去食。自古皆有死，民无信不立。”②

一个社会的成功与否，最重要的指标不是物质经济利益，而是礼、义、信等精神的东西，这是儒学的一贯宗旨。所以宋明理学有存天理、灭人欲之说。当然，儒家的轻视物质经济利益与道家仍有不同。老子要人回去过朴素的生活，孔子对于人们的生活还有“富之”“教之”的思想，③不过，他的所谓“富”的标准，只不过是温饱而已。而且在孔子的学说中，“教”民远比“富”民更重要。他的“小康”乃至“大同”的社会理想，基本上是以伦理道德而不是以物

---

①③《论语·子路》。

②《论语·颜渊》。

质经济利益为标准的。顺便一提的是，孔子的温饱型的道德社会在当时是一个非常实际的目标，历史也证明了这是中国在相当长的时期里可以追求的一个较为实际的理想目标。对于整个人类来说，这个目标尽管不符合西方文化的胃口以及当今整个世界的潮流，但未必不是值得留恋的。这是题外话。此外，儒家哲学与道家哲学另一个很大的不同是，儒家本质上并不关心天道自然诸问题，他们关切的是人自身的问题，不是人的自然存在，而是人的社会存在。显发人性、提升人性，以及因此而进一步提升人的社会存在之道德水准，才是儒家真正关心的问题。孔子不言天，“天何言哉？四时行焉，百物生焉。天何言哉？”[①]天道万物自然运行，却不是人们所要关切的事情，人们应该关切的是社会的进步以及个人的道德修养。因此，孔子反对任何避世、遁世的做法和主张，如他在回答隐者时说：“鸟兽不可与同群，吾非斯人之徒与而谁与？天下有道，丘不与易也。”[②]这个批评其实也包括了对道家的。孔子以后，《易传》以及思、孟学派，始将天道性命联系在一起，宋明儒学更是借鉴道家与佛家的宇宙论的形上学模式，说太极、无极、阴阳、五行、四时、万物，并在这样繁奥的宇宙运动形上学说里构建理气心性的哲学。但是，这不过是与佛、道比拼智慧而已，骨子里儒家并不看重这些，正如马一浮所说的那样，儒家学说的真谛是易简、语简，不仅慈湖、濂溪之心法简要，即如程朱、陆王也只是“道问学”与“尊德性”各三字。至于佛家，其哲学倡导的是“跳出三界外，不在五行中”的超世思想，其哲学的精神论特征更是不言而喻的，不必再作进一步的说明。

还有一点需要指出的是，道家学说由于感念人间世道的不可为，转而关注天道自然，将人的生命完全放到天道自然中加以考量，因此他们的学说必然最终采取形上的哲学解决，因为人类对于天道自然的认知实在可怜，因而不得不采取形上的哲学解决的方法（形上的哲学本来就是人类对于那些说不清楚但又必须说清楚的问题作出解释的方法论学说，古今中外，莫不如此）。儒家的哲学关注的中心在人世间，而且最重要的是，对于人的考量是始终以道德社会为标

① 《论语·阳货》。

② 《论语·微子》。

准的，因此，儒家对于根本性的哲学问题，尤其是与道家的关切相同的生命问题，最终是以非形上的方法来解决的，也就是说，以人的社会道德实践为解决的方法。现代新儒学的第二代人物、国学大师方东美先生，曾经将儒、佛、道三家的学说称之为“超越形上学”，从而与西方的形上哲学（自然主义的）和“超绝形上学”（西方神学）形成差别和对立。①我不完全同意这样的看法（当然，我对于他的关于中国哲学是以理性主义为主要部分等许多看法还是赞同的）。儒、佛、道三家的学说，道家学说不离天道自然，因而真正具有形上之意义，他们的哲学较多地受到近代以来西方哲学乃至科学的关注，也是必然的。儒家哲学由于始终将目光注视“人”极，因此他们的哲学本质上是非形上的，在这一方面孔子的哲学最具代表性。不过后世儒学特别是宋明儒学逐渐走入形上解决一途，根本的原因是形下的解决必然涉及现实的物质利益等问题，而这又是与儒家的道德目标相抵触的，因此逐渐走入形上之路。不过，形下的目标——一个人人重伦理、守礼法、讲文明、有教养的道德社会始终是儒家的终极关切。这是儒家的矛盾，形下的问题最终要用到形上的方法来帮助解决，这似乎能够解决问题，但也总是不能够解决得很好。（这也是形上的哲学本身的问题，因为这个哲学的方法对于世界及人自身的问题的解释和说明，始终不能令人类感到满意，因而才会有宗教和科学。）因此，方先生认为儒家哲学是“超越形上学”，我同意，但是道家不是。关于道家，华裔教授傅伟勋先生认为老子的哲学是形上学的，庄子的哲学是超形上学的②，笔者也不同意这样的看法，庄子的哲学是对现实的超越，因此仍然是形上学的，而非超越了形上学。至于佛家哲学，与道家（不包括后来的道教）、儒家都不同，其哲学根本是脱离自然与人的，理想的世界是在跨越时空的彼岸，现实的世界是以另一个不同时空的世界为标准，因此，佛家的学说一开始便具有神学性，应该看作与西方基督教神学类似的“超绝形上学”，虽然这两种神学之间有相当大的差异。

---

① 参见方东美：《原始儒家道家哲学》，台北黎明文化事业股份有限公司1983年版，第17—18页。

② 参见傅伟勋：《从西方哲学到禅佛教》，生活·读书·新知三联书店1989年版，第389页。

三、再论中西哲学比较

我们上面讨论过中国哲学儒、佛、道三家学说的非诠释论的和精神论的特征，以及关于思想的诠释与存在差异性和距离性等问题，这里我们将试着对中西方哲学在这些相关问题上的认识差异，尤其是儒学与西学的差异再作一点探讨。

首先，我们在前面已经说到，义理名相、玄言实理之关系，本质上或在哲学的一般的意义上，就是一个思维对存在的关系。因为人的语言能否准确地表达它所表述的对象，实质上也就是说的人的主观认知能否真正地反映客观的存在，而这个“存在”是包括了主体自身在内的。对于这样的问题，正如我们上面所讨论的，中国哲学在老子和孔子时代便已经将其作为关注的焦点，但是在西方，直到近代才引起哲学的关注，这样说的一个最直接的依据，就是恩格斯曾经说过，“全部哲学，特别是近代哲学的重大的基本问题，是思维对存在的关系问题”。早期的西方哲学主要有两大支柱：“原子论”与基督教神学。“原子论”是以客观的物质世界为认识对象，并且是建立在世界的可知性基础上的，这样一种哲学，在主体与客体、认知与被认知、诠释与被诠释之间，不存在沟通的问题，因为科学与知识是沟通的桥梁，至于人类的心灵问题，以及客观世界尚不可知的部分，则有基督教神学给予解决和解释。因此，早期的西方哲学一开始就与科学和知识结合得十分紧密，带有明显的科学理性的倾向。但是这也逐渐与基督教神学发生矛盾，从而被卷入西方漫长的中世纪的黑暗以及科学与神学之间的冲突。

西方哲学到了近现代，虽然一方面由于文艺复兴所带来的科学理性主义的再次高涨，早期“原子论”的哲学重新抬头，其代表就是近代英国培根的“实在论”，但另一方面，西方哲学也从此开始走出“原子论”的窠臼，出现了新的发展动向。这个新的发展动向便是哲学关注的基本问题不再单纯地以客观的物质世界为对象，而是转向主体自身、转向主客体关系、转向思维对存在的问题。西方哲学走到了东方哲学的路途上。之所以发生这种转向，主要是有三方面的原因，第一是由于自然科学的渐次发达，数学、物理学、生物化学以及与此相关的逻辑学等关于宇宙空间之客观世界的学问逐渐从哲学的联姻中独立出来，不再依赖哲学的思辨；第二是由于西方推动的近代人类物质文明的巨大进步，使得人类的观念无法跟上如此迅速的发展，心灵上的“物欲”的负担日益加重；第三则由于历史的背负：时间长达千年的中世纪黑暗，导致西方哲学需要对于传统的哲学进行深入的反思和清算，尤其需要呼唤新的哲学。这三个方面的问题困扰着西方近代哲学，从而使哲学思索的中心问题开始发生很大的变化。西方哲学里较早地明确表达这种哲学存在的困扰与变化的哲学家，首推休谟、康德与笛卡儿。休谟与康德的怀疑论的哲学，笛卡儿的心物二元论哲学，事实上成了西方传统哲学的终结，以及近现代哲学的开端。自此以后，西方哲学开始试图从对于客观世界的无望探索中摆脱出来，扬弃实在论与科学理性主义，转而思考人自身存在的问题，思考主客体之间的关系。

康德、笛卡儿之后，这一发展大致上又可以分为两方面的路子，一方面是从叔本华、尼采所谓唯意志论到萨特的存在主义，另一方面则是从这一方面衍生出来的或者由过去对于客观实在的研究转向对主体、主客观关系之研究的现象学及解析学理论，如海德格尔、怀特海，甚至现象学的最突出的代表胡塞尔等都有存在主义的情结。尼采所谓的“上帝死了”的宣言，实际上其哲学的意义正是表明或宣告：哲学今后可不必再去苦苦追寻那个隐藏在客观世界背后的本原或绝对的实在，哲学要关心人存在的自身的问题。恩格斯其实也已经觉察到近代哲学发生的这种主题方面的变化，他认为近代哲学的最高问题是“思维对存在的关系问题”，这也就是说，近代哲学关心及要回答的主要问题，已经不再是何为世界的本原，作为世界本原的这个实在是有是无，是实有或虚有，是在心物之中，抑或是存在于心物之外，而是理性对于作为人的存在环境以及认知对象的现象与实体（包括其表现形式、内在结构及规律性）的关系。现代西方的存在主义更多地注重人存在的环境、自由、宿命、心灵、情感以及生命的道德本质等问题，较侧重于反映心灵方面的探索与挣扎，针对的是物欲主义；而现象学、语言符号学、诠释学则较侧重于理性之于现象对象的形式、关系、过程与结构以及理性的本质，针对的是自然主义。而物欲主义与自然主义则基本都是建立在或者衍生于科学理性及原子论、实在论的基础之上的。顺便一提的是，恩格斯的“思维对存在的关系”的近代哲学主题，也在相当的程度上构成了现象学、语言符号学及解析学的理论的一个出发点。西方近现代哲学除了这两路之外，还有一路就是所谓的“科学哲学”，但这一路实际上是西方传统原子论、实在论的遗蜕，命运决定了其不能成为现代西方哲学的主流，因此这一路自波普的“世界三”的理论短暂热闹了一阵之后，已经归于沉寂，其末流也逐渐转向系统论、控制论、信息论等新兴学科，重新回到科学的阵营。

其次，近现代西方哲学虽然看似走上了东方哲学的道路，但是两者其实仍有本质的差异。首先，西方哲学是诠释论的，而中国哲学是非诠释论的。西方传统的哲学以客体的世界为对象，近现代的哲学以主客体世界的关系为对象，由于认知的目的是对象化的，诠释本身作为认知的过程、方法和内容，也即构成直接的目的，乃至最终的结果。因此，从某种意义上来说，一方面，主客体之关系作为对象，构成新的认知客体（相对于传统的认知客体而言），另一方面，诠释即是认知，认知即是诠释，所以西方的认识论也即是诠释论。从诠释论的角度出发，虽然近现代西方哲学也强调主体、主体意识、自我及感性直观或直觉等，但是这些作为诠释的对象，在过程中即已外化为客体。而且，主体的客体化不仅构成西方认识论的前提，同时也构成西方哲学实践论的前提。如康德的哲学知识论是近代西方哲学引入主客体关系的最重要思想代表，他的哲学同孔、老、释氏的哲学一样看到义理与名相、主体认知（感性、直觉、思维）与客体存在（实在、实理）之间的差异性和距离性。他说：

> 吾人之一切直观，仅为现象之表象；凡吾人所直观之事物，其自身决非如吾人所直观者，而物自身所有之关系亦与所显现于吾人者不同，且若除去主观，或仅除去普泛所谓感官之主观的性质，则空间与时间中所有对象之全部性质及一切关系，乃至空间与时间本身，皆将因而消灭。[①]

主观之直观仅为现象之表象，而此表象又与物自身之实在不同，与马一浮所说之名相（现象之表象）与义理（物自身之性质及一切关系）之不同，何其

---

① 康德：《纯粹理性批判》，蓝公武译，商务印书馆1960年版，第64页。

相似。好像是康德读过儒家的书，又好像是马一浮读过康德的书。笛卡儿的“我思故我在”，也是这个意思。顺便说一句，这样的深刻把握主客体之间的局限性和差距性的思想，不是简单的唯心论结论可以定义和说明的。对于康德的这一思想，胡塞尔的现象学则更进一步，从对客体的主体直观，深入到对主体的内知觉的直觉，如胡塞尔曾就同样的问题说：

> 事实上我们不仅能直觉到实在的东西，而且我们也能直觉到内知觉的东西。当我们在看的时候，我们不仅直观到所看的东西，例如，一朵花，而且也直观到看的意识行为，例如，对一朵花的看。当我们在听的时候，我们不仅听到，例如，乐曲，而且我们也直接体验到对乐曲的听。不仅所看到的、所听到的意识内容是直观到的内容，而且所形象化地想象到的意识内容也是被直观到的意识内容。[①]
>
> 本质是一种新客体，正如个别的或经验的直观的所与物是一种个别的对象，本质直观的所与物是一种纯粹的本质。……本质直观是对某物、对某一对象的意识，这个某物是直观目光所朝向的，而且是在直观中“自身所与的”，然而它是也可在其他行为中被“表象的”、被模糊地或清楚地思考的某种东西，可成为真假述谓的主词——正像在形式逻辑中必然最广意义上的任何“对象”一样。[②]

康德亦讲主体自我意识中的“内部知觉”，或称之为“先在主观中所授予者”[③]，但因为是“所授予者”，因此仍不是“自发的”源于自性的“纯粹的本质”，如胡塞尔所说的那样。它还是一种感性的直观。康德是将“纯粹的本质”给予他所谓的“第一存在者”的。但在胡塞尔这里，不仅将“纯粹的本质”给予了人类的“自性”，而且还进一步由对客体的主体感性直观，进入对主体的感性直观的“直观”，我们可以称之为对人类心灵的直观，并通过对于主体心灵的

---

① 转引自张庆熊：《熊十力的新唯识论与胡塞尔的现象学》，上海人民出版社1995年版，第71页。

② 胡塞尔：《纯粹现象学通论》（中译本），商务印书馆1992年版，第50、69页。

③ 康德：《纯粹理性批判》，蓝公武译，商务印书馆1960年版，第71页。

直观，“在其机体的自性中把握着本质”[1]。胡塞尔这里似乎已经有呼唤人类自觉、类似于儒家的“反身而诚”“体认自性”的味道。不过，若仔细分别，我们还是可以立即看出他们与儒家以及整个中国哲学之间的显著差别。这差别就是无论康德的对于客体的直观，还是胡塞尔对于主体自性的直观，其认知的目标都是对象化的、客体化的，这无论是对于认知的过程，还是对于认知的最终结果，均是如此。康德强调感性直观的重要性，认为这是人类悟性发动并产生思维形成概念的开端，但是感性直观的重要性仅仅是认知对象的唯一途径，“盖因舍此以外别无其他方法能使对象授予吾人也”[2]。而胡塞尔的主张于自性中把握纯粹本质，好像有主体生命自觉的意味，但由于他的这个“本质”是一种“新客体”，而且基本上就是形式逻辑上的“真假述谓的主词”，与任何一种认知的对象没什么两样，结果使他并未脱离西方哲学知识论的老路。

总之，西方哲学在认识含有“纯粹本质”的自性（康德接近这一点，胡塞尔实现这一点）时，仍然是从知识论的角度出发，将其客体化、对象化的。其结果，是将生命的自觉转化为生命的认知，并是以认知为直接的目的的。在中国哲学则不同，以儒家为例，恰恰相反，是将生命的认知当作生命的自觉，是以生命的自觉为直接的当下的目标的。如朱熹的格致穷理，阳明的致吾良知，等等，马一浮所说的读书要“字字反之身心”，“穷理为致知之要”，都是一个道理。也正因为如此，西方哲学是诠释论的，因为对于对象的研究、诠解和描述，正是知识论的需要和基本特征，对于主客体之间的关系以及对于主体认知同客体实在之间的差异性和距离性的描述，亦是知识的拓展和认识的深化的结果；中国哲学则如我们上面所述，实质上是非诠释论的，非诠释并非是不要诠释，而是主张诠释不是目的，认知的目的在于“悟取自性”，显现心中之理，因此，既不能将自性外化为认知的对象客体，亦不能仅仅停留在研究、诠释和描述上。马一浮因此对于西方哲学以及采用西方哲学的方法做研究的学者进行了批评，他在1937年给熊十力的一封书信中说：

---

① 胡塞尔：《纯粹现象学通论》（中译本），商务印书馆1992年版，第69页。

② 康德：《纯粹理性批判》，蓝公武译，商务印书馆1960年版，第49页。

见示答意人马格里尼问《老子》义一书，料简西洋哲学之失，抉发中土圣言之要，极有精彩。彼皆以习心为主，所言为是情识之别，安能体认自性。兄言正是当头一棒。但恐今日治西洋哲学者，多是死模，一棒打不回头耳。……西洋哲学只是执有，不解观空，所以圣凡迥别。彼之所谓圣智，正是老氏所谓众人，计著多端，只成例见而已。①

在复性书院讲学时又说：

今时学者每以某种事物为研究对象，好言解决问题，探求真理，未尝不用思力，然不知为性分内事，是以宇宙人生为外也。自其研究之对象言之，则已亦外也。……以是为穷理，只是增长习气，以是为致知，只是用智自私，非所谓穷理致知也。②

执有则知识为主，观空则穷理为重，中国哲学自孔、老到马一浮，一直都有一种重生命、轻知识的倾向，不知是中国哲学的幸或不幸。马一浮将西方哲学与中国哲学判定为有“圣凡之别”，也是“别出手眼”，某种意义上，西方哲学重知识、重物质，确实是一种凡人的哲学，中国哲学重生命（儒、释、道）、重道德（儒），确实是一种圣人的哲学。不过以众生平等的眼光看，圣凡之间也应该没有高下之分别。而且，满街都是圣人的社会，应该是在遥远的将来，但现实的社会也是不能不顾的。况且，西方哲学由生命的认知开始，未尝不能够最终走到生命的自觉道路上来，而中国哲学的生命的自觉是否也应该走到生命的认知道路上去呢？第二代新儒家人物在儒学的重建目标中，已经在考虑如何将西方学术中的知识系统引入儒家哲学，或许，这也并非不是一种正确的选择吧。

① 方克立、李锦全主编：《现代新儒家学案》上册，中国社会科学出版社1995年版，第705—706页。

② 马一浮：《复性书院讲录·卷一·学规》，载《马一浮集》第一册，浙江古籍出版社、浙江教育出版社1996年版，第114页。

第十二章　易简之理　调停之说　以佛证儒　以儒融佛

——关于马一浮思想之特点

我们在前面几章，已经大致介绍了马一浮的生平思想，以及他的思想同现代新儒学的关系，马一浮、梁漱溟、熊十力这三位对现代新儒家和现代新儒学有开创性作用的人物对于儒学价值重建的目标各自所作出的努力及贡献，等等。虽然我们认为马一浮的哲学和思想具有鲜明的阐释性特征而显得缺少独创性，但这丝毫不损其哲学思想的价值，他的哲学思想有自己的鲜明特点及一贯性。在本书的最后一章里，我们拟对马一浮的思想上的突出特点作系统归纳，并尝试对马一浮的整个哲学给予一个恰当的评价。

第一节　易简之理与立人极

我们曾提到儒家易学对于儒学的至关重要的作用，在儒家哲学里有着核心的地位。不仅各代儒学的复兴都是在易学的思想和框架下开展的，而且事实上易学也构成了每个时代的儒学的核心的思想部分。易学之于汉学，易学之于宋明儒学，以及易学之于现代新儒学，等等，都不例外。马一浮所阐述的儒家易简思想可以说是他阐解的儒家思想的精髓，因此，他的易简思想不仅同熊十力的“以易为体”的哲学一样，体现为新时期儒学的发展必然采用的思想和方法，而且，这一思想也是对于儒学的思想本质性征的更进一步的揭示和说明。换言之，马一浮的“六艺论”、理气、知能论、义理名相论等思想，乃至于他的关于宋明儒学各派思想的“调停之说”，都是在他的易简思想核心之下展开的，这是他的思想的一个很重要的特点。在他看来，正是易简思想蕴含了儒家思想的最本质的东西。关于马一浮的易简思想，我们在前面已经略有陈述，他在复性书院时有《太极图说赘言》一讲，借周敦颐的《太极图说》来阐述他的儒家易简思想，但较为简略。不过他在专讲群经大义时又有《观象卮言》数讲，详细阐解儒家易教，对于儒家易简思想有更深入一步的表述。

那么，什么是儒家的“易简”思想？马一浮说：

已明观象必首《乾》《坤》，于《乾》《坤》得其易简，斯可以成盛德大业，是知顺性命之理，而人道乃可得而立也。①

又云：

曷为《乾》《坤》？《文言》乃互易之曰：昔贤以《坤》六二为贤人之学，当知《坤》承天而合《乾》德，易乃所以为简，气顺于理也；《乾》九二为圣人之学，当知《乾》道变化流形，则为《坤》业，简必根于易，理见于气也。此之谓天地合德，《乾》以统天，地在其中，《坤》以应地，天在其中。《乾》《坤》一元也，易简一理也，德业一心也。②

又云：

天地之道所以行变化成万物者，雷、风、水、火、山、泽是已；人之道所以定吉凶生大业者，视、听、言、动、思是已，岂有别哉！六子并统

①② 马一浮：《复性书院讲录·卷六·观象卮言·审言行》，载《马一浮集》第一册，浙江古籍出版社、浙江教育出版社1996年版，第441页。

于乾坤，而五事约摄于言行，故圣人重之。[①]

儒家易简思想，或者说“易简”之理，是圣人观于天地之象，审察人世吉凶，于乾坤卦象之统一变化中所获得的道理。宇宙天地之现象，人间社会之事物，错综复杂，变化无穷，圣人作《易》，以乾坤为肇始，由乾坤而八卦，由八卦而六十四卦，亦推演至于无穷。由于圣人推演天象人事的目的，是在于认识天道人事变易不易之道理，故虽由简推之于繁，而仍需由繁归之于简，从中把握其规律性的核心的东西。而最终的目的在于揭橥天道人道的合一，阐明“人道可立”的道理。不过，马一浮阐明的易简思想虽然看似简单，却非常的精微，内涵十分丰富，细分起来，其思想的含义又有以下几个层次：

首先，易简的道理应由《乾》《坤》之中去寻求。马一浮说，圣人于《易》最重《乾》《坤》，“盖取诸《乾》《坤》，易简之道也。”又引《系辞》曰：“《乾》《坤》毁，则无以见易。”“易不可见，则《乾》《坤》或几乎息也。”马一浮认为，易道之运动，在于从不易到变易，从变易再到不易。不易即是太极，变易即是太极生阴阳，阴阳生两仪，两仪生四象，四象演为八卦，八卦而六十四，进而演为无穷无尽的变化。卦象由《乾》《坤》而《既济》而《未济》，正是反映了天道循环运动宇宙无尽变化的过程及结果，此即为简易，亦称之为易简。易简也是变化的返归，运动的终极。这同时表明运动变化中间有规律性，有其一定不易的道理。圣人推求卦象爻义，就是为了求此一定不易的道理。虽然宇宙变化无穷，卦象爻义无尽，但若从乾坤着手，这纷繁复杂的现象就可以迎刃而解。因为乾者为天，坤者为地；乾者是理，坤者是气；乾者即德，坤者即业；“乾知大始，坤作成物，乾以易知，坤以简能”；“乾为体，坤为用。乾为德，坤为行”。[②]而乾坤一元，也就是天地合德，理气一元，德业一心。乾道变化流行而为坤业，坤道承天而合乾德；乾德化坤业而理见于气，坤业合乾德而

① 马一浮：《复性书院讲录・卷六・观象卮言・审言行》，载《马一浮集》第一册，浙江古籍出版社、浙江教育出版社1996年版，第442页。

② 马一浮：《复性书院讲录・卷六・观象卮言・原吉凶释德业》，载《马一浮集》第一册，浙江古籍出版社、浙江教育出版社1996年版，第434、438页。

气顺于理。总之，《乾》《坤》二卦之对待蕴含和体现了所有天地之道、人世之道的阴阳、五行、理气、动静、心性、德业、体用等对立统一的变化，表现了一种普遍的对待性或本质的对立统一性。总之，把握住《乾》《坤》二卦的对立统一，也就是把握住了矛盾的本质，抓住了易简之道，使得认识易道纷繁复杂的变化并进而掌握其中的道理变得容易和可能。所以《系辞》曰："易则易知，简则易从。易简而天下之理得矣，天下之理得而成位乎其中矣。"

其次，易简的道理，就是儒家宣扬的人道之说、性命之理。圣人作《易》，俯观仰察，设卦系辞，表面上看，是明天地之道，探幽明之故，究生死之说，识鬼神之状，阐太极、阴阳、两仪、四象、八卦动静变化之机，但终极的目的并不仅仅是为了认识天道，而是为了"立人之道"，此亦《系辞》所说的"昔者圣人之作《易》也，将以顺性命之理。是以立天之道曰阴与阳，立地之道曰柔与刚，立人之道曰仁与义"①。圣人"是以明于天之道，而察于民之故，是兴神物以前民用"②。这里虽然"立天之道""立地之道"和"立人之道"三才并列，但主要是为了卦象推演的需要，亦即《说卦》中所谓的"兼三才而两之，故《易》六画而成卦"。二三得六，方有卦画之全。天道、地道、人道三才在马一浮又称"三极"，即天极、地极、人极。而以马一浮所持的儒家观点来看，不仅天、地、人三极可以"感而遂通"，而且天地之道、人心之理本就是一个理，"（《说卦》）再标三极，明人极通于天地，不是人外别有天地"③，"人之性即天之理"④。因此，天道即人道，天极即人极，天理即性理。而由易道本身之运动看，易由不易至变易而再回归不易，也就是由太极而归至人极，故而太极亦即人极。马一浮所说"纯粹至善之性也，太极也"，"此心浑然太极之体"⑤，也是这个意思。因此，立人极、顺性命之理，才是儒家易教的最终目的。

思想之切于人极，本是《周易》体现出来的最大特点，而儒家易学也是看

①② 《易·系辞》。

③⑤ 马一浮：《濠上杂著·太极图说赘言》，载《马一浮集》第一册，浙江古籍出版社、浙江教育出版社1996年版。第719页。

④ 马一浮：《尔雅台答问续编》卷二，载《马一浮集》第一册，浙江古籍出版社、浙江教育出版社1996年版，第613页。

重的这一点。当然，儒家之切于人极，从内容上看，当如《系辞》所说包括了“顺性命之理”和“前民用”这两个方面。这两个方面既有差别，又有同一。差别之处在于前者说的是个人的心性修养，后者说的是百姓日用，所谓“天德”和“王道”，所谓内圣外王，所谓穷理尽性开物成务，都是说的这两个方面。同一之处在于“顺性命之理”同时也包含了“前民用”，因为穷理尽性归根结底不仅是说尽己之性，也是说尽人之性、尽物之性，因而尽人之性就是表显王道，开物成务，就是关切百姓日用、社会发展。马一浮的“人极”，说的就是这两个方面的同一，这也就是马一浮所说的“德业一心”。

其三，易简之道理虽在于立人极，而立人极又包含了个人心性修养和开物成务两个方面，但却以个人心性修养为首要，马一浮所谓“……王政之根源实为尽性之事”[①]，就是这个道理，这也是同一的另一含义。因为唯有尽己之性，方能尽人之性，尽物之性，唯有个人修之以德，才能成之以业。所谓“圣人定之以中正仁义，而主静，立人极”者，说的也正是个人的心性修养对于开物成务的重要性。因此，对于儒家易学而言，尤其是对于整个儒家哲学而言，自我心性的修养才是思想的根本入处。这也是儒家易学之切于人极，较之《周易》更进一步的地方。而易简的道理最终“不可但求之于《易》之书，当返而求之于一心之动静”[②]，所谓“求诸乾坤”，也就是求之于自我心性。因为乾坤不仅代表天地，也代表天人，代表心性。因为天道即人道，天理即性理，太极即人极；乾坤一元，也就是天人合一、心性合一。所以，马一浮自问自答道：“易简之理于何求之？‘敬以直内，义以方外’，则可以入德，而几于《易》矣；‘庸言之信，庸行之谨’，则可以居业，而得于简矣。”[③]直内方外，庸言庸行，内进德而外修业，内成圣而外王道，这正是获得易简的唯一途径。而且，其中最重要的是，这两个方面虽然都不可偏废，但是，却有次第和先后，其秩序是由内而

① 马一浮：《复性书院讲录・卷五・洪范约义》，载《马一浮集》第一册，浙江古籍出版社、浙江教育出版社1996年版，第356页。

② 马一浮：《复性书院讲录・卷六・观象卮言・原吉凶释德业》，载《马一浮集》第一册，浙江古籍出版社、浙江教育出版社1996年版，第433页。

③ 马一浮：《复性书院讲录・卷六・观象卮言・审言行》，载《马一浮集》第一册，浙江古籍出版社、浙江教育出版社1996年版，第441页。

及外的。直内才可以方外，进德才能修业，内心主静用敬，才能做到庸言庸行。马一浮因此强调说：庸言庸行虽然“是入圣要门……然不用敬义夹持的功夫，开口举足便错，如何得相应去”[①]。

其四，易简之理因此而要求慎言求实。所谓庸言庸行须以敬义夹持，即是说言须审慎，行宜求实。慎言即是少言，甚至无言。马一浮引《庄子》：“孔子见温伯雪子而不言，子路问之，孔子曰：‘若夫人者，目击而道存矣，亦不可以容声矣。’”并接着说：“禅师家谓作家相见如两镜交辉，于中无物。于此见得可知成德之人以言为赘，实无事于言。凡言皆不得已为未悟者设耳，岂有自贵其言者哉！”[②]无言即是实行，“说言是方说，成言是说了应缘已毕也。《兑》是有言之教，《艮》是无言之教，凡有言说悉皆是权，将此有言底显那无言底，无言底方是实也。凡自觉自证境界不能与人共者，是实行。”[③]马一浮认为，儒家易简之教，归根结底，是个“求之实有的功夫”，也就是追求一个“自觉自证的境界”，而这个境界不是靠言说能够解决的，必须从实行中获得。《易》虽言“庸言庸行”，以言行并举，但是在《易》言说只是个“权”字，圣人是不得已而垂言，若以言行皆“求之实有”，则又何待于言哉！因此，马一浮认为，“《易》之为教”，在于去言，“简去此过，使与圣人同得同证而已，非有他也！”[④]去掉了“言”，剩下的就只有“行”。所以，儒家易教，即如《艮》卦所示，根本就是无言之教，注重“实行”之教。

关于圣人无言，我们前面在分析马一浮的义理名相论时已经有详细的阐述，这里不再多说。从上面的几点可以看出，马一浮哲学的确是以儒家易简思想为核心的，同时我们还可以看出，马一浮阐述的儒家易简思想，通过对于《乾》《坤》二卦之对立统一的把握，以及在此基础上对于天人合一、理气一元、知能、德业、体用、动静等不二的论述，不仅论证了儒学的“穷理尽性”的价值目标和“自觉自证”的认知方法，而且也凸显出儒家哲学的一个最鲜明的理论

---

① 马一浮：《复性书院讲录·卷六·观象卮言·审言行》，载《马一浮集》第一册，浙江古籍出版社、浙江教育出版社1996年版，第445页。

② 同上，第446页。

③④ 同上，第449页。

特征：简易。儒学不仅思想内容和理论方法是简易的，其追求的价值目标也是至易至简、易知易从的。换言之，儒学的理论思想具有真正的易知性和易行性，而简易的最后归结，则是一个“行”字。这一点在哲学上尤其具有十分重要的意义。易学的简易架构及致思趋向不仅使得这样一种哲学本质上是注重现实实际的、实践的，而且具有很大的可塑性和开放性。

此外，易简思想以“人极”为本，以个人心性修养为哲学价值最终取向的思想特征，其哲学上的意义并不主要是论证了一种富有逻辑性的天人合一的一元论思想，或者道德行为化的社会伦理哲学学说，这些只是内容和结果，是目的性和表象化的存在。其真正的哲学意义在于，这样的哲学表现为具有内在的摆脱思想烦琐和僵化的能力，以及强大的亲和力和经久不衰的传播力，这些能力特征或因子构成其思想活力的潜在基础，同时也是儒学在衰微的历史状况下，再次重建与复兴的必要条件。

历史上，往往烦琐的哲学是不会长久的，唯有简易的哲学最具有生命力。儒家哲学在历史上，每当它走向烦琐时，也就是它走向衰落的开始，而儒家哲学又之所以屡衰屡兴，也正是因为它的哲学的内核本质上是简易的，每当这个简易的思想内核被激活时，它也就开始了新一轮的复兴。这个思想的内核，就是儒家易教所宣扬的易简哲学思想。我们知道，《周易》的哲学并不只是代表西周的文化思想传统，它是中国从上古时代一直到夏、商、周数千年文明思想传统的集中代表。关于这一点，西安半坡遗址中的类似于《周易》八卦的线形文字是十分有力的证据，充分证明了上古的思想与《周易》思想之间的渊源及联系。《周易》的哲学思想的内核就是简易，通过阴阳两个对立事物面的关系和运动，来解释世界丰富多样性的变化。儒家易简哲学思想继承了《周易》的简易的思想内核，并且将《周易》对于人极和百姓日用的关切，提升到心性的层面，形成儒家学说两千年兴盛的局面。这不仅反映了中国思想文化五千年传统的延续性，而且也强有力地证明了中国哲学简易思想内核的强大生命力与活力。也正是这种内在的生命力与活力，使得中国哲学先天具有摆脱烦琐哲学的能力，不断地自我净化、重建、更新和与时俱进。顺便说一句，今日世界范围的信息浪潮，也正是以中国古《周易》所发明的简易哲学内核为思想基础的。

当然，儒家易简思想同古《周易》的易简思想是有所不同的，儒家易简着重发挥的是古《周易》立人极的方面，并以心性问题的解决为哲学的终极价值取向和简易思维方法的归宿。总之，儒家易学更多地强调哲学的道德伦理目标，尽管这个目标所指向的内容（亦即表象化的存在）由于历史的发展可能会过时，但是其终极的价值目标是恒久的，其潜在的活力也是永远不会消失的。或许正是儒家思想对于《周易》思想改造的结果，使得中国的古老文明从孔子开始，又获得了两千多年的延续。整个人类文明发展的历史证明，没有道德伦理目标的文明不会长久，古巴比伦、古埃及，甚至还有其他类似的人类古代文明，最终灭亡的根本原因盖在于道德伦理目标的丧失，这一点结论，我想应该是确定无疑的。

马一浮阐述儒家易简思想，强调儒学的至易至简，易知易从，这也清楚地表明了马一浮对于儒学的现代重建有着自己的明确的看法：儒学是那样的完美，它不需要添加什么新的东西，新的内容，因为它本身是包容的、会通的、赅摄一切的；也不需要刻意地对其加以改造，因为它本来就是日新的、前进的、充满活力的。人们所要做的只是认识儒学易简的真谛，并按照这一真谛——自觉自证自我的心性——努力去实行，那么儒学的价值重建以及成为全人类所共有的文化之目标，就必然可期。另外，我们前面许多次地提到过，马一浮一生不重著述，他虽然有自己的思想，有自己的观念体系，但是与熊十力的对儒学的哲学改造创新不同，也与第二代现代新儒家人物拼命向儒家的体系中添加所谓的学统、政统和神统不同，他的哲学和学术思想只是对传统儒学的忠实的阐述，同时对传统儒学的现代的教育与推广寄予希望。而这些也正可以从他对于儒学易简思想的把握中得到圆满的解释。

第二节　以儒融佛和调停之说

马一浮的哲学和学术思想的理论上的特点，除了以儒家的易简思想为核心之外，还有两个突出的地方，就是以佛证儒、以儒融佛，以及对宋明儒学的程朱理学与陆王心学之间的矛盾提出调停之说。关于马一浮的以佛证儒，我们在阐述马一浮的理气知能的篇章里已经介绍得比较多了，这里不再赘述；关于他的以儒融佛以及关于调停之说，我们前面也有所涉及，这里不作内容上的重复与展开。不过，由于这两个问题都涉及宋明儒学，因此，我们还是打算结合宋明儒学，从思想的历史发展角度对马一浮这两方面的思想作进一步的探讨，一方面说明马一浮对于宋明儒学的根本看法和他的现代新儒家的立场，另一方面对马一浮的思想性质作进一步的总结性的结论，所以也是必要的。

现代新儒家把现代的新儒学的发展，看作是儒学发展之第三期，第一期是孔孟儒学的时期，第二期指宋明儒学的发展。这个三期说排斥了汉代以及魏晋隋唐的儒学，尤其是将清代的儒学排斥在外。由此可以看出，现代新儒家是以宋明儒学的继承者自居的，而且事实上他们的思想也的确与宋明儒学有最直接和极紧密的关系。马一浮的思想正是如此。因此，要想对马一浮的思想作出较为恰当的评价，就不得不阐述他的思想与宋明儒学的某种关联。马一浮、熊十力等人，作为宋明儒学的继承者，在重建儒学时，与现代新儒学的开拓者首先要面对乃至要解决的就是宋明儒学所关注的问题及课题。马一浮思想上的以儒融佛，及他对宋明儒学中的两大派别思想所作出的调停之说，实质上针对的也就是宋明儒学最吃紧也是最重要的问题或课题。把握这种关联，了解马一浮在这最吃紧和最重要的问题上的观点和态度，便能够对马一浮的思想在总体上作出较为恰当的定位和评价。

以儒融佛，是中国文化在历史上所面对的一个非常重大的课题，这个课题主要是由宋明儒学来完成的，因此也是宋明儒学所面对的一个重大课题。在这个课题上，宋明儒学尽管完成得并不十分彻底，但应该承认，基本上已经做得相当成功。

宋明儒学在中国文化历史上确实是一个十分成功的思想文化系统。说这是一个系统，只是相对于汉代建立的文化系统而言，并不否认其中有许多学派和众多差异性的思想。宋明儒学跨过三个朝代，没有众多的思想及文化上的学派是不可想象的，众多的学派以及思想上的多样性和差异性恰恰是中国人生命长时期赖以寄托的这个文化系统成功的一个方面。宋明儒学最大的成功是提升了先秦孔孟的心性之学，建构起了一个充满生气的、活泼泼的、在天人合一的层面实现内圣外王相对统一的思想文化系统，这一个系统克服了汉代建立的相对沉闷、枯燥的思想文化系统，成为整个中世纪至近代中国人生命赖以寄托的精神支柱。而其成功的方法和业绩，最主要的便是在儒家易学的抽象架构内，充分地汲取和融会佛家和道家的思想。

吸收佛、道的思想，特别是吸收佛家思想，对于宋代以后儒学的重建，意义十分重大。宋明儒学为什么要吸收佛学？或者说中国文化为什么需要佛学？中国文化之吸收佛学，既是来自佛教作为一种有生命力的宗教所具有的传播之力，也是来自中国文化本身的需要。关于宗教的自我传播之力量，不是这里要讨论的问题。关于文化对于宗教的需要，则要说上几句。大体上，宗教的传播与发展，是以文化的需要为前提的。任何一种文化上的力量，都是以文化本身的需要为其生存、发展之基础的。如佛教在其产生的本土印度，后来因为失去了其文化上的需要及由此提供的生存的条件，最终走向萎缩和消亡。而其在中国的传播和发展，亦必然以文化上的需要为前提。佛教自东汉末年传入中国以后，在南北朝时期曾经有很大的发展，但是真正的繁荣以及融契于中国文化是在隋唐以后。中国的南北朝至隋唐时期，一方面是政治上的动乱、人口的迁徙，另一方面是经济上有了很大的发展。特别是东晋永嘉南迁之后，江南的大片土地被开发出来，经济和文化的中心逐渐南移。江南温暖潮湿的气候、肥沃的土地、水网交通的便利，以及南人精耕细作的习惯和善于经商的特点，所有这些都为中国经济文化的进一步发展提供了新的空间和动力。尤其是隋炀帝时京杭大运河的开凿，使南北的经济联结在了一起，而水路的运输具有真正商业上的意义，从而在南北经济之间第一次形成了有巨大价值的、统一的市场。这一切为唐代中国经济、文化上的空前繁荣奠定了坚实的基础。

南北朝时期的动乱、迁徙，以及由此带来的南方的开发及经济的飞速发展，无论是哪一方面，对于两汉长期的休养生息环境下培植起来的中国人普遍的安定守成的生活方式、朴实厚重的文化心态，以及日趋保守的儒家纲常伦教的思想价值观念，都形成了越来越强烈的冲击。政治动乱造成人民的生活无法安定，时时面临生存的危机，经济发展则加剧生活的竞争与欲望。这一切都不断引发人们心理上的空虚、骚动、焦虑和不安。社会的道德、风俗如江河日下，不复从前。这不仅是一个动荡和危险的，而且充满各种机遇的社会环境，机遇也不仅仅是政治上的，由于南方的开发和南北经济一体化局面的形成，机遇也存在于经济、商业乃至整个文化之中。尤其是唐以后的中国，空前的繁荣已经悄悄地改变了人们的社会生活方式、价值观念和思想。

面对这一状况，建立在两汉经学基础上的社会主流思想已经无法应对。汉代自董仲舒主张罢黜百家、独尊儒术，倡导纲常伦教和天人感应思想之后，一方面思想的钳制日益激烈，学者只能以儒家经典为思想依据，以寻解其中的微言大义为学术目的，另一方面神秘无据、荒诞不经的谶纬之学由此大行其道。之后虽有古文经学出来矫枉补偏，试图将走火入魔的今文经学导入正途，但其效果也同今文经学没什么不同，不仅未能摆脱谶纬的影响，而且由于古文经学主张文义的训诂和考据，因此反而进一步将学者以及整个社会的思想引向脱离社会现实一途。总之，魏晋以后汉学所指向的一味地引导学者和思想界去钻研故纸、皓首穷经的学术方法和路数，由于既不能因应和指导社会经济文化的发展，也不能抚慰和安顿动荡社会里人们的心灵，都已经渐渐地成了问题。

佛教在这种社会状况下的迅速传播和发展，恰恰是适应了人们在动荡和充满各种危险和机遇的社会里安顿心灵及精神的需要。这是一种不同于汉代建立起来的儒学信仰的另一种信仰，但是又与三代流传下来并为儒学所包容的关于上帝的信仰有某种共同之处，尤其是与先秦儒家的心性之学有相通之处，对于人们安顿心灵、慰藉精神有着极大的帮助。在魏晋南北朝时期，佛学获得很大的发展，并且迅速地传播到全国各地，特别是大唐盛世佛教被立为国教，便能充分地说明这一点。不过，佛教之进入中国虽易，但是要变成中国化之佛教却难。在历史上，佛教作为一种外来的宗教，其演化为中国式的宗教的过程，大体上表现为两个方面的努力。第一是不断有杰出的僧人去西天求法，以获取适合中国人需要的“真经”。东晋时期便有著名的和尚法显去西天取经，尔后这些去西天取经的和尚逐渐增多，大约在唐初时形成高峰。据义净和尚的《大唐西域求法高僧传》记载，唐初到印度去求法的僧人就有五六十位，其中最著名的有玄奘和义净本人。第二则是创建中国佛教的教派。从魏晋南北朝到隋唐，中国式的佛教教派一个一个建立起来，其中最有代表性的即是天台宗、华严宗

（又叫贤首宗）和禅宗。台、贤、禅后来成为中国佛教中影响最大的三个教派。当然，中国式佛教的形成并不只是表现为教派的创立，更重要的还是教义的改革和理论的创新。教义的改革主要表现为引进儒家的道统观念，并逐步确立佛学大乘教教义的正统地位。如天台宗创始者智𫖮分疏佛教各派，有所谓五时、八教之说；华严宗以贤首大师法藏为首，明确提出佛家的判教思想，将整个佛家学说分为小、始、终、顿、圆五个层次，而以大乘圆教为最高境界。理论的创新则主要表现为吸收中国本土的儒家和道家的思想，形成在理论和概念上都具有中国色彩的佛学思想。如天台的三谛圆融、止观双运的思想，华严关于理事双融、性相不二的思想，尤其是禅宗对于心性的看法，都有很多儒家思孟以来的心性之学的成分，但是在哲学的层面上有更高的发挥。

中国佛学在充分吸收了儒家思想之后，完成了自身的文化认同与理论的改造。反过来，它的理论又对中国的儒家学说产生重要的影响。作为中国文化思想正宗的儒家不得不积极面对和吸纳，以维护自己的正统地位。因此重建儒学的思想文化系统和价值体系，设法将佛教思想中有用的东西容纳进来，对于儒学来讲，在当时已是迫不得已、势在必行。

除了佛教的逼迫，以及加上道教的逼迫之外，从上面我们也可以看出，社会的经济与文化的现实发展，也是促进当时儒学重建的一个极其重要的原因。

宋明儒学与汉代儒学相比较，在两个方面发生了重要的变化。一方面，如上所述，宋明儒学积极应对佛教的思想挑战，以孔孟的《易》学心性之学为核心，不遗余力吸收佛教的思想，构筑起新儒学庞大的心性之学体系，并借统治阶级的权威，重新夺回控制人们心灵的社会统治思想的地位；另一方面，他们积极应对现实的状况，提出了发展“实学”的主张。宋明儒学最早在北宋二程那里，就已经明确提出了“实学”的概念，而传承了北宋儒学的南宋浙东学派，尤其在南方繁荣的经济氛围中开出了注重“实学”的“事功学”一路。当时的南宋浙东学派，尽管门派众多，思想各异，但是无论是金衢的事功学还是四明的心学（传承陆九渊一脉的甬上四先生），理论上都非常注重现实的社稷民生，对于当时的政治和经济作出了深入的研究。可以说，倡导“实学”，是浙东学派思想的主流，并对此后的整个明代以及清初的儒学都产生了极其重要的影响。

我们前面曾经阐述过儒家以易简思想为内核的哲学架构，宋明儒学之所以能够在完善心性修养理论的同时，开出“实学”一路，并且将这两个内外殊途、看上去相互矛盾乃至对立的方面统一起来，正是得益于儒家易学所提供的这个哲学架构。事实上，由宋及明，整个儒家阵营中，理学、心学、事功学等鼎足而立，各种思想、观点，派别林立，相安并存，形成相当长时期的思想繁荣的局面，归根结底，都是得益于这个架构。因此，对于吸纳融会佛学思想目标而言，儒学也因为这个具开放性的哲学架构的存在，其自身潜在具备融会贯通其他思想的能力。可见，宋明儒学的融佛入儒，是主客观两个方面的因素作用的结果。

需要指出的是，宋明儒学的融佛入儒，一方面固然是要在形上与形下的两个层面分别应对佛学与道家哲学上的挑战以及因应现实社会的发展，但另一个方面，这也是维护儒家哲学道统的需要。魏晋以后，佛、道的兴盛大有淹没儒学之势。在很大程度上，宋儒开始援佛、道入儒，既是三教思想之间相互斗争、相互磨合的结果，也是儒家在佛、道咄咄逼人的发展态势面前，不得已而为之的一个选择，是对佛、道的思想作出某种让步和妥协的同时又坚持文化道统的反映。援佛、道并非信佛、道，不能失去主宰，儒学的价值观是一定要维护的，因此，宋明儒学虽然大量地吸收佛、道思想，以提升它的心性之学，然而由于文化道统观念的作祟，他们在理论上并不能真正平等地对待佛、道学说。佛、道的思想始终被排斥在正统思想之外。当然，道家的避世思想，尤其是佛家的出世思想，本质上也与儒家的注重民生日用的思想扞格，这也是宋明儒学一直不肯完全彻底接纳佛学以及道家的一个重要原因。从这个意义上说，宋明儒学对于佛、道学说的吸收工作实际上并未终结，而这正构成了马一浮、熊十力以及整个现代新儒学新的理论创造的逻辑起点。不过尽管如此，宋明儒学将以往避之唯恐不及、避之又唯恐不过的佛、道这两大异端邪说吸纳进来，的确可以说是非常明智的选择，若说是中国文化思想史上的伟大创举，也不为过。我们上面说宋明儒学是一个非常成功的思想文化系统，其主要的原因亦在于此。宋明儒学在孔子易学的架构内通过汲取佛、道的思想，重建了先秦孔孟儒学的注重道德伦理的心性之学和注重社稷民生的经世致用学说的思想文化系统，从而使儒学又一次焕发了生命的活力。与汉代儒学建构的文化系统相比较，宋明儒学更具有务实性和开放性特征，这也正是其具有较长久生命力的原因所在。

宋明儒学融佛入儒，现代学术界关于这个问题大体上已成定论，这是宋明时期总的思想发展趋势。因此，关于宋明儒学到底是如何融佛入儒的，以及实际融入了哪些方面的佛家思想，这里无须展开，读者可以参看学界有关的论述。不过需要指出的是，宋明儒学千家百派，尤其有程朱陆王主流派别之争，因此，各家各派以及每个人物对于佛学的认识和看法都很不相同。如明道曾说释氏亦能敬以直内，朱子早年学禅，据传应试时，行箧内所携唯大慧（宗杲）语录一册，[①]后来赞成明道对于释氏的看法，但又认为释氏虽能直内，“却不会方外”[②]，“释氏虚，吾儒实”[③]，等等，并且以逃禅来讥评陆子心学。这样的讥评多少有失公正，带有较多的情感色彩。大体上，程朱在对待佛学的态度上，儒家的道统观念较为强烈，而陆王对于禅佛则少有保留，如阳明有著名的“一厅三间”之喻，主张范围儒、释、道三教，求同而存异，因而遭到顾宪成的强烈批评。[④]顾宪成思想上宗程朱而贬陆王，是宋明儒学里道统观念极强，且辟佛极烈的人物。宋明儒学虽然融佛容禅，但是却有明禅、暗禅之分，并且以逃禅为借口，相互攻讦。这种种的情形表明，宋明儒学虽然在理论上已尽可能吸收了佛家的东西，但是儒、佛之间的意识形态壁垒还是始终存在的，这在相当的程度上妨碍了当时的学者公正地对待佛学，对于道家学说也是如此。我们说宋明儒学融会佛、道的工作并未完成，原因即在于此。

除了融佛入儒之外，宋明儒学还有其自身需要解决的一大问题，这就是程朱与陆王之间的思想矛盾和分歧。矛盾分歧的焦点，简单地说，就是“尊德性”，还是“道问学”。这个分歧虽然从表面上看只是一个认识的途径和方法的问题，但是在争论与解决的过程中牵涉到对本体的看法乃至对整个哲学的认识。这个矛盾和分歧，在北宋周、张、二程那里其实未获展开，而到朱熹和陆九渊时才真正演变为思想学派之间的公开论争。然而，此一矛盾早在孔孟儒学中就已经存在，当然孔孟儒学也已隐含了解决这一矛盾的可能性。大致上说，尊德

---

① 参见钱穆：《朱子新学案》（中），巴蜀书社1987年版，第1075页。

②③ 同上，第1078页。

④ 参见顾宪成撰《顾端文公遗书》中的《还经录》。

性和道问学的矛盾来自儒学对心性本体的确立与解释。既然人性秉天地之合德，人心本来具有善性，那么何以解释和解决后天的恶的问题。孔子以“性相近，习相远”来解释，孟子则继之以“善端”来说明。因为在孔孟看来，心性本体的先验道德内容是不容置疑的，需要考虑的应是习染、陷溺的问题。而如何克服陷溺与习染，孔子主张下学与上达。《中庸》由此明确提出了“尊德性”和“道问学”的概念，并谓：“自诚明，谓之性；自明诚，谓之教。”主张内省自性、外求闻见并重。孟子则有所不同，他从其“良知良能”概念出发，始终坚持内省良知、反身而诚的立场。北宋儒学基本上沿袭了孔子、《中庸》下学上达，诚明两进的思想，当然也吸收了孟子关于“善端”“尽性”等思想。如尹川曰：“涵养须用敬，进学则在致知。”只是在这两个方面各有侧重。

朱陆之争其实也并未完全走到极端，但是明确要在尊德性与道问学之间分出个先后轻重。象山主张“先立大本”，朱子则主张“格物致知”为最先下手处。但是，这个问题在认识（知）的途径方法的范围内是不可能得到求证的，因为本体自身在儒家哲学里是不证自明的。《易·系辞》曰：“形而上者谓之道，形而下者谓之器。”故形上的问题必须在形下的过程中去解决，对本体的认知必须在实践的过程中去解决。我们前面曾经指出儒学的本质是非形上学的，其主要原因也就在于此。因而，尊德性与道问学的讨论最终需落入知行关系的问题领域。宋明儒学从关于太极、天理、心性等本体问题的讨论，到关于知行关系问题的讨论，均可以看作是这个问题的展开。由此可以看出“行”的范畴以及对于知行关系的处理在儒家哲学体系中的重要性。不过从宋代儒学来看，尽管朱、陆都强调践履实行，但是并未充分凸显其意义，朱、陆在知行关系上都是主张知先行后的，这也是朱、陆纷争多年而未会通的根本原因。倒是宋代浙东永嘉学派的薛季宣、陈傅良、叶适等突出了实行的重要性，从而开出了另具特色的事功学一路。这实际上是为朱陆矛盾的解决提供了某种基础，后来者浙东余姚的阳明先生由心学而入，并且在事功学的基础上，“范围朱陆而进退之”[①]，主张知行合一，强调“即知即行，即心即物，即动即静，即体即用，即功夫即

① 黄宗羲：《明儒学案·师说·王阳明守仁》，中华书局1985年版，第7页。

本体”[①]，强调“致吾心良知之天理于事事物物”[②]。王阳明“以圣人教人只是一个行”，对三百年的朱陆之争作出了一个阶段性的总结。其实，重“行”的思想早已隐含在孔孟思想之中了，孔子虽然讲下学上达，虽然说知仁行仁，但是他的思想是非常注重实行的。《论语·学而》：“弟子入则孝，出则弟，谨爱信，泛爱众，而亲仁。行有余力，则以学文。”“贤贤易色，事父母，能竭其力；事君，能致其身；与朋友交，言而有信。虽曰未学，吾必谓之学矣。”虽然知行并重，但是强调知在行中。孟子也是注重行的，如《孟子·尽心上》说：“强恕而行，求仁莫近焉。”因此，王阳明的学术不仅是对朱陆纷争的一个总结，而且正如黄宗羲所赞扬的那样，是“自孔孟以来”，对于孔孟的原始儒学有着最“深切著明”之了解的人物。[③]不过，王阳明的这个工作也没有最后完成，他的思想以良知为知，以致良知为行，还未能够彻底摆脱心学的藩篱，真正完全地达到“融尽其高明卓绝之见而底于实地”的境域，因此黄宗羲对王阳明有天不假年之叹。[④]以后的王船山、黄宗羲、顾炎武等都在如何使儒学更进一步地“底于实地”方面，做出了卓有成效的工作，使宋明儒学再开一生面。

第三节　不分今古　不分汉宋　不分朱陆

每个时代都有那个时代的哲学问题；而那个时代的哲学问题，却又不是那个时代里可以解决的。宋明儒学问题的解决，同样不是宋明的时代可以完成的。无论是我们将王阳明看作是朱陆矛盾的总结，还是将王船山看作是整个宋明时代儒学的终结，[⑤]都只是说他们试图对他们时代的问题作出过总结，而不是说他们完成了这个总结。当然，不仅王船山，甚至黄宗羲、顾炎武等明末清初的学者，都不能说完成了对于宋明儒学的总结，整个有清一代都不能这样说。在某种程度上，中国晚清的学术是汉代儒学的复燃，但并非终结了宋明儒学。汉宋学术之争，可以说是作为古代中国文化的指导思想儒学内部的最大纷争，两千

---

①③ 黄宗羲：《明儒学案·师说·王阳明守仁》，中华书局1985年版，第7页。

②④ 黄宗羲：《明儒学案·姚江学案·文成王阳明先生守仁》，中华书局1985年版，第180页。

⑤ 将王船山看作是宋明理学的终结，大概是武汉大学萧萐父先生首先提出来的观点。

多年的儒家学术发展，差不多就在汉宋之间流转了一回。这个大的时代不结束，汉宋学术之间的流转是不会结束的。

不过现代新儒学的情况不同，尽管现代新儒家自认为是宋明儒学的接续者，但是他们的学术已经不再是宋明儒学的简单的回归，亦不能看作是宋学的复燃或新宋学的兴起，因为时代已经有了天翻地覆的变化，汉宋学术之间流转的时空条件也已不复存在。学术界有些观点将现代新儒学看作是新宋学，并不确切。马一浮的思想，虽然同熊十力的思想一样，在内容上也可以说是承继了宋明儒学的余绪，但他们毕竟是新时代的儒家，其思想有其鲜明的新时代的特点。当然，马一浮、熊十力的思想在理论内容上还不能给人们较多新的东西，这一方面与现代新儒家的承接传统的宗旨密切相关；另一方面，主要还由于马、熊只是现代新儒学的初创者，他们还来不及创造出新的东西，不能够像第二代现代新儒家那样，在时间方面有更充分的主客观条件的预备，从容地往传统儒学里面随心所欲地添加各种新的内容。这当然不是说马、熊没有提供新的东西，只是说新的东西不多而已。我们在前面已经多次地提到辛亥革命和五四运动等对于马一浮、熊十力等那个时代的人的影响，同时也明确指出传统的推翻与改变社会思想观念并不同步，对于中国这样文明历史太悠久的国家，传统思想的清算需要相当长的时间。当然，这也不是说现代新儒家的第二代人物的思想较之马一浮、熊十力等的思想更有价值，更符合时代的要求。这只是说第二代以及更后一代的人物思想较之前一代包含有更多的新的东西，仅此而已。思想文化毕竟不是衣服，许多方面很难简单以新旧的标准来作价值的衡量与判断。

马一浮的思想在现代新儒学里是最为传统的。他的思想上的新时代特点，主要不是体现在内容上，而是较多地体现在思想方法和思想态度上。正是在这一方面，马一浮的思想与宋明儒学有着实质性的不同。我们从马一浮对待宋明儒学所面对的两大课题的认识上，可以十分清楚地看到这一点。

首先，马一浮在对待儒佛的思想关系上，是跳出了宋明儒学划定的儒佛壁垒的。马一浮一生在佛学上用力甚深，因此他的佛学修养，今世学者少有能及。他精通中土佛学渐、顿、圆、空、有各教，诸凡中观、般若、法华、楞伽、大乘等佛典如数家珍，用之信手拈来。尤其对《大乘起信论》最有心得，对于华严、天台的思想，亦有精深独到的体会和理解。在马一浮的著作里，用佛家的话来阐解儒家思想的例子随处可见。以佛证儒可以说是马一浮的思想的一个很大的特点。

马一浮以佛证儒，同时也即是融佛入儒。在这个问题上，马一浮的思想虽然看上去不能完全摆脱宋明儒学所坚持的儒学的道统观念，但是仔细分析起来，马一浮的道统观念与宋明儒学的道统观念还是有实质性的差异的。宋明儒学的道统观坚持的是儒学在儒、佛、道三教中的正统地位，而马一浮则更多强调的是儒学作为中国文化的传统代表，在整个人类文明中的至高无上的地位。这个道统，可以说是整个现代新儒家都坚持的道统，它与宋明儒学坚持的那个道统有密切的承继关系，但却又不是一回事。关于这一方面，我们在第二章里已经有过讨论，这里不再赘述。在对待儒、佛、道三教思想的态度上，马一浮实际上是没有宋明儒学那样的道统观念的，马一浮注重的只是思想的真理性。在马一浮看来，儒学之所以能够统摄一切学术，包括统摄佛学，主要是因为儒学所包含的义理，与儒学的正统身份无关。当然，这个身份也早已随着辛亥革命而消失。因此，马一浮能够更为客观地对待佛学。如他对于孔子、孟子、释迦、达摩等儒、佛圣人，能够一视同仁，平等对待，对于道家的创始人老、庄，也是如此。甚至对于西方的圣人，同样如此。对于佛学思想，马一浮能够比较客观地评判佛学的得失，不以其失，掩其所得。如他说：

> 佛氏言诸法不自生，不他生，不共生，不无因生，是故说缘生。缘生之法，生则有灭，生唯缘生，灭为缘灭。故彼之言乃仗缘托境，无自体性。《易》之言生则唯是实理，故不可以生幻。此与佛氏显然不同。然不常、不断义则甚谛，故不得遗之。……佛氏实能见性，然其说生多是遮诠，《易》教唯用表诠，不用遮诠。学者当知遮则以生为过咎，表则显其唯一是真也。[①]

① 马一浮：《复性书院讲录·卷六·观象卮言·辨小大（附语）》，载《马一浮集》第一册，浙江古籍出版社、浙江教育出版社1996年版，第475页。

马一浮一直认为，佛学见性，与儒学没有不同。佛氏的问题只是在于以生（灭）为幻，这一点与儒家《易》教扞格。不过，马一浮也称赞佛氏说不常、不断有其过人之处，儒家应该吸纳，不可遗弃。马一浮自己亦多处以佛氏的常、断二义来证解儒家哲学的不易、变易。又如马一浮对于张载的思想十分推崇，泰和讲学首先拈出张载“四句教”作为讲学的宗旨。但是对于张载辟佛，并不盲从，有同意处，也有批评处。他说：“横渠辟佛氏，以山河大地为病，程子正指此说，此横渠说道理大头脑处。至于一切不用佛语，却未必然。”[①]马一浮著作里面引佛证儒、评论儒佛的地方很多，这里不一一列举。我们从前面的一些分析中可以看出，马一浮对于释迦、达摩较之老、庄有更多的认同感。如他说老、庄只是破相，儒家则是显性，而以佛氏的“会相归性”来证儒家的显性。不过这并不表明他看轻老、庄，只是强调儒家明心见性之重要。实际上，马一浮认为儒家的哲学的终极价值目标是要人显发自性，因此，最关键的不是认同儒、佛、老庄，而是要自觉自证，自己做主：

> 儒、佛、老庄，等是闲名；生没真常，具为赘说。达本则一性无亏，语用则千差竞起。随处作主，岂假安排。遇缘即宗，不妨施设。若乃得之象外，自能应乎寰中。故见立则矫乱纷陈，法空则异同具眠矣。[②]

一个人如果能够自己做主，不假手于他人的安排，则论什么儒、佛、老庄，说什么三教异同，都只不过是说闲话而已。马一浮这样的思想，不仅真正体现了儒家易简思想的精髓，而且事实上已经将宋明儒学未能最后逾越的儒佛壁垒完全扫空，确实体现出现代的思想态度和观念色彩。

其次，在对待朱陆异同的问题上，马一浮的观念和思想态度也是如此。马一浮的思想从渊源上讲，与浙东学术的渊源很深。尤其是杨慈湖和王阳明的思

① 滕复：《默然不说声如雷——马一浮新儒学论著辑要》，中国广播电视出版社1995年版，第392页。

② 方克立、李锦全主编：《现代新儒家学案》上册，中国社会科学出版社1995年版，第699页。

想，对他的影响很大，在马一浮的著作里，很多地方都可以看出这种影响的痕迹。对于慈湖的主静，阳明的知行合一，马一浮赞不绝口，如他曾经说：“成己，仁也；成物，智也。物我不二，仁智相成，在儒方为尽性，在佛氏谓之成佛。故至诚者合仁与智为一体，佛者和文殊、普贤为一人。王阳明知行合一之说见得此意。”①不过马一浮在朱陆的分歧上，并无偏向，而是提出调停之说，认为程、朱、陆、王各自的思想，在本质上是没有不同的。因为第一，从义理上讲，朱子释格物为穷理，阳明以致良知为格物，他们的看法只有渐、顿之分别，并无实质之差异，都是儒家思想的一个方面。程朱的“道问学”与陆王的“尊德性”，归根结底只是途辙各异，而最终的目的相同，因而是殊途同归的。儒家易简思想实质即是认为易之运动，是由不易而变易，由变易而不易，由一本而化万殊，由万殊而归一本。在佛家，这叫作“一心开二门”，“以一法界总收一切法”，“出生一切法，能摄一切法”。②所以朱陆之分别，恰如《大学》与《中庸》之分别，是程朱取渐，陆王从顿，而“《大学》摄终，《中庸》兼顿，合即成圆”③。这也正是儒佛之间的分别。而这些分别，在儒家却是可以为“《易》教所摄”，最终是圆融无碍的。因此，如能以《易》教的观点看待这些分别，庶几“诤难可消，醍醐不失”④。第二，儒学的义理之学，本质上就是反对讲宗派、立门户的。马一浮说：

> 义理之学，最忌讲宗派，立门户。所谓同人于宗，“吝”道也。先儒临机施设，或有抑扬，皆是对治时人病痛，不可执药成病。程、朱、陆、王并皆见性，并为百世之师，不当取此舍彼。但其教人之法亦有不同，此须善会，实下功夫。若能见地透彻，自然无碍矣。⑤

先圣先儒先贤之所以思想观点不同，一个很重要的原因是针对当时的问题

① 方克立、李锦全主编：《现代新儒家学案》上册，中国社会科学出版社1995年版，第385页。
②③ 同上，第694页。
④ 同上，第695页。
⑤ 同上，第766页。

而言，这在佛家又叫作“对治悉檀”，是对诊下药。药下得不同，但用药的目的是一样的。因此，如果坚持儒家的义理，那么一切分别便不存在。不仅朱陆如此，儒佛如此，而且中国文化历史上的今古文之争、汉宋之争，也都可以作如是观。所以马一浮极其鲜明地表示了他的观点：“不分今古，不分汉宋，不分朱陆。”①

“不分今古，不分汉宋，不分朱陆”，这是何等的大气，何等的学术胸襟和雅量！马一浮不仅表示要跨越宋明儒学数百年朱陆纷争的藩篱，破除历史上的一切宗派门户之见，而且表示他关于整个中国传统文化的根本性的看法，以及关于现代儒学重建或复兴的根本性的态度。从他的这种看法及态度，我们可以得出结论：第一，马一浮阐述的儒家思想虽然是十分传统的，但是他对于儒家思想的观念和态度却是超越历史的及非常现代的。马一浮心目中的中国文化的重建和儒学的现代复兴，归根结底，就是要摆脱历史的种种纠葛，放下历史的种种包袱，直揭孔孟儒学的真谛。这就表明不仅儒学本身的发展需要超越历史，人们对于儒学的态度和看法也要超越历史。第二，直揭孔孟儒学的真谛，就是把握一个非常简单易行而又放之四海皆准的道理，那就是“体究自性”。“体究自性”，即是理气，也是体用，更是知行。如果人人都能够明白这个道理，那么，不仅儒学复兴目标可期，人类的康济之途也就不远了。马一浮曾引唐万回和尚的偈，来表达他对于儒学的情感态度与看法。其偈云：

> 我有明珠一颗，久被尘劳封锁。
> 一朝尘尽光生，照遍山河万朵。

儒学这颗中华民族的璀璨明珠，已为历史的尘埃掩埋太久，但是终有重见天日、重新照耀中华大地及整个人类世界的那一天。这，就是马一浮的全部的情感、思想、哲学和信念。

---

① 方克立、李锦全主编：《现代新儒家学案》上册，中国社会科学出版社1995年版，第766页。

结　语

1949年中华人民共和国成立，马一浮是年六十七岁。共和国政府建立初始，选贤任能，延揽天下名士，马一浮受到器重。1951年4月，上海市市长陈毅在浙江省文教厅厅长刘丹的陪同下来到西湖马一浮的寓所，拜访了马一浮，邀请他出来工作。马一浮对社会主义中国之未来充满希望，因而慨然答应接受公职。他先后被聘为上海文物保管委员会委员、浙江文史馆馆长等。1954年以后，又被选为政协全国委员会特邀委员。新中国成立初期，马一浮不仅常受到陈毅的关照，而且多次受到毛泽东、周恩来等国家领导人的接见，新政府对马一浮关怀备至，他也得以度过了十几年安定无虑的生活。即使在“文化大革命”时期，虽然被批“封建遗老”，被赶出蒋庄，但仍由他的小辈汤淑芳等专职照顾他的生活，让他得以善终，可以说，这也算是马一浮在不幸中的幸运吧。

历史的车轮转得飞快，人类已经进入互联网和虚拟世界的时代，纸和笔也用得越来越少了。一方面，全球化导致世界逐渐缩小为地球村，人类的目光注视着遥远的太空，星际交流似乎也将很快开始；另一方面，各种文明尤其是中西两种文明注定充满了冲突。而马一浮的思想以及他的著作，如今已没有多少人看得懂了。但是，马一浮讲的道理却不会过时，儒学的价值是永恒的。人类只有真正体悟了儒家的平易之心、仁爱之旨，才能进入更广袤的世界。而如果儒家的文明价值是永恒的，那么马一浮其人、其人格、其学问、其思想，也必将是不朽的。